イギリス歴史学派と
経済学方法論争

佐々木憲介 著

北海道大学出版会

はじめに

　経済学史上の方法論争といえば，なによりもまず，ドイツ歴史学派の総帥シュモラーとオーストリア学派の創始者メンガーとの間で行われた論争を思い浮かべるのが普通である。周知のように，この論争はメンガーの 1883 年の著作を契機として始まる。メンガーはこの著作のなかで，経済学には歴史的方法だけではなく理論的方法も必要であると主張した。この主張に対してシュモラーが反論し，その後長期間にわたって，両者の後継者たちをも巻き込んで，激しい論争が行われることになった。この論争が経済学史上最も有名な方法論争であることに疑いはないが，経済学における歴史的方法と理論的方法とをめぐる論争は，これに限られるわけではない。実は，イギリスにおいては，すでに 1870 年代から類似の問題をめぐって論争が始まっていたのである。

　イギリスにおける方法論争は，それまで主流派を形成していた古典派経済学の理論的方法に対して，イギリス歴史学派が批判を加えるという構図で始まった。1870 年代の後半から，古典派経済学の衰退に追い討ちをかけるかのように，イギリス歴史学派による古典派方法論批判が激しく展開されたのである。その批判の対象とされたのは，当初は主としてリカードウであった。しかし，1885 年にマーシャルがケンブリッジ大学の教授に就任し，新たな正統派を形成するようになると，マーシャルが理論的方法の代表者として歴史学派と対峙するようになった。イギリス歴史学派からの方法論的批判に対して，古典派・新古典派はともに理論派経済学者(theoretic economists)として，連続性をもつものとして歴史学派と向き合うことになったのである。価値論や分配論などの各論で相違があったとはいえ，抽象的な経済理論の方法を重視するという点では，両者の連続性は明らかであった[1]。ドイツ語圏

の方法論争は，ドイツの経済学界を支配していた歴史学派に対して，理論派が挑戦するという構図を示していたが，イギリスの方法論争では，主流派である理論派に対して，歴史学派が攻撃を仕掛けるという逆の構図が見られたのである。

　方法論争の意味は，いまに至るも十分に理解されているとはいえない。方法論争についての皮相な理解は，次のようなものである。「歴史学派は経済学における唯一の正しい方法として帰納法を主張し，これに対して理論派の経済学者は演繹法を対置した。経済学にはどちらの方法も必要なのであるから，一方のみに固執するのは愚かなことである。要するに，方法論争は無駄な論争だったのである」。しかし，われわれがこのような結論で満足する限り，有力な経済学者の間で，なぜあのような論争が起こったのかを理解することはできないであろう。両派とも，帰納法・演繹法の一方のみを支持していたわけではないし，この問題だけを争点としていたわけでもない。本書においてわれわれは，この論争が経済学の歴史において起こるべくして起こった論争であったことを明らかにする。論争の意味は，その当事者たち自身も十分には理解していなかったといわなければならない。われわれは，後世の思想史研究者としての有利な地点に立って，この論争の意味を明らかにしたいと思う。

　本書は，拙著『経済学方法論の形成——理論と現実との相剋 1776-1875』（北海道大学図書刊行会，2001 年）の続編といってもよい。前著ではアダム・スミスからケアンズに至るまでのイギリス古典派経済学を取り上げた。本書で考察するのは，これに続く時期のイギリスにおける経済学方法論の展開である。19 世紀の第 4 四半期に顕在化した方法論的諸問題は，これに先立つ時期の議論を参照することなしには理解しえない。歴史学派も理論派も，古典派の議論をふまえて，自らの主張を展開していたからである。とくに J. S. ミルの影響は大きく，多くの論者がミルの著作に学びながら自分の考えを述べているといってよい。したがって，本書においても，経済学方法論の継承と発展という側面にも配慮しながら，イギリス歴史学派の台頭に伴って提起され

た諸論点を取り上げることにする。

　ここで，イギリス歴史学派というときの「学派(school)」の意味について述べておきたい。経済学史上の学派を厳格に捉える論者の代表はシュンペーターであるが，シュンペーターは，「一人の師匠，一つの学説，人間的な結合」があることをもって，真正な学派の条件とした(Schumpeter 1954, 470)。この条件に照らして見れば，経済学史上の学派として認められるのは，ケネー，リカードウ，マルクス，J. M. ケインズによって形成された学派など，ごく少数に止まる(Schumpeter 1954, 223-224)。ドイツ歴史学派のなかでも，いわゆる旧歴史学派は学派ではなく，シュモラーの下で初めて学派が形成されたことになる(Schumpeter 1954, 808-809)。われわれがイギリス歴史学派というときの学派は，シュンペーターがいうような厳格な意味での学派ではない。そうではなく，ここでは研究上の共通の傾向をもつグループという緩い意味で，学派という言葉を用いている。したがって，イギリス歴史学派といっても，すべてのメンバーが同一の学説を奉じていたわけではない。しかし，古典派経済学の衰退後に，歴史を重視する一群の経済学者が現れ，自他ともに認める研究上の共通の傾向を示したことは間違いない。本書では，そのような研究上の共通の傾向を表す簡潔な用語として，学派という言葉を使用する。彼ら自身も，「歴史学派(historical school)」と名乗っていたのである[2]。

　誰をイギリス歴史学派と考えるのかということについては，必ずしも意見が一致しているわけではない。例えば，『新パルグレイヴ経済学辞典』で「イギリス歴史学派」の項目を執筆したマロニーは，この学派のメンバーについて次のように述べている。「1875-1890年に全盛期を迎える経済学者のグループで，主要な人物は，ジョン・ケルズ・イングラム(1823-1907)，ジェームズ・E. ソロルド・ロジャーズ(1822-1890)，T. E. クリフ・レズリー(1827-1882)，ウィリアム・カニンガム(1849-1919)，アーノルド・トインビー(1852-1883)，ウィリアム・アシュレー(1860-1927)およびW. A. S. ヒュインズ(1865-1931)である。H. S. フォックスウェル(1849-1936)は彼らのアプローチに親近感をもっていたが，グループの主流からははずれていた」(Maloney 1987b)。しかし，これとは違う見解を示す研究者もいる。イギ

リス歴史学派を主題とする著書『イギリス歴史派経済学，1870-1926年——経済史と新重商主義の興隆』(1987年)を執筆したクートは，フォックスウェルやウェッブ夫妻も歴史派経済学者であるとみなしている(Koot 1987, 122, 178)。そもそも緩やかな学派であることを考えるならば，線引きが明確にならないのは当然といわなければならない。本書では，方法論争に関わる論者という観点から，主としてレズリー，イングラム，ロジャーズ，トインビー，カニンガム，アシュレーおよび先駆者リチャード・ジョーンズを取り上げる。しかし，これらの論者の間にもかなり見解の相違が見られるという点に，あらかじめ注意を促しておきたい。

歴史学派による理論派批判に応ずる議論を展開したのは，ロバート・ロー，ウォルター・バジョット，ウィリアム・スタンレー・ジェヴォンズ，フランシス・イシドロ・エッジワース，ヘンリー・シジウィック，アルフレッド・マーシャル，ジョン・ネヴィル・ケインズなどである。歴史学派の場合と同様に，これらの論者たちもまた，必ずしも同じ見解を示していたわけではない。しかし，やはり緩やかな意味で，歴史的方法よりも理論的方法を優先させるという共通の特徴を示していた。古典派経済学者を含めて，これらの論者たちを表すために，いくつかの用語が使用された。例えば，「旧派の経済学者(old economists)」(Toynbee 1884, 31/訳8)，「正統派経済学者(orthodox economists)」(Ingram 1885, 397/訳326)，「理論学派(theoretical school)」(Cunningham 1885, vii)，「イギリス学派(English school)」(Marshall 1885, 163) (Keynes 1891, 20/訳15)，「理論派経済学者(theoretic economists)」(Ashley 1893, 4)，「古典学派，演繹学派もしくは理論学派(classical, deductive, or theoretic school of economists)」(Ashley 1896, 310)等々がそれである[3]。これらはいずれも，厳密に定義されていたわけではない。しかし，漠然とではあるが，経済学者の一つの潮流を表す用語として通用していたのである。

先に触れたように，経済学史上の歴史学派といえば，ドイツ歴史学派が最も有名である。たしかに，イギリス歴史学派が台頭する1870年代後半には，すでにドイツ歴史学派の勢力が大きなものとなっていた。そのため，イギリス歴史学派の主張はドイツ歴史学派のそれを模倣したものである，と解され

ることがなかったわけではない。しかし，そうした評価は，イギリスにおける経済学史の展開を誤って理解するものといわなければならない。この点については，シュンペーターの次のような指摘が正鵠を射たものであるということができる。

> ドイツ学派の活動は非常に有力なものであったため，他国における事物の進行に影響を与えないままに留まるということはなかった。それにもかかわらず，これらの並行運動は，類似しているとはいえ，本質的に異なったものであったこと，それらがドイツの例に負うところは，想像するように誘惑されるかもしれない程度よりも少なかったこと，またおそらくはアメリカの制度主義を例外として，これらのいずれもが伝統との間に断絶を引き起こしたり，研究の方向を変えたりすることがなかったこと，それは一部はドイツよりも伝統が強く，より有能に擁護されていたためであったということ，これらを認識することが重要である。
> (Schumpeter 1954, 819-820)

この指摘は，とくにイギリスに当てはまる。イギリス歴史学派の方法論は，イギリス経済学の伝統のなかに潜んでいた対立を，一方の立場から鮮明に示したものであった。それは，理論派の方法論に対抗するものとして，現れるべくして現れたものということができる。イギリスにおける方法論争は，ドイツ語圏の議論を繰り返すだけのものではなく，当時の経済学中心地で醸成された諸問題をめぐって展開されたものだったのである[4]。論争の仕方もドイツとは異なっていた。イギリスでは経済理論の伝統がドイツよりも強く，歴史学派もそうした状況のなかで論陣を張ることになったから，経済理論を理解したうえで自説を展開するように努めなければならなかった。また，晦渋な表現を避け，相互に理解しうる議論を展開した点も特徴の一つであった。

イギリス歴史学派およびイギリスにおける方法論争を主題とする研究は必ずしも多いとはいえない。しかし，マーシャルとの関係で取り上げるものや通史のなかで注釈を加えるものなどを含めると相当数にのぼる。イギリス歴

史学派を主題とする研究の代表といってよいのは，クートの著書(Koot 1987)である。邦語文献では，西沢(1988；1990；1991；2007)を第一に挙げなければならない。さらに，特定の問題を取り上げた研究には，次のものがある。第一に，イギリス歴史学派をめぐる諸問題に関しては，コリーニたちの著書(Collini, Winch and Burrow 1983)の第8論説やトライブ(Tribe 2000)，堀(1927)，岸田(1955；1957；1958；1962)，櫻井(1988)，井上(1996)がある。第二に，イギリスにおける方法論争については，コーツの先駆的な論文(Coats 1954)があるが，より詳細なのはムーアによる一連の研究である(Moore 1991; 1995; 1996a; 1996b; 1999; 2000; 2003)。第三に，特定の人物との関連に注目する研究がある。井上(1987)はジェヴォンズ，成田(2004；2006)はJ. N. ケインズとの関係で方法論争に言及している。マーシャルとの関わりでイギリス歴史学派に注目するものとして，マロニー(Maloney 1976; 1985; 1991)，ホジソン(Hodgson 2001)，門脇(2005；2009)がある。江里口(2008)はウェッブ夫妻との関係でイギリス歴史学派を取り上げている。第四に，経済政策論の観点から考察したものとして，コーツ(Coats 1968; 1985)，服部(1991；1999a；1999b；2002)，関内(1995)がある。第五に，通史のなかでイギリス歴史学派や方法論争を取り上げているものとして，ハチスン(Hutchison 1953)，シュンペーター(Schumpeter 1954)，馬渡(1990)などがある。本書を準備する過程で，これらの先行研究から多くのことを学んだのはいうまでもない。しかし，その一つ一つについてここで詳しく述べることはできないので，本書のなかのしかるべき箇所で取り上げることにしたい。これらの先行研究と比べたときの本書の特色は，イギリス歴史学派の問題提起によって起こった方法論争を包括的に検討するものであること，係争点を明確にするために論点ごとに区分して論じていることである。

　われわれは第1章で，イギリスにおける方法論争の経緯を時間的順序に従って概観する。そこでは，主要な人物と文献のみに言及することとし，また各論点の細部に立ち入ることも控えて，論争の流れを把握することに努めたい。イギリス歴史学派に属する人物があまり知られていないということを考慮して，その経歴も簡単に紹介する。そして第2章から第7章までは，方法論争の諸論点ごとの検討に充てる[5]。最後の第8章では，方法論と政策論

との関係を考察する。これらの各論点は，相互に密接に関係しており，また重複するところもあるので，切り離して論じることには問題もあるが，複雑な論争を解きほぐすために必要な分析であるといわなければならない。雑然とした論争を雑然と記述したのでは，論争の意味を理解することにはつながらないであろう。論争を解きほぐすためには，各論者の議論を時間的順序ではなく論理的順序に従って配列することも必要になる。そして，本書の全体を通して，経済学における理論と歴史の関係について，より深い理解が得られるように考察を進めたいと思う。

1) イギリス歴史学派も，古典派とマーシャルの理論を同一視していたわけではない。例えばアシュレーは，抽象的な経済理論を支持するという点で両者には共通性があるが，その実質的な理論内容はかなり異なっていると考えていた。彼は，「リカードウの復権」(Ashley 1891)において，マーシャルがリカードウとの連続性を強調したことを批判し，二人の学説の相違を指摘している。また，「経済学の歴史と現状についての概観」(Ashley 1907)では，抽象的経済学の歴史を2段階に区分し，第一段階の代表者はリカードウであるが，第二段階の担い手は「限界主義者(Marginalists)」であると述べている。
2) 例えば，イングラム(Ingram 1885, 390/訳281)，カニンガム(Cunningham 1885, vii)，アシュレー(Ashley 1896, 310)。
3) 本書で使用する訳語・訳文は，参考文献一覧に挙げている訳書のものと必ずしも同じではない。また，訳書に原書ページが示されている場合は，訳書のページを省略する。
4) ハチスンやコーツも同様の解釈を示している。「1870年代における古典派経済学に関するイギリスの方法論的批判は，大陸の影響に直接に従ったり，また鼓舞されたりしたというよりも，むしろそれによって強化されたもののようである」(Hutchison 1953, 19)。「イギリスの歴史主義者たちは，その着想を直接ドイツに負っていたわけではなかった。むしろ，自分たちが好む考えを援護するものとして，ドイツの文献を利用したのである」(Coats 1954, 222)。
5) これらの諸論点は，シュンペーターが列挙したドイツ歴史学派の6項目の観点を参考にして区分したものである(Schumpeter 1924, 110-113/訳319-326)。本書の諸論点とシュンペーターが列挙する観点とは完全に一致するものではないが，参照しやすいように併記するならば次の通りである(括弧内がシュンペーターのもの)。行為の多元性(反合理主義的観点)，社会生活の統一性(社会生活の統一性の観点)，所与の事実の優先性(該当なし)，経済発展論の可能性(発展の観点)，説明の個別性(個別的関連に対する関心の観点)，学説の相対性(相対性の観点)。シュンペーターの「有機的観

点」は，われわれの区分では，行為の多元性と社会生活の統一性の両方に関係している。なお，ドイツ歴史学派をめぐる研究状況については，住谷・八木(1998)を参照されたい。

目　　次

はじめに …………………………………………………………………… i

第 1 章　方法論争はどのように展開したのか
　　　　――論争の経緯 ………………………………………………… 1

1. 論争の前史　　1
　　方法論争の原点　2／ジョーンズのリカードウ批判　3／古典派の
経済学方法論　5／ロジャーズの位置　8

2. 論争の開始　　10
　　歴史学派が台頭した背景　10／クリフ・レズリーの登場　11／
1876 年の論争　15／イングラムの講演をめぐる論争　19／歴史学派
としてのロジャーズ　23

3. 論争の深化　　25
　　カニンガムおよびトインビーの経済史研究　26／シジウィックおよび
マーシャルの歴史学派批判　28／ロジャーズおよびアシュレーの
経済史研究　31

4. 論争の終結　　34
　　カニンガム−マーシャル論争　34／アシュレーの見解　37

《論争の総括　1 》　39

第 2 章　経済人概念はどこまで有効なのか
　　　　――行為の多元性 ……………………………………………… 45

1. 動機・合理性・知識　　45
　　経済人概念をめぐる問題　46／「富の動機」に対する批判　48／
貨幣による動機の強さの測定　52／合理性と知識　54

2. 行為と制度　　58

制度による行為の拘束　58／慣習の解体　61

《論争の総括　2》　64

第3章　経済現象を孤立化させることはできるのか
　　――社会生活の統一性 …………………………………………………69

1. 経済学と社会学　69
   生物有機体とのアナロジー　70／経済現象を孤立化させる根拠　73／総合社会学の難点　76
2. 社会学から経済史へ　80
   社会の物質的基礎　81／経済と社会　85

《論争の総括　3》　88

第4章　演繹法と帰納法はどこで対立するのか
　　――所与の事実の優先性 …………………………………………………91

1. 帰納法の意味　91
   (1) 前提を設定する帰納法　92
   　　演繹法と帰納法　92／演繹の前提　94／J. S. ミルの帰納法　97／レズリーおよびジョーンズの帰納法　99／前提の現実性　101
   (2) 結論を検証する帰納法　105
   　　ロジャーズの帰納法　105／反証可能性　108
2. 理論の役割　112
   (1) 方法上の和解　113
   　　穏健な歴史学派　113／対立図式の解消　117
   (2) 純粋理論の課題　120
   　　因果関係の解明　120／経済理論の評価　122／定義と仮説　126／因果性と相互性　129

《論争の総括　4》　132

第5章　歴史に法則はあるのか
　　――経済発展論の可能性 …………………………………………………137

1. 歴史法則の探究　137
   小農地代から農業者地代への移行　138／歴史法則を探究する帰納法　139／

社会学の法則　141／社会学の法則への批判　145

　2. 経済発展論の諸相　147
　　　歴史法則への懐疑　148／歴史法則の探究の放棄　149／経済発展論の二つの
　　　方向　151

《論争の総括　5》　155

第6章　歴史的事実を説明するにはどうすればよいのか
　　　——説明の個別性 …………………………………………………159

　1. 歴史的説明　159
　　　事実の説明と法則の説明　160／事実の説明についての二つの接近法　162／
　　　個性的な事実の説明　164／ロジャーズに対するアシュレーの批判　169／
　　　ロジャーズに対するエッジワースの批判　172

　2. 説明の性格　173
　　　事実の孤立化と原因の孤立化　174／経済現象を孤立化する方法　176／
　　　目的論的説明　178

《論争の総括　6》　179

第7章　いつでもどこでも通用する経済理論はあるのか
　　　——学説の相対性 …………………………………………………185

　1. 時代と地域の制約　185
　　　経済理論の普遍的適用可能性　185／諸国民の経済学　188／歴史学派の
　　　例外　192／バジョットによる相対性の容認　198／バジョットの主張に
　　　対する反応　201

　2. 普遍的に適用できる原理　205
　　　抽象的経済学と具体的経済学　206／競争の原理　209／リカードウ地代論の
　　　普遍性　213

《論争の総括　7》　216

第8章　方法論と政策論はつながっているのか
　　　——実践的観点をめぐる問題 ……………………………………221

　1. 理論と実践　221

　（1）事実と価値　222
　　　経済主体の倫理と経済学者の倫理　222／経済理論の規範的性格　225

(2)　経済と政治　232
　　　　部分学としての経済学　232
　2. 経済政策の目的と手段　235
　　(1)　社 会 政 策　236
　　　　経済的自由主義の衰退　236／歴史的方法と社会改良主義　239／
　　　　社会改良主義の歴史的意義　244
　　(2)　貿 易 政 策　248
　　　　関税改革論争　248／イングラム　248／カニンガム　250／アシュレー　254
　《論争の総括　8》　257

　参考文献一覧　263
　お わ り に　279
　事 項 索 引　283
　人 名 索 引　285

第1章　方法論争はどのように展開したのか
——論争の経緯

1. 論争の前史

　イギリスにおける方法論争は1870年代に始まる。しかし，その原点は半世紀前のリカードウにあったといってよい。経済学において，理論と現実とはどのような関係にあるのかという問題は，アダム・スミスのころにはすでに，あるいはそれ以前から，実際には存在していた。しかし，スミスの『国富論』(1776年)には理論的な分析と事実の記述とが同時に含まれていたために，その問題が目立つものとはならなかった。経済学の原理を事実の記述から明白に切り離して論じ，この問題を一挙に顕在化させたのがリカードウの『経済学および課税の原理』(1817年)であった。経済学における歴史学派は，リカードウに代表されるような抽象的な原理をどう評価するか，という問題を深刻に受け止めた学派であった。アシュレーが述べるように，「「正統派の」あるいは「抽象的な」構造がイギリスでリカードウによって完成され (1817年)，その亜流によって通俗化されるまでは，また J. B. セーの軽妙な解説によって(『概論』1803年，『通論』1828年)，正統派理論の大建築全体が依拠する諸原理が文明世界のすべてに普及させられるまでは，歴史学派の登場について語ることはできない」(Ashley 1896)。経済学史上の歴史学派は，リカードウをはじめとする正統派経済学に対抗して形成されたのである[1]。

　しかし，歴史学派が本格的に登場するまでにはかなりの時間がかかった。先駆者ジョーンズによるリカードウ批判があったとはいえ，1870年代に至

るまで，イギリスにおける経済学方法論の主流は，理論的方法の基礎を考察するものであった。シーニア，J. S. ミル，ケアンズなどによって形成された方法論は，後に抽象的な経済理論が歴史学派からの批判にさらされたときに，理論派の論者たちが反撃に用いる武器となった。われわれがイギリスにおける方法論争の前史を振り返るところから本書の叙述を始めるのは，そうした事情があるからにほかならない。

方法論争の原点

リカードウは，1820年5月4日付けのマルサスへの手紙において，自身の『経済学原理』の方法について語っている (Ricardo Works 8, 184)。彼はそこで，ある原因の結果がどのようなものになるかを明らかにするために，その原因の作用が他の原因によって乱されないものと想定した，と述べている。つまり，与えられた現実をそのまま観察するのではなく，ある理想化された状況を想定して，経済現象間の純粋な因果関係，すなわち経済学の原理を解明しようとした，というのである。実際の実験ができない経済学では，思考において，問題の原因の作用を誇張したり孤立化したりして，その結果を考察しなければならない。リカードウ自身は，そのような理想化された状況を「顕著な場合 (strong cases)」と呼んだのであるが，「顕著な場合」から導かれる帰結を推論する方法が，一般に演繹法と呼ばれることになった。その推論の形式は，「状況 S の下で，原因 C が作用するならば，結果 E が生じる」と表すことができる。例えば，「状況 S の下で，農業投資が増加するならば，利潤率が低下する」などである。この場合の状況 S とは，農業において地主・資本家・労働者の三階級制が成立している，収穫逓減の法則が作用している，地主・資本家が最大の利益を求めて合理的に行動する，資本・労働の移動は自由である，等々の条件の総体を意味する。そのような状況 S を想定するならば，「状況 S の下で，原因 C が作用する」という前提から，「結果 E が生じる」という帰結が必然的な関係として導かれる。そのさいに注意しなければならないのは，与えられた現実と比べて，推論が抽象的なものにならざるをえないということである。演繹の前提となる状況のなかに現実

の全体を取り込むことは，およそ不可能だからである。経済学者の実際の推論においては，前提とされている状況はすべて明示されるわけではなく，ただ暗黙のうちに想定されているだけであるということも多かったが，いずれにせよ演繹的推論を行う場合には，暗黙のうちにであっても前提を確定して進まなければならない。複雑な現実と比べて，この前提が多かれ少なかれ抽象的なものになるのは，避けられないことであった。したがって，演繹法を用いる経済理論には「現実との乖離」という問題がつきまとうことになった。この問題が，方法論争において，大きな意味をもつことになるのである[2]。

　マルサスはしばしば，リカードウの演繹法に対して，経済学の方法として帰納法を提唱した人物とみなされてきた[3]。たしかにマルサスは，『人口論』を改訂する過程で，人口に関する経験的データを広範に収集した。こうした活動によって，マルサスは帰納法支持者であるとみなされることになったのであるが，マルサス『人口論』の方法は，実際には演繹法を補完するために帰納法を用いたものというべきである。マルサスは，疑うことのできない公準から人口に関する諸命題を導き，その諸命題を確証するために経験的データを収集した。例えば，人口論の公準から演繹された命題「生存手段が十分に存在するならば，人口は等比数列的に増加する」を確証しようとして，「北米では生存手段が十分に存在しており，かつ移民を除いた人口が25年ごとに倍増している」といった事実を列挙した。つまり，マルサスによる事実調査は，個別的なものから一般的なものを導くために行われたのではなく，すでに得られている一般命題を裏づけるために行われたのである。このように，個別的事実に関する命題を積み上げることによって一般命題の確証の度合いを高めることも，帰納の手続きにほかならない。マルサスが『人口論』で帰納法を用いたというのは，演繹の帰結を確証する段階においてだったのである[4]。

ジョーンズのリカードウ批判

　歴史学派的な観点から，いち早くリカードウを批判したのは，リチャード・ジョーンズであった。ジョーンズは，1831年に主著『富の分配ならび

に税源についての試論・第1部・地代』(以下『地代論』と略)を発表し，リカードウ地代論の適用可能な範囲が限定されていることを批判するとともに，これに対抗する自らの研究の指針を示したのである。ジョーンズは，1790年，ロンドン郊外のターンブリッジ・ウェルズに生まれ，1812年にケンブリッジ大学のキーズ・カレッジに入学した。学生時代からの友人であったヒューウェルによれば，ジョーンズの経済学の帰納的性質は，ケンブリッジ大学の学生時代に起源をもつものであったという。ケンブリッジにおいて，ジョーンズは，同時期に学生として在籍していたヒューウェル，ハーシェル，バベッジなどと交流することになるのであるが，そのころ彼らが好んで議論の題材としたものの一つが，フランシス・ベーコンの『ノヴム・オルガヌム』であった(Whewell 1859, x-ix)。彼らが専門とした分野は，ヒューウェルが科学史・科学哲学，ハーシェルが物理学・天文学，バベッジが数学，そしてジョーンズが経済学というように，多岐にわたるものであったが，彼らは「ケンブリッジ帰納主義者」(de Marchi and Sturges 1973, 379; Hollander 1985, 38; 馬渡 1990, 40-41)と呼ばれることもあるグループを形成したのである。ただし，後述するように，彼らの帰納概念は必ずしも同一ではなかった。ジョーンズは，1816年にイギリス国教会の牧師補に任ぜられ，イングランド南東部のサセックス州・ケント州の教区に勤務した。その間に，代表作である『地代論』を発表し，1833年，ロンドンに新設されたキングズ・カレッジの経済学教授に就任した。さらに1835年には，マルサスの後任として東インド・カレッジの「経済学および歴史」の教授となり，死の前年までこの職に留まった。彼は教職のかたわら，十分の一税金納化法案の起草などの行政上の問題に深く関わり，結局，地代論に続くはずの研究を完成させることはできなかった。ジョーンズの著作は，主著『地代論』のほかは，ヒューウェルが編集した『遺稿集』(1859年)に含まれているもので，ほとんど尽きているのである。

　ジョーンズの考えでは，リカードウは非現実的な仮定から推論を進める誤りに陥っていた。ジョーンズによれば，経済学においては，

人々は帰納の途よりも予断(*anticipation*)の途を選んだ。彼らは，それによってのみ知識を確実に獲得しうる不可避的条件，その定められた労苦の前にひるんだ。一般的原理を確立しようと努力するさいに，事物のうちに長くかつ謙虚に住まうという義務をあまりにも早く放棄してしまった。(Jones 1831, xxii-xxiii/訳 47)

ジョーンズは，抽象化された理論的世界を構想するのではなく，与えられた事実そのものに向き合うことを主張した。例えば，先に述べたように，リカードウは，ある原因が他の原因によって乱されないものと想定する方法を採用したので，収穫逓減の法則を凌駕するような農業技術の進歩が起こらない状況を想定して推論した。しかし，歴史的事実としては，農業技術の進歩によって収穫逓減の作用が克服されるほうが常態であった。ジョーンズにとって問題だったのは，他の原因によって妨害されない場合の結果ではなく，現実に起こっている事態であった。この観点からするならば，リカードウの理論は，いかにも非現実的なものと思われた。しかし，ジョーンズの著作が大きな反響を呼ぶことはなかった。たしかに，彼が列挙した地代のさまざまな形態は，J. S. ミルの『経済学原理』に取り入れられたように，注目されなかったわけではないが，少なくとも方法論という側面について論議の的になることはなかった。ジョーンズのリカードウ批判は，まさに「荒野に叫ぶ声」だったのである(Blaug 1958, 140/訳220)[5]。

古典派の経済学方法論

1820年代から50年代にかけて経済学方法論の主流になったのは，経済学における演繹法の性格を吟味する著作であった。シーニア，ウェイトリ，J. S. ミル，ケアンズといった論者が，この時期に方法論を主題とする著作を発表し，この分野の議論を先導することになる。彼らの議論の背景にあったのは，経済学は独立した科学であるという主張であった。言い換えると，経済学を独立した科学として社会的に認知させること，そのようなものとして経済学を正当化すること，これが方法論を論じた一つの目的であった。まず

シーニアが，オックスフォード大学ドラモンド経済学講座における講義をもとにして，1827年に『経済学入門講義』を出版する[6]。シーニアによれば，経済学の研究対象は富であり，富という固有の対象をもつがゆえに，経済学は独立の科学たりうる。その意味で，人間の幸福一般を問題にする政治学とは区別されるというのである。しかし，与えられた社会現象を観察するだけでは，政治的・道徳的・宗教的要素などが複雑にからんでくるのを避けることができない。そこでシーニアは，経済学を独立の科学たらしめるには，非経済的な要素を捨象し，富の生産や分配を左右する少数の事情だけを前提として推論を進める方法が，経済学の方法として適切であると考えた。所与の事実を観察して一般化する「帰納法」ではなく，理想的な状況を仮定して推論する「演繹法」が，経済学の適切な方法として強調されることになったのである[7]。

　1836年には，J. S. ミルが『ロンドン・アンド・ウェストミンスター評論』誌上に，画期的な論文「経済学の定義と方法」を発表する。この論文は，『経済学試論集』(1844年)の第5論文として再録されるとともに，『論理学体系』(1843年)にも取り入れられ，後世の経済学方法論に非常に大きな影響を与えることになる。ミルは，富という独立した研究領域を確保することに加えて，科学が探求すべきものという観点からも，経済学の科学としての資格証明を行おうとした。ミルによれば，因果関係を解明することこそが科学の課題であり，経済学も科学である限り，因果関係の解明を目指さなければならない。しかし，社会現象は複雑であり，諸原因が合成して結果を生じさせている。そのため，与えられた現実を観察するだけでは，ある一つの原因に対応する結果を解明することはできない。そこでまず，諸原因が合成していない実験的状況を確保して，要素的な因果関係を明らかにし，その後で諸原因が合成して生じる結果を演繹しなければならない。ミルはこの方法を，アプリオリの方法 (the method àpriori) と呼んだ。この場合のアプリオリとは，「経験に先立つ」という意味ではなく，「演繹的」という意味であることに注意しなければならない。『論理学体系』では，演繹の結論を検証する手続きを含めて，帰納 (要素的な因果関係の解明) − 論証 (諸原因が合成した結果の

演繹)‒検証(結論と現実の対照)の過程全体を,「演繹法(deductive method)」と呼ぶことになる[8]。

　ミルの議論は,直ちに所与の事実と向き合うことを主張する歴史学派に対して,理論派が反論するさいの論拠を提供するものともなった。例えば人間の行為について見るならば,現実の人間はさまざまな動機をもつ複雑な存在であるから,要素的な因果関係を明らかにするためには,まず富の動機を孤立化し,それが原因となる場合の行為の仕方を明らかにしなければならない。その後で,経済活動に影響を及ぼす他の原因も考慮して結果を演繹し,その結果を現実と対照しなければならない。したがって,経済学が科学であるためには,現実の人間をそのまま取り上げるのではなく,特定の動機のみによって行為する人間を想定しなければならない。「どんな経済学者も人間が実際にこういったものだと想定するほど愚かではなかった。ただこれが,科学の必然的に採用しなければならない方法なのである」(Mill CW4, 322/訳178)。このようにしてミルは,抽象的な経済理論を正当化し,歴史学派からの批判に対する反論を用意することになったのである。

　リカードウの「顕著な場合」もミルの「演繹法」も,理想化の操作を伴う。つまり経済理論においては,現実には作用している多数の攪乱原因が捨象されて,ある原因の作用を追跡するのに適した実験室のような状況が想定されている。このような理想化の方法の含意を突き詰めて考えたのが,ケアンズであった。ケアンズは,1857年に『経済学の性格および論理的方法』を出版し,そのなかで,経済理論が観察事実によって反駁されることはないと主張した。演繹の結論が経験的事実と乖離するのは,前提に含まれていない他の事情が作用するためである。例えば,マルサスの人口論と現実とを対比したときに,人口増加率が食料増加率を下回っていたとしても,それは予防的抑制が強力に作用していることを示すだけであり,人口論そのものが否定されるわけではない。一般的にいえば,演繹の結論と経験的事実とのズレは,考慮していなかった攪乱原因によるものであり,経済理論の誤りを示すものではない。経済理論の誤りが示されるのは,想定された前提そのものの誤りか,演繹過程の誤りか,いずれかが立証される場合に限られる。だからと

いって，演繹の帰結を検証することに意義がないわけではない。検証の役割は，理論の結論と経験的事実とが一致する場合には理論を正当化し，それらが乖離する場合には未知の攪乱原因を示唆するということにある。演繹の帰結を事実によって検証するという手続きは，両者が合致する場合はもちろん，食い違う場合にも意義のある手続きだというのである[9]。

ロジャーズの位置

1860年代になると，歴史学派の一員とされるロジャーズの著作が現れる。1866年に出版された『イギリスにおける農業と価格の歴史』(以下『農業と価格』と略)第1巻・第2巻がそれである[10]。ロジャーズは，1823年にイングランド南部のハンプシャー州ウエスト・メオンで生まれ，サザンプトンで教育を受けた後，キングズ・カレッジ・ロンドンに学んだ。1843年，オックスフォード大学モードリン・ホールに入学し，1846年にB. A.，1849年にM. A.の学位を取得した。学位取得後，オックスフォードのセント・ポール教会の副牧師となり，聖職に従事するかたわら，古典学および哲学の研究を継続し，アリストテレスに関する著作を発表している。経済学に関心をもつようになったのは，コブデンの影響によるものといわれる。というのは，ロジャーズの兄がコブデンの姉と結婚したために，両者は義兄弟となり，親密に交際するようになったからである。1859年，キングズ・カレッジのトマス・トゥック記念統計学・経済学講座の教授に就任し，1890年までこの講座を保持した。1862年には，オックスフォード大学のドラモンド経済学講座教授にも就任する。5年の任期が満了するとき，ロジャーズは再任を希望していたが，選任権をもっていた大学評議会はロジャーズの二期目の選任を拒絶した[11]。その後ロジャーズは，ウスター・カレッジの講師としてオックスフォードに留まって経済学の研究を続ける一方，政治活動を活発に行うようになる。1880年，自由党から下院議員選挙に出て当選。グラッドストンのアイルランド政策に同調し，1886年の選挙では落選した。1888年，ドラモンド経済学講座教授に再任され，1890年に死去するまで，その職にあった。

たしかにロジャーズは，最終的に全7巻となる浩瀚な著作『農業と価格』のなかで，13世紀から18世紀に至るまでの労働・穀物・家畜・羊毛などの価格について，おびただしい量のデータを収集し公表した。その研究スタイルは，まさに与えられた事実の大海の中に飛び込むという歴史学派の接近法を採用するものであり，理想化された状況を想定して推論する方法とは違っていた。しかし，歴史的資料の収集という点では歴史学派の特徴を示していたけれども，その資料の使い方という点では，必ずしも歴史学派とはいえなかった。ロジャーズは，理論を事実によって例証することが，帰納法の役割だと考えていたのである。『農業と価格』第1巻の序文で，彼は次のように述べている。

> すべての経済学者が公言するところによれば，事実による例証(illustration of facts)は，彼らの科学の方法において，原理に関する議論あるいはその解明と全く同じくらい重要である。私の見解では，これらの事実は経済学上の帰納(economical induction)のための基礎となるものであるから，よりいっそう重要である。ところが，精密な推理を豊富な例証と組み合わせている著作家はほとんどいない。経験に従うと公言することがいかに多いとしても，忍耐強い観察という骨折り仕事に耐えた著作家はほとんどいない。アダム・スミスとトゥックは傑出した例外である。(Rogers 1866, I, ix)

ここでロジャーズ自身が認めているように，「事実による例証は……原理に関する議論あるいはその解明と全く同じくらい重要である」ということは，すべての経済学者が公言していたことであり，その意味で，ロジャーズの方法論上の立場は，主流派である古典派経済学者の立場と異なるものではなかった。ロジャーズが，資料の収集というだけではない歴史学派の観点を示すようになるのは，もっと後になってからなのである。

2. 論争の開始

イギリスにおける方法論争は，まず学説史の解釈というかたちをとって始まり，次いで経済学のあるべき方向をめぐって，本格的な論戦へと発展する。どちらの論点についても，口火を切る議論を展開したのはクリフ・レズリーであった。すなわち，学説史の解釈については「アダム・スミスの経済学」(1870年)，経済学のあるべき方向については「経済学の哲学的方法について」(1876年)が嚆矢となった。方法論争では当初，「経済学のあるべき方向」が「学説史の解釈」に託して論じられていたのである。例えば，アダム・スミスの方法は演繹法なのか帰納法なのかという議論の背後に，経済学の方法として適切なのはどちらの方法なのか，という対立が潜んでいた[12]。しかし，燻り始めた論争が本格化するのは，1870年代後半であるといわなければならない。その画期となったのが，レズリーの1876年論文と，これをふまえて行われたイングラムのイギリス科学振興協会F部会における会長講演(1878年)であった。これらはいずれも，学説史の解釈というかたちを借りることなしに，経済学のあるべき方向について積極的に語るものであった。その後，レズリーの論文はジェヴォンズから批判され，イングラムの講演はローやシジウィックから批判されるというように，両派の応酬が繰り返されることになる。こうして，歴史学派と理論派との間に経済学の方法をめぐる対立があるということが，誰の眼にも明らかとなるのである。

歴史学派が台頭した背景
イギリスで歴史学派が台頭するのは1870年代になってからである。古典派経済学が衰退し，新しい潮流が成長してきた背景として，いくつかの事情を挙げることができる。第一に，経済情勢の変化がある。イギリスは19世紀中頃に世界の工場として繁栄を享受するが，1873年以降は大不況と呼ばれる長期の停滞期を迎えることになる。こうした状況のなかで，それまで支配的であったさまざまな事柄に対する評価が変わるのは，いわば当然のこと

であった。一般的な世論においては，古典派経済学の名声は経済的繁栄と結びついていたため，その繁栄が脅かされるのに伴って，既成の経済学に対する失望が現れた。「情け容赦ない事象の論理」が，経済学研究の方向に大きな影響を与えることになったのである(Foxwell 1887, 85-86)。第二に，経済思想にも変化が起こった。1870年代以降，それまで主流であった経済的自由主義(economic liberalism)の思想がしだいに衰退する(Schumpeter 1954, 761)。それに代わって台頭したのが，社会政策を主たる手段として国家が経済過程に介入し，社会改良を進めることが望ましいとする思想，すなわち社会改良主義(social reformism)であった。とくに，政治力を増大させつつあった労働者階級が，既成の秩序と思想に対する不信感を強めていた(Ingram 1878, 46)。第三に，学問をめぐる状況が変化してきたことが挙げられる。すなわち，力学に代わって生物学が興隆し，社会の有機体的な見方が普及したこと(Mackenzie 1896a)，経験的データの裏づけがなければ，経済学の法則は科学的正当性を欠くという非難を経済学者が深刻に受け止めるようになったこと，そして歴史のもつ学問上の威信が19世紀の間に急速に高まってきたこと(Deane 1989, 132/訳193)，などがそれにあたる。第四に，イギリス歴史学派を先導したクリフ・レズリーについていえば，アイルランド問題が重要であった(Koot 1975, 320; Koot 1987, 43-44; Moore 1995, 75; Eagleton 1999, 119-120/訳265-269)。アイルランドの土地問題は，当時のイギリスにおいて焦眉の政治課題となっていた。レズリーは，出身地アイルランドの土地問題を研究する過程で，古典派理論がアイルランドには適用できないということを痛感するに至った。古典派理論はもともと，資本主義化した社会を念頭に置いて構想されたものであったが，アイルランドでは状況が大きく異なっていた。レズリーにとっては，当時のアイルランドの状況が，経済学説の相対性の認識へと導く一つの契機になったのである。

クリフ・レズリーの登場

イギリス歴史学派の展開は，まさにクリフ・レズリーから始まるといってよい。レズリーは，国教会の牧師の息子として，1827年にアイルランド南

東部のウェックスフォードに生まれた。マン島のキング・ウィリアムズ・カレッジで学んだ後，1842年にトリニティ・カレッジ・ダブリンに入学する。このとき，ケアンズも同じクラスだったという(Ingram 1896)。1847年に卒業し，1848年には弁護士業務を始めるが，1853年にクィーンズ・カレッジ・ベルファストの経済学・法学の教授に就任する。休暇のときには大陸を旅行し，ベルギーの歴史学派ラヴレーとも知り合いになり，生涯にわたる交友を続けることになる。アイルランド問題に関するレズリーの見解は，『イギリス，アイルランドおよび大陸諸国の土地制度と産業経済』(1870年)のなかに表明されているが，「それは，アイルランド問題に直接関係する彼の著作のなかで，最後のものであるとともに最重要なもの」(Maloney 1987a)であった。レズリーはまた，長い間イギリスの経済と法の歴史に関する著書を準備していたが，不幸にもその草稿をフランス旅行中に無くしてしまい，結局それを完成させることはできなかった。主著となったのは，それまでに発表した多数の論考を集めた論文集『政治・道徳哲学論集』(1879年)である。この書物の第2版『経済学論集』(1888年)が彼の死後に出版されるが，そこではいくつかの論文が削除されるとともに，1879年以後に書かれたいくつかの論文が収録された。方法論関係の諸論文も，これらに含まれている。

　1870年11月，レズリーは『フォートナイトリー評論』誌上に「アダム・スミスの経済学」を発表する。ここで彼は，スミスの方法の特徴は自然の理論(theory of *Nature*)と歴史的・帰納的方法とを組み合わせたところにあったと論じた。レズリーが肯定的に評価したのは，スミスの歴史的・帰納的側面であった。レズリーによれば，スミスの経済学の方法をたんなる演繹法であると解釈する者がいるが，そのような誤解が生じることになった原因の一つは，『国富論』の編別構成にあった。すなわち，論理的順序としては，第3編から第5編が，第1編および第2編の前にくるというのである。『国富論』の後半部分には，次のような結論を導くに至った帰納が含まれている。「国家は，個人的自由を保護するだけでよく，各個人が自分自身の状態を改善しようとする自然な努力が——あるいは，一言でいえば(彼の第1編はこれをもって始まる)，労働が——すべての生活必需品と便益品とをきわめて

豊富に供給するであろう」(Leslie 1870a, 162)。すなわち，理論編である第1編・第2編で，私有財産の保護，自由競争，利己心という前提が置かれるのは，それに先立つ帰納的研究によって，これらが国富の増進にとって枢要な役割を果たしてきたということが明らかにされたからだというのである。ここでレズリーが指摘しているのは，経済理論の結論を事実によって例証するという意味での帰納ではなく，経済理論に先立つ帰納である。演繹的推論の前提を現実的なものにするためには，演繹的推論に先立って，十分な事実調査とそこからの一般化が行われなければならない。この議論は，まさに歴史学派による経済理論批判の定番となるものであった。

　さらにレズリーは，1875年7月に，『フォートナイトリー評論』に「ドイツ経済学の歴史」を発表し，ロッシャーの著作を紹介しながら，ドイツ経済学について論評した[13]。レズリーは，この論文の冒頭で，ヨーロッパの経済学者が経済学というものの概念把握(conception)をめぐって二つの陣営に分かれていることを指摘する。そして，二つの概念把握は，その起源に注目するならば，それぞれイギリス的なものとドイツ的なものと呼ぶことができるかもしれない，と述べる。それぞれの概念把握が両国で普遍的な支持を集めているわけではないが，「イギリスの著者は一般に，経済学を普遍的な真理または自然法の集合体とみなしている。あるいは，少なくとも，その基本的な諸原理がすべて十分に確定されていて疑問の余地のないものであり，ほとんど完成に近づいている科学とみなしている」(Leslie 1875, 167)。これに対してドイツでは，経済学は，「思想の先行条件およびこれを取り巻く条件に依存して，時と場所の相違に応じてさまざまな形態をとり，しかもいまだ非常に不完全な発展段階にある哲学の一分野」(Leslie 1875, 167)とみなされている。これらの二つの概念把握は，それぞれに適合する方法を有していて，一方は，ある公準または仮定からの演繹であり，他方は，歴史の実際の行程についての探究，すなわち歴史的方法(historical method)である。「イギリスでは，アプリオリな演繹と対立する方法として，帰納を挙げるのが普通であるが，帰納法と歴史的方法とは同義である。両方とも，現在の経済構造と社会の条件とを生み出した継起と共存の諸法則を発見することを目指している」(Leslie 1875, 167)。注意しなければならないのは，経済学が時と場所の相違に応じて相対的であり，しかも不完全な発展段階にあるがゆえに，事実研究を優先しなければならないとする点である。古典派の方法が演繹法と呼ばれたために，それに対抗する歴史学派の方法は帰納法と称されることになったが，その場合の帰納法とは特殊な意味での帰納法，すなわち歴史的方法のことであった。演繹法と帰納法という用語に託して語られていたのは，論理学上の問題というよりも，経済学方法論に固有の問題，すなわち理論的方法と歴史的方法との関係という問題だったのである。

　以上の点に関する限り，レズリーは，自身の見解がドイツ歴史学派の見解と共通のものであることを認めていた。しかしこのことは，レズリーがドイツ歴史学派の亜流であったということを意味するわけではない。レズリーの歴史的方法は，ドイツ歴史学派から借用したものではなく，イギリスの学問の伝統のなかに起源をもつものだったからである。第一に，ドイツにおいて，ロッシャーの歴史的方法がザヴィニー等の歴史法学の影響を受けたものであったのと同様に，レズリーの歴史的方法は，ヘンリー・メーンの歴史法学の影響を受けたものであった。レズリーは，ミドル・テンプルでメーンの学生であったときに，初めて歴史的方法を学んだと語っている (Leslie 1879a, vi)。彼はメーンの歴史的方法を，次のように評価している。「ヘンリー・メーン卿の『古代法』『東西の村落共同体』『初期制度史』といった著作は，歴史的方法のモデルを提供するだけではなく，実際に法律史・経済史の一部をなすものであり，不毛な抽象に満足しないイギリス経済学者が向き合っている研究領域について，その本質と範囲とを例示するものとなっている」(Leslie 1875, 176-177)。レズリーはメーンから，法が歴史的進化の産物であり，時代や地域によって異なった体系をもっていることを学び，この観点を経済領域にも援用しうると考えたのである。第二に，レズリーは，経済学における歴史的方法の創始者はアダム・スミスであると考えていた。彼は，ドイツの経済学者たちがスミスの自然法思想にのみ注目し，その歴史研究の部分を無視することに不満をもっていた。「ドイツにおける歴史的方法がその地に固有のものであり，比較的最近盛んになったもので，ドイツの歴史科学の他の分

野，とくに法に関する分野から転用されたものであるということは確かである。そして，アダム・スミスの体系が一般に自然法に基づく部分にのみ結びつけられてきたので，大部分のドイツ歴史学派の経済学者たちは，彼らがスミス主義(Smithianismus)と呼んだものに対して敵意を示してきた」(Leslie 1875, 174)。このようにして，ドイツにおいてだけではないが，スミスの経済哲学の主要な功績が一般に見落とされてしまった。スミスは自然法の理論とモンテスキューの歴史的方法とを組み合わせた。自然法の理論は，彼の神学体系といっしょになって，社会進歩の実在の秩序についての帰納的研究を歪めたけれども，少なくとも歴史的方法を最初に適用したという意味で，スミスは経済学における歴史的方法の創始者とみなされる正当な資格を有している，というのである(Leslie 1875, 174)。このようにレズリーは，ドイツ歴史学派の業績を評価しつつ，イギリス独自の歴史研究の伝統を強調した。この点は，ドイツ歴史学派とイギリス歴史学派の関係を考えるうえで，忘れてはならない点である。

1876年の論争

　1876年は，方法論争における重要な年となった。それは，学説史の解釈と経済学のあるべき方向という二つの論点の双方についていえる。まず学説史の解釈という論点についていえば，古典派を継承する論者といってよいバジョットが，『フォートナイトリー評論』2月号および3月号に「イギリス経済学の公準」を発表し，古典派学説の歴史的相対性を容認した。バジョットによれば，リカードウやJ. S. ミルの抽象的な経済学は，ある基本的な仮定に依存していて，その仮定は局限された時と場所においてのみ実現されるものであった。すなわち，抽象的な経済学が依拠する仮定は，なによりもまず，労働と資本とが報酬の少ない仕事から報酬の多い仕事へと一国内を自由に移動するということである。そして，当時のイギリスについていえば，これ以上に確かな根拠のある仮定はないというのである。逆にいうならば，こうした条件がないところには，イギリスで開発された経済理論は適用できないことになる。つまり，過去の時代には適用できないし，同時代の大多数の

国々にも適用できない。しかしバジョットは，当代のイギリスではその条件が満たされているとして，時代と地域を限定することによって，古典派理論を守ろうとしたのである。

次いで5月31日には，経済学クラブ主宰の『国富論』出版100年記念晩餐会・討論会が開催された。グラッドストンが座長となり，グラッドストン内閣で閣僚を務めたロバート・ロー[14]および現役のフランス財務大臣レオン・セーが，その両側に座った。この討論会で問題にされたのが，『国富論』の方法は演繹法なのか帰納法なのかということであった。討論会の冒頭で，ローはスミスが用いていた方法は演繹法であったと主張した。ローによれば，スミスは，

> 人間の心の中に入っていく独特の才能をもっていた。そして，自分が論ずる主題を取り扱うさいに，彼は，人間が一定の事情の下で何を為すであろうかを予断し予見する能力(faculty of anticipating and foreseeing)をもっていた。これによって彼は，経済学を演繹的科学の位階にまで引き上げる力を得た。人間を扱う科学と称されるもの，すなわち人間の思考・願望・行為を扱う科学と称されるものすべてのなかで，これだけがそのような位階にまで上ったふりができるものであると思われる。(Political Economy Club 1876, 7)

ここでローは，「人間が一定の事情の下で何を為すであろうか」を推論すること，すなわち一定の事情と人間の心の働きとを前提として，そこから生じる帰結を推論することをもって演繹法と考えている。これを敷衍するならば，例えば，ある商品の市場価格が自然価格を上回っているという事情の下で，その商品の生産者は何を為すであろうか，と推論することを意味する。このような事情の下では，生産者は期待する以上の利益を得ることができるから，生産を拡大してより多くの商品を市場に供給する，という推論が行われることになる。ローは，スミスが『国富論』のなかで，この種の推論を行っていたと主張したのである。

この討論会には，ベルギーの歴史学派経済学者ラヴレーも参加していた。彼は，ヨーロッパの経済学界が正統学派(Orthodox School)と歴史学派(Historical School)もしくは現実学派(Realist School)に分裂していることを指摘し，自らは歴史学派の立場から発言した。そして，ラヴレーに続いて発言したのが，ロジャーズであった。彼は次のように述べた。

> 彼〔ロー〕[15]がアダム・スミスを著しく演繹的な精神をもつ著作家として語るのを聞いて，驚いたといわざるをえない。私が理解している論理学用語をすっかり忘れてしまうのでない限り，アダム・スミスは経済学に関するすべての著作家のなかで，仮説的な理論から出発すること，したがって自分自身の意識の深みから経済学を展開すること，こうしたことから最も遠い人物であった，というのが私の結論である。逆に彼はつねに事実に訴えている。すなわち，自分が到達した結論のための帰納を実行したのである。(Political Economy Club 1876, 32)

　ロジャーズの議論は必ずしも明晰ではないが，仮説的な理論から経済学を展開する方法を批判していることははっきりしている。ここで仮説的な理論とは，自分自身の意識に基づいて他の人々の心の働きを類推し，人間の意識について何らかの一般的な想定を行う，ということを意味すると考えられる。これに対置されているのが，事実に訴えることである。しかし，仮説的な理論を展開することと，その結論を事実によって例証することは，矛盾するものではない。古典派の方法論においては，両者はむしろ補完的な関係にあると考えられていた。ここでロジャーズは，人間の心の中に入ってゆく方法を否定するのであるが，否定する根拠は明らかではない。いずれにせよロジャーズが積極的に主張するのは，スミスの方法の特徴は結論を事実によって例証する点にある，ということである。すなわち，何らかの手段によって到達した結論を例証するために事実を集める，という意味での帰納を実行したことにある。この意味での帰納法は，すでに述べたように，古典派の方法論の枠内にあるものであり，けっしてそれと対立するものではなかったので

ある。

　方法論争の経緯という観点から見て，バジョットの論文や経済学クラブの討論会以上に画期的であったのは，同じ年にレズリーの論文「経済学の哲学的方法について」が発表されたことである。トリニティ・カレッジ・ダブリンの定期刊行物 Hermathena に掲載されたこの論文は，学説史の解釈というかたちを借りることなしに，経済学のあるべき方向を積極的に論じたものであり，イギリス歴史学派の基礎を築いた「宣言(manifesto)」と称されることにもなった(Ingram 1896)。次章以降で詳しく述べるように，レズリーはこの論文のなかで，「行為の多元性」をはじめとする歴史学派の諸観点を積極的に提示し，古典派とは異なる研究プログラムを打ち出したのである。

　レズリーの論文に直ちに反応したのがジェヴォンズであった。ジェヴォンズは，同じ年にユニヴァーシティ・カレッジ・ロンドンで「経済学の将来」という講義を行い，その講義原稿を『フォートナイトリー評論』11月号に発表した。ジェヴォンズはそのなかで，経済学クラブの討論会やバジョットの論文にも言及しながら，経済学が分裂状態にあること，リカードウおよびミルに代表される旧正統派が解体しつつあること，そうした状況のなかから別の学派が台頭してきたことを指摘する。そうした台頭しつつある学派のなかでも，第一に挙げなければならないのが歴史学派であり，その代表がレズリーだというのである。

> その能力だけではなく，旧正統学派への反抗を宣言する論考の徹底性によって，この国における経済学者の帰納・歴史学派(inductive and historical school of economists)の最前線に位置するのが，クリフ・レズリー教授である。彼は，Hermathena という書名で刊行されたダブリン大学の論集に掲載されている注目すべき論文において，ロー氏が『国富論』の最も価値のある特徴とみなした演繹的推理の妥当性全体に異議を唱えた。(Jevons 1876, 193)

　ジェヴォンズは，一方で歴史研究の重要性を認めながら，レズリーの主張

には同調できないと述べる。「私がレズリー教授と完全に意見を異にするのは，歴史的経済学が，以前は科学の位置を保持していた抽象的理論を破壊し，それに取って代わるはずだ，と彼が主張する点である」(Jevons 1876, 196)。ジェヴォンズは，抽象的経済学と具体的経済学とを区別し，それぞれに役割を与えることによって対立を克服しようとした。経済学は将来，諸分科の集合体とみなされなければならない，というのがジェヴォンズの一般的な結論だった。

イングラムの講演をめぐる論争

　ジェヴォンズが指摘したように，初期の歴史学派は歴史的方法が理論的方法に取って代わるべきだと考えていた。この方針をレズリー以上に強調したのが，イングラムである。レズリーとイングラムは，その意味で，イギリス歴史学派のなかの過激派というべき存在であった。1878年8月にダブリンで開催されたイギリス科学振興協会F部会(経済学・統計学部会)におけるイングラムの会長講演「経済学の現状と展望」は，レズリーの1876年論文と同様に，古典派経済学の方法を正面から攻撃し，それに対して歴史的方法を対置するものであった。両者の批判は，理論的方法を支持する論者からの反批判を呼び起こすことになり，イギリスにおける方法論争がここから本格化することになったのである。イングラムは，そもそもトリニティ・カレッジ・ダブリンで弁論術・英文学・ギリシア語の教授を務めた人物で(Black 1987)，シェークスピアに関する著作や，ギリシア語・ラテン語の語源学に関する著作などを残していることからも分かるように，狭い意味での経済学者ではなかった。しかし，経済学関係の学会にも早くから関わりをもち，1878年当時は，アイルランド統計・社会研究協会の会長であるとともに，イギリス科学振興協会F部会の会長でもあった。そして，この1878年の講演によって，「イングラム博士は世界の経済学者の注目を集めるに至った」(Ely 1915, vii/訳2)。

　イングラム自身が明言し，彼に言及するすべての研究者が同意するのは，彼がオーギュスト・コントの観点から古典派経済学を批判し歴史学派の運動

を解釈した，ということである。この点は，イングラムの独自性を示すものであり，他の多くの歴史学派の経済学者とは異なる点であった。イングラムによれば，コントによって提唱されていた方法は，既存の経済学に対する批判と総合的な社会学の提案という，二つの側面からなっていた。既存の経済学に対する批判は，次のような点に向けられていた。すなわち，「第一に，富の事実に関する研究を他の社会現象に関する研究から孤立化させようと試みること，第二に，経済学者の考え方の多くが形而上学的な性格のもの，あるいはひどく抽象的な性格のものであること，第三に，研究の過程で演繹を不当に重視すること，そして第四に，結論をあまりにも絶対的なものとして考察し表明すること」(Ingram 1878, 48)，これらの4点が批判されていた。コントは，経済現象を孤立化させて考察することに反対し，独立した科学としての経済学を認めなかった。これに対して，自らの構想として提案したのが，総合社会学であった。より具体的には，「(1)社会の経済現象に関する研究は，社会的存在の他の諸側面に関する研究と，体系的に組み合わされるべきである。(2)抽象および非現実的な単純化への過度な傾向は，抑制されるべきである。(3)アプリオリな演繹は歴史的方法に代えられるべきである。(4)経済法則および経済法則に基づく実践的指令は，あまり絶対的ではないかたちで，考えられ表明されるべきである」(Ingram 1878, 68-69)，というプログラムを実行することであった。なかでも，イングラムがとくに強調したのは，経済現象の孤立化の問題であり，これを社会学によって克服すべきであると主張したのである。

　イングラムの会長講演は，理論派の陣営から名指しで批判されることになった。まず批判者となったのはロバート・ローである。彼は，『十九世紀』誌の1878年11月号に「経済学に対する最近の攻撃」を発表し，イングラムに対する反批判を行った。この論文の冒頭で，ローは次のように述べている。

　　最近ダブリンで開催されたイギリス科学振興協会の会合は，華々しい成功を収めたが，そこで経済学という学科が，通常よりも大きな関心を呼んだ。これは二つの原因に由来すると思われるが，そのいずれも，当該

科学の将来にとって吉兆には見えないものであった。第一の原因は，経済学がイギリス科学振興協会のすべての指針(*agenda*)に適合するかどうかについて，争いがあったことである。第二の原因は，経済学・統計学部会会長イングラム氏の，きわめて有能で入念な講演であった。その講演は，幸いにも再刊された。当該学科に関心を寄せているすべての者にとって，この講演は全体にわたって注意深い精査を行うに値するものである。第一の原因について，私にはいうべきことがない。それは，経済学という科学の価値に関する問題ではなく，協会の目的に経済学が適合しているかどうかという問題であるから，それについて意見を述べるつもりはない。第二の原因は，まさに最大の注意を払って考察する価値がある。(Lowe 1878, 858)

　このように述べて，ローはイングラムに対する全面的な反論を行う。それによれば，イングラムは経済学が社会学に吸収されなければならないと主張するけれども，社会学という学問はいまだ存在しない。代わりのものを手に入れる前に，われわれが所持しているものを放棄せよというのは，あまりにも性急であり厚かましい。ローによれば，科学の試金石となるのは予測であるから，社会学も予測ができるようになって初めて，科学として自らを主張することができる。しかし，人間が関わる多くの領域，例えば，愛，戦争，政治，宗教，道徳においては，人間がどのように行為するかを予測するのは不可能である。したがって，これらの主題については，演繹的に推理することができない。ところが経済学は，すでに予測が可能な段階に至っている。というのは，富に関する事柄においては，人間はほぼ富への欲望から行為するので，ある状況のもとでどのように行為するかということを，演繹することができるからだというのである。

　ローによるイングラムへの反批判に対して，歴史学派の側から再度反論したのが，レズリーの論文「経済学と社会学」であった。これは『フォートナイトリー評論』1979年1月号に掲載されたものであるから，ローの論文が発表された直後に書かれたものであることが分かる。この論文もまた，1876

年の「経済学の哲学的方法について」と並んで，イギリス歴史学派の基礎を築いた論考と称されることになる(Ingram 1896)。レズリーは，愛，戦争，政治，宗教，道徳といった原因が，富をめぐる人間行動に影響を及ぼす程度は非常に大きく，したがって経済学者が予測する力をもつとはいえないと批判する。人間の能力は限られているから，社会現象全般ではなく，富の現象のみを考察の対象とするのは正当である。しかし，それに影響を及ぼす原因を一つに絞り込むことは正当ではない。つまり，富の現象についての研究も，他の社会現象から切り離して考察することはできないと主張したのである。

1879年には，ヘンリー・シジウィックが論争に加わった。彼は『フォートナイトリー評論』2月号に「経済学の方法」を発表し，方法論争について次のような認識を示した。

> イングラム氏，ロー氏，およびクリフ・レズリー氏によって，いままでに三つの段階を経て行われてきた経済学の方法に関する論争は，二つの別個の問題に関係している。すなわち，歴史的な問題と純粋に理論的な問題である。論争の前者の側面については，付随的に触れる以外，私はここで取り扱うつもりはない。アダム・スミスはけっして帰納法を用いなかったというロー氏の主張は，たしかに奇説(paradox)であるが，私の判断では，その主張は十分な真理を含んでいて，その議論を非常に教訓的なものにしている。それにもかかわらず，経済現象を取り扱うさいに，われわれ自身が採用するべき方法は何かという問題は，やはり，より思弁的に(同時に実践的にも)重要なものである。(Sidgwick 1879, 301)

このように述べて，シジウィックは，経済学の方法に関する理論的な問題の考察に専念する。シジウィックは，レズリーが二つの学派の対立を非和解的なものとみなし，帰納法と演繹法とが相容れないものであるかのように語っているとして，レズリーの姿勢を批判する。シジウィックによれば，どの学問においても，絶えず理論の光に照らして事実を集め，事実の光に照らして理論を訂正することが必要である。「道理をわきまえたアプリオリの方

法支持者のなかに，注意深く立証された事実からの一般化を受け入れない者はいない。その一般化が標準的な演繹的推理の結論と対立するとしても，化学における残余現象と同様に，理論を改善するための貴重な源泉となるからである」(Sidgwick 1879, 308)。帰納法と演繹法は相互補完的なものであって，対立するものではないという主張は，理論派の多くの経済学者に共通するものであった。シジウィックは，レズリー自身の経済学上の議論もまた，その内容に即して見れば，純粋な帰納に賛成してアプリオリな推理を放棄することを支持するものではない，と述べるのである。

　レズリーは，同年の『フォートナイトリー評論』6月号に，「経済世界における既知のものと未知のもの」という論文を発表する。この論文には，いま述べたシジウィックの批判に反論する興味深い発言が含まれている。すなわち，「経済科学では演繹が不要だといっているのではない。一般的原理からの推論や，一般的原理の適用はすべて演繹である。いわんとすることは，経済学は演繹的科学の段階に到達していないということ，経済世界の基本法則はなお不完全にしか知られていないということ，忍耐強い帰納によってのみそれらを十分に知ることができるということ，これである」(Leslie 1879c, 949) という発言である。つまり，レズリーにしても演繹法を否定していたわけではなかった。ここには，論争にありがちな議論のズレが見られる。シジウィックは，帰納法による事実からの一般化は，演繹的推理の結論と照らし合わせて，理論を改善するために役立てるべきものと考えていた。つまり，ミルの演繹法の「帰納－論証－検証」という三段階の最終段階で役立つものと考えていた。しかしレズリーが述べているのは，最初の段階，つまり狭義の演繹である論証の前提を設定するところで帰納法が用いられなければならないということであった。レズリーによれば，経済学においてはその段階が終了していない，すなわち論証に進む段階に至っていないというのである。

歴史学派としてのロジャーズ

　1879年には，レズリーの論文集『政治・道徳哲学論集』が出版された。同年の「経済世界における既知のものと未知のもの」は収録されていないが，

それ以外の主要な論文が収められたこの論文集は，先に触れたように，レズリーの主著といえるものであった。注目したいのは，ロジャーズが『アカデミー』誌に掲載した書評である。歴史学派と呼ばれながら，経済理論を検証することが帰納法の役割であると主張するなど，古典派との違いが不明瞭であったロジャーズが，この書評で歴史学派の観点を鮮明に打ち出しているからである。この書評で，ロジャーズは次のように古典派経済学者を批判した。

> 本書の著者がまさに語っているように，イギリスの経済学者には二つの学派がある。一方の学派は，二三の真である原理と，いくつかの怪しげな，あるいは誤った原理を仮定し，社会的な生活と行為とに関する図式を，しばしば，存在しないあるいは存在しえない前提から構築する。……賃金基金学説，リカードウの地代学説，人口理論学説，利潤均等学説，資本増加の「法則」に関する学説が，不十分であったり人為的であったりする諸前提からの推理に共通する，多数の致命的な習慣の例である。(Rogers 1879, 490)

これに対して，新たに台頭してきた歴史学派は，古典派とは別のプログラムを掲げているという。

> とはいえ，経済学者のもう一つの学派が成長してきた。その学派は，諸事実を諸原因にまで遡及することを主張し，一つの結果に貢献したものすべてについて忍耐強く探究した後にのみ，通則(generalities)を組立てる。例えば，1エーカーの耕地の地代が一定期間後に100倍に増えたのに，そこで生産された1クォーターの穀物の価格が同じ期間に10倍にしか増えていないのはなぜか。……アダム・スミスの時代には，商業および製造業階級が自由貿易の主要かつ一貫した敵であり，地主および農業者がおそらく自由貿易の唱道者であったのに，スミスの死から20年後には，前者が自由貿易主義者になり，後者が保護主義者になったのはなぜなのか。(Rogers 1879, 490)

ここで重要なのは，第一に「諸事実を諸原因にまで遡及すること」が歴史学派の課題とされていることである。これは，われわれが歴史学派の特徴の一つとして挙げる「説明の個別性」の観点にほかならない。つまり，特定の経済的事実に焦点を当てて，その原因となった事実を探究することを研究の課題とする観点である。この観点からすれば，歴史的事実は理論の例証として取り上げられるわけではない。歴史学派にとって重要なのは，一般理論というよりも，特定の時代状況のなかにある個性的な事実なのだ，という観点がここに示されているのである。第二に注目しなければならないのは，「一つの結果に貢献したものすべて」が探究されなければならないとされていることである。ある経済的事実の原因を遡及するというとき，その原因は経済的なものに限られるわけではない。ロジャーズは，「現存するどの共同社会も，政治的あるいは経済的，さらには宗教的観点から考察するならば，非常に膨大な事実群の成果である。その事実群は，その所産についての正当な評価が得られるまで，可能な限り広範に収集され評価されなければならない」(Rogers 1879)と述べ，経済史研究といえども，政治的あるいは宗教的な事実をも考慮しなければならないと主張する。つまり，歴史学派の特徴の一つである「社会生活の統一性」の観点が，ここで示唆されているのである。

　このように1870年代の論争は，学説史の解釈というかたちをとって始まり，経済学の方法はいかにあるべきかという議論へと進んだ。そして，論争に巻き込む経済学者の数を増やしながら，旋回していったのである。

3. 論争の深化

　1870年代後半の論争で取り上げられた諸問題は，1880年代に入っても，経済学者たちの講演・論文・著書のなかで継続的に論じられた。新たな論者の参加もあって，両派の論争は続いていた。しかし，1880年代には，論敵を批判すること以上に，自らの実質的な研究との関連で方法論を検討する動きが顕著になる。歴史学派についていえば，この期間に，彼らの経済史研究

の代表的な成果といってよい著作が公刊される。カニンガム『イギリス商工業の成長』(1882年),トインビー『英国産業革命史』(1884年),アシュレー『英国経済史及び学説』第1巻(1888年)などがそれである。他方の理論派においては,その指導者となるマーシャルが,『経済学原理』(1890年)として結実することになる研究を進めていた。経済学者たちは,方法論争で取り上げられていた諸問題を自らの研究と照らし合わせて考察し,方法論的な思索を深化させていった。こうして1880年代には,両派がそれぞれ独自の研究プログラムを発展させるための基盤が形成されてゆく。われわれは本節で,その過程を振り返ることにする。

カニンガムおよびトインビーの経済史研究

1870年代の歴史学派の議論は,古典派経済学に対する方法論的な批判が中心であったが,1880年代に入ると,歴史学派の本来の研究領域ともいうべき経済史の研究が本格化する[16]。先に触れたように,レズリーは長い間イギリスの経済と法の歴史に関する著書を準備していたが,その草稿をフランス旅行中に無くしてしまい,結局それを完成させることはできなかった。方法論的な方針だけではなく,実質的な経済学の内容を示すために緊急に必要とされたのは,経済史の詳細な研究と体系的な教育を始めることであった。この点について,アシュレーは次のように振り返っている。

> イギリスにおいて,この方面で刺激を与えた最初の人物はウィリアム・カニンガム博士であったが,それは彼の著作(『イギリス商工業の成長』1882年;大幅に拡張された同名の新版,第1巻1890年,第2巻1892年)とケンブリッジにおける彼の学問的な活動によるものであった。少し後に,アーノルド・トインビーが,オックスフォードの学生の注意を『18世紀の産業革命』(1884年に刊行された講義)に向けた。(Ashley 1896)

まずカニンガムであるが,その経歴を簡単にたどると,次のようなものである。カニンガムは,生地のエディンバラ大学で学んだ後,1868年にドイ

ツのテュービンゲン大学に2カ月間留学，それからケンブリッジ大学のキーズ・カレッジに入学し，1872年には道徳哲学優等卒業試験に合格した。イギリス国教会の聖職者となり，やがて大執事(archdeacon)にまで昇任するが，それと同時に，ケンブリッジ大学をはじめ，キングズ・カレッジ・ロンドンやロンドン・スクール・オブ・エコノミクスでも講義を行い，生涯にわたって研究・教育活動を継続した。ケンブリッジ大学では，大学公開講座運動に関わって各地で講義を展開し，1878年に歴史学優等卒業試験の試験委員に選出された。それを機に，イギリス経済史に関する教科書の必要性を認識し，1882年に『イギリス商工業の成長』(以下『成長』と略)初版を出版した[17]。この著作は，第2版では2巻本となり，第3版以降は第2巻が2分冊に拡張されて版を重ね，カニンガムの主著として歴史に残ることになる。さらに，1884年には，ケンブリッジ大学において経済史の講師となり，大学における経済史の研究と教育の基礎を築くうえで，大きな功績を残した(Foxwell 1919; Koot 1987, ch. 7)。しかし，後述するように，1885年にマーシャルがケンブリッジ大学経済学教授として赴任すると，しだいにマーシャルとの間に摩擦を生じるようになり，やがて1890年代初頭に，方法論争の掉尾を飾る激しい論争を引き起こすことになる。

　他方トインビーは，1873年にオックスフォード大学に入学し，ペンブロークおよびベリオル・カレッジで学生生活を送り，1878年からはベリオルの講師およびチューターとして，1883年に31歳という若さで世を去るまで，オックスフォードを拠点に活躍した。彼が活動した期間はごく短いものであったが，それにもかかわらず後続する若手経済学者に大きな影響を与えた[18]。トインビーは，1881年10月から1882年5月にかけて，オックスフォード大学で「産業革命」に関する連続講義を行った。トインビーの没後に，彼の講義を聴講したアシュレー等が，その覚書と聴講ノートとを対照し，関係する論文等を組み入れて公刊したのが，『英国産業革命史』(1884年)であった。トインビーの著作は後世に大きな影響を与えた。彼の研究は，1760年代から19世紀初頭にかけて起こったとされるイギリス産業革命について，初めてその全体像を示し，その後の産業革命史研究の端緒を切り開くもので

あった。トインビーの産業革命論は，この社会革命によって労働者階級の生活状態が悪化したとする「悲観論」「激変説」と呼ばれるようになり，これをめぐって賛否の議論が展開されることになったのである。

　トインビーは，「産業革命」に関する講義の冒頭で経済学における理論と歴史との関係に言及し，この両者は対立するものではなく，ともに必要なものであるということを強調した。トインビーの講義は，いくつかの意味で，歴史学派の成熟を示すものということができる。すなわち，第一に，歴史的方法だけではなく理論的方法の意義も認めたこと，第二に，歴史的に個性的な出来事の説明を実際に試みたこと，第三に，歴史的方法と社会改良主義とを結合させる議論を展開したこと，などがその例である。トインビーは，理論的方法も否定しないという意味で，歴史学派のなかの穏健派というべき存在であった。彼に先立って歴史的方法を提唱していたレズリーやイングラムは，古典派理論の抽象性を嫌悪し，理論的方法そのものを否定する傾向があったが，トインビーの場合には，理論的方法の誤用を批判しながらも，理論そのものの意義は認めていた。その誤用とは，理論的世界をあたかも現実の世界であるかのように受け取る誤りと，純粋科学の法則を実践的勧告であるかのように考える誤りであったが，これらの混同が回避されるならば，演繹法も有益だというのであった。したがって，帰納法あるいは歴史的方法と演繹法あるいは理論的方法は，両方とも経済学にとって有用な方法であるという主張は，論争の早い段階から歴史学派のなかにもあったのである。しかし，これで問題が解決されたわけではなかった。論点はもっと複雑に入り組んでいた。

シジウィックおよびマーシャルの歴史学派批判

　1883年には，シジウィックの大著『経済学原理』が公刊された。シジウィックもまた，著作の冒頭で方法論争に関わる議論を展開している。第1章「イギリスにおける経済論争の現状および本書の目的」では，19世紀第4四半期のイギリス経済学界が論争の渦中にあるとし，一時代前に権威として認められていたミルの経済学が，ミルと方法を同じくする者，方法を異にす

る者の両方から批判を受けていると述べる。ここで方法を同じくする者というのは，ソーントン，ジェヴォンズ，ケアンズなどであり，理論派の経済学者を指す。他方の方法を異にする者というのが歴史学派の経済学者であり，その代表がクリフ・レズリーであるとされる。シジウィックによれば，既存の経済学に対する批判は不可避なものであるが，現状においてはそれが過大なものになっている。そのため，議論の大波が従来の思想の健全で貴重な成果をも水没させてしまう危険が生じている。「そこで，私の第一の目的は，これらの成果をできるだけ慎重に述べるとともに，最近の著作家による批判と提案に相当の注意を払うことによって，必然的ではない論争を除去することにある」(Sidgwick 1883, 7)。すなわち，ケアンズ，ジェヴォンズなどの貢献は，他の学説に対してそれほど敵対的ではないかたちで述べることができるし，同様に，帰納法と演繹法の間の対立も調停することができる。生産論では主として帰納的あるいは「現実的」な扱いがなされ，分配論および交換論では演繹的推理が不可避なのだから，二つの方法は排除しあうものではないというのである。この主張は，1879年の論文にも見られる。シジウィックの『経済学原理』は，方法論争における対立の解消を一つの目的として出版されたのである。

　1885年2月，アルフレッド・マーシャルはケンブリッジ大学教授就任講義を行う。「経済学の現状」と題されたこの講義のなかで，マーシャルは，歴史学派の指導者によって行われた経済上の習慣と制度の歴史を探究する研究の重要性を認めつつ，この学派のなかには経済理論を軽蔑する言い方をする者がいるとして，そうした論者に対して批判を加えた。マーシャルの批判は，事実の観察だけでは因果関係を解明することはできないという論拠からのものであり，J. S. ミルの議論を継承するものであった。マーシャルによれば，事実自身は黙して語ることがない。すなわち，事実というのは，多数の原因の作用によって引き起こされた複合的結果である。その原因の組み合わせは歴史的に1回限りのものであり，繰り返し起こるものではない。したがって，因果関係を解明するためには，それぞれの原因の作用を分離して研究しなければならない。「過去のものであれ，現在のものであれ，経済上の

事実を，しかるべき安全さをもって解釈できるためには，各々の原因からいかなる結果が予想されるか，またそれらの結果が相互にどのように結合されるかを知らなければならない。それは経済科学の研究によって知られる知識である」(Marshall 1885, 168)。すなわち，経済学のオルガノンである理論の力を借りることなしには，他の原因が作用しない場合の各原因の作用について知ることはできない。「他の事情が同じならば」という方法は，複雑な社会的事実を分析するための不可欠な方法だというのである。

同じ年にイングラムは，『ブリタニカ百科事典』第9版に，「経済学」という論文を発表する。これが改訂増補されて，1888年に『経済学史』という書名の独立の著書として出版される。この著作は非常な成功を収め，しばらくの間イギリスで出版された唯一の経済学史概論として，多くの読者を獲得した[19]。クートによれば，「歴史派経済学者としてのイングラムの名声は，その『経済学史』の好評に基づくものであった」(Koot 1987, 59)。われわれの観点からすれば，この著作の意義は，なによりもまず歴史学派の運動を経済学史のなかに位置づけようとした点にある。つまり彼は，進行中の運動の渦中にいながら，その運動の歴史的意義を明らかにしようとしたのである。イングラムによれば，方法的には，もともと統一されていた社会諸科学の研究から，経済学がいったん部分学として分化し，それが再び統合されるべき時期にきていること，また実践的にも，政治的束縛から産業活動を解放した経済的自由主義が，自由な活動ゆえの弊害を生み出し，それを解決するための社会改良が必要な時期にきていること，これらの事情を背景として歴史学派が成長してきたというのである。またイングラムは，歴史学派の考え方の根源について，ドイツ歴史学派の独創性をかなり割り引いて評価していた。すなわち，歴史学派運動の最大の拠点はドイツであるが，その考え方の根源は，むしろフランスやイギリスにあったという。イングラムによれば，ロッシャーなどが歴史法学の方法を経済学に応用して歴史的方法を提唱するようになる前に，オーギュスト・コントやリチャード・ジョーンズが，同様の方法をすでに唱えていたというのである。

同年9月10日，アバディーンで開催されたイギリス科学振興協会F部会

において，シジウィックは「経済科学の領域と方法」という会長講演を行った。ここでシジウィックは，イギリス正統派経済学と呼ばれるものに対するさまざまな誤解や批判に答えようとした。彼が回答しようとしたのは，正統派は限定なしの自由放任を唱えた，正統派は利己心を助長している，正統派は経済現象を孤立化させる誤りを犯している，といった誤解あるいは批判であった。シジウィックの反論は，イギリスだけではなくドイツの著作家にも向けられた。この講演に先立つ1882年に，グスタフ・シェーンベルク編『経済学事典』初版が出版されるのであるが，これが反批判の対象として取り上げられている[20]。イギリスの論者のなかで反論の対象となったのは，イングラムである。イングラムは，正統派経済学者が経済現象を不当に孤立化させているとして，経済学はより包括的な社会学に吸収されなければならないという見解を示していた。この見解は，数年前にダブリンで行われたF部会の会長講演において強く主張されただけではなく，最近再び『ブリタニカ百科事典』所載の論文「経済学」のなかで繰り返されている。しかし，社会学はいまだ幼年期にあり，およそ確立された科学とは言い難い。このように述べて，シジウィックは，イングラムの批判は堅実な根拠を欠くものであると指摘するのである。

ロジャーズおよびアシュレーの経済史研究

先に述べたように，ロジャーズは1870年代末に，「説明の個別性」の観点が歴史学派の特徴であるとする見解を示していた。この観点を彼なりに具体化したのが，晩年の代表作『歴史の経済的解釈』(1888年，以下『解釈』と略)であった。『解釈』を形成する諸章は，1887-88年にオックスフォード大学で行われた講義に基づくものである。ロジャーズが『解釈』で明らかにしようとしたのは，労働者の貧困という事実の歴史的原因であった。『解釈』におけるロジャーズは，経済理論を例証するために事実に訴えるのではなく，まず注目すべき事実に目を向けて，それを引き起こした歴史的原因を探究しようとした。こうした姿勢は，われわれが「説明の個別性」と呼ぶ歴史学派の観点を示すものということができる。しかも，経済的事実を説明するさいに，

政治がその原因になったことを指摘する点で,「社会現象の統一性」の観点も示唆されている。1860年代からの研究で,ロジャーズは,15世紀から16世紀初頭と比べて,18世紀後半から19世紀の労働者の生活水準は低下したという結論に達していた。ロジャーズによれば,経済学者たちは労働者の貧困について,労働者自身に先見の明がないこと,すなわち彼らが愚かにもその数を増やしてしまうことがその原因であると主張してきた。「経済学者たちが執筆した数多くの著作のなかのどれにも,この痛ましい光景の歴史的原因をたどろうとする試みを,私は一度として見たことがない」(Rogers 1888, vii)。たしかに古典派の経済学者たちは,マルサスの人口論に依拠して,労働者自身がその人口を抑制して労働供給を減らし,それによって賃金上昇を勝ち取ることが,生活状態を改善するための最も重要な方策であると考えていた。これに対してロジャーズは,国王や貴族といった支配階級が採用してきた政策が,労働者の貧困を生み出した原因であると主張したのである。

　1888年には,ウィリアム・アシュレーの著書『英国経済史及び学説』第1巻も出版される(第2巻1893年)。ケンブリッジ大学で初代の経済史教授の職に就いたクラッパムによれば,イギリス経済史という新しい学問分野を確立したのは,カニンガムの『成長』とアシュレーの『英国経済史及び学説』という二つの著作であった(Clapham 1927, 680)。アシュレーは1878年にオックスフォード大学に入学し,自ら語るところによれば,オックスフォードではトインビーからとりわけ大きな影響を受け,その下で経済学を真剣に勉強し始めたという[21]。トインビーの没後に出版された『英国産業革命史』は,その大部分が,トインビーの講義を聴講したアシュレーのノートをもとにしたものであった(Ashley 1955, 35-36/訳172-173)。1885年にリンカン・カレッジのフェローとなり,個人指導や講義を担当する。1888年には大西洋を渡り,トロント大学の法制史および経済学(Constitutional History and Political Economy)の教授に就任し,11月6日に就任講義「政治科学とは何か」を行った[22]。この講義のなかで彼は「最も実り多いと考えられる研究方法を,私は歴史的方法と呼びたい」と述べて,歴史学派としての旗幟を鮮明にしている。しかし,彼がイギリスに戻るのは1901年になってからであり,その

ころにはすでに方法論争は終息していたから，アシュレーは方法論争の最終局面にも参加することなく，遠くからそれを眺め，論争の意味を考えていた人物であったということができる。

　アシュレーは，イギリス歴史学派のなかで，最もドイツ歴史学派の影響を受けた人物とされる。たしかに彼は，若いころに三度(1880年，1883年，1884年)，短期間ではあるがドイツを訪問している。しかし，そのころはドイツ語を十分に読むことができなかったため，ドイツ歴史学派からの影響は直接的なものではなく，クリフ・レズリーやトインビーといったイギリス歴史学派を介した間接的なものであった。アシュレーがドイツ歴史学派の著作を読んで感銘を受けるようになるのは，彼が歴史学派としての立場を固めてからだった(Ashley 1932, 22)。アシュレーとドイツ歴史学派との関係について，シュンペーターは次のように述べているが，それはわれわれの課題にとっても示唆を与えるものということができる。

> ウィリアム・ジェームズ・アシュレーは，……他のイギリス経済学者のだれよりも当時のドイツの経済学専門家のタイプに合致していた。その青年期に経済史家や法制史家の影響(特にトインビーとメーン，後にはドイツ学者の影響)を受けたが，彼は自分の著作——例えば産業に関するその見事なモノグラフ，および非常に成功した『英国経済史及び学説』(2巻，1888年および1893年)——や，その方法論的発言や，社会政策および経済的ナショナリズムに対する彼の共感において，ドイツの経済学専門家のタイプに対して忠実であった。しかし，彼は自分のイギリス的環境から十分なものを吸収していたので，彼が模範としたものの粗雑さに対して耐性があった。イギリスに住んでいる人であれば，おそらくだれも，シュモラーがその経歴の初期に行ったように，経済理論を全く誤解するということはないであろう。(Schumpeter 1954, 822-823)

　すなわち，アシュレーはドイツ歴史学派に対して敬意を払い，多くの点でそれを模範とみなしたが，経済理論の理解という点では両者に違いがあった。

アシュレーは，リカードウ，J. S. ミル，マーシャルといった「正統派」経済学者の著作を読み，それを消化したうえで，歴史学派の主張を展開した。彼はやがて，歴史学派の側から方法論争を総括する議論を行うのである。

4. 論争の終結

　イギリスにおける方法論争は，1890年代初頭に最終局面を迎える。1880年代には比較的静かな議論が続いたのであるが，90年代初頭に至って，再び激しい論戦が行われる。それが，カニンガム－マーシャル論争であった。1890年に，マーシャルの『経済学原理』が刊行され，1891年には，ネヴィル・ケインズの『経済学の領域と方法』(以下『領域と方法』と略)が上梓された。前者はいうまでもなく，新古典派経済学の代表的著作の一つであるとともに，リカードウ－J. S. ミルの衣鉢を継ぐイギリス正統派経済学の大著でもあった。そして後者は，マーシャルの助言を受けながら執筆された経済学方法論の著作であった。カニンガムは，マーシャルやケインズが歴史学派を誤解しているとして，両者に対する批判を敢行した。これに対してマーシャルが反論し，イギリスにおける方法論争の最後の論戦が行われたのである。そして論争は，両者の応酬をもって終結する。論争の終結は，問題の解決というよりも，それぞれが独自の道を歩み始めたことを示すものであった。われわれは本節で，当事者たちが方法論争の意味をどのように捉えたのかということを確認し，第2章以下の各論点に引き継ぐことにしたい。

カニンガム－マーシャル論争

　ケインズは，その著書『領域と方法』の序文で次のように述べている。

> 私は党派的色彩を回避することに努め，論争された問題を取り扱うにあたっては，偏見をもたずに両者の言い分を明らかにしようと努めた。対立する見解の間に完全な和解をもたらそうと試みているわけではないが，私はそれらの間における対立の性質がときには誤解され，結果としてそ

の程度が誇張されてきたことを示すことができた。(Keynes 1891, vi/訳 iii)

つまりケインズの著書は，理論派の立場から歴史学派を論駁するものというよりも，両者の間を調停し，方法論争を終わらせようとするものだというのである。対立よりも調停を目指すという方針は，草稿段階からマーシャルが強く要求したものだった(Moore 2003, 14-17)。たしかにマーシャルは，自分自身の著作においても，歴史学派の功績を認める発言を行っているし，理論派のなかで最も歴史に通じていた経済学者であったということもできる。しかし，経済学研究における理論の優位という点については，歴史学派に一歩として譲るところがなかった。したがって，その調停は，あくまでも理論派が許容できる限りで歴史学派の業績を評価しようとするものにすぎなかった。ケインズもまた，「見せかけの譲歩を申し出ながら，実際にはほとんど譲らない」という戦略をとった(Moore 2003, 18)[23]。したがって，カニンガムにとっては，両者の主張は到底納得できるものではなかったのである。

1884年にケンブリッジ大学の経済史の講師となったカニンガムは，翌年教授として赴任したマーシャルと衝突する。1885年にマーシャルが経済学教授に就任すると，彼はカニンガムに講義の一部を経済理論に充てるよう命じ，これによってカニンガムは，それまで享受していた講義の自由を失うことになる(Kadish 1982, 148)。カニンガムはまた，マーシャルの教授就任講義「経済学の現状」を，歴史学派に対する挑戦として受け取った。すなわち，「彼の講義は，歴史学派のメンバーについて軽蔑した語り方をしており，将来に予想される研究の前進において彼らが担うかもしれない役割には全く触れていない。「〔歴史学派の〕偉大な指導者」が行った事柄に対する熱心な賞賛を表す文章は，歴史学派の隊列に向けられた判断の厳しさを緩和するものではない」(Cunningham 1889, 109)というのである。また，マーシャルの『経済学原理』初版の冒頭部分には経済史に関わる記述が配されていたが，カニンガムにとって，その記述は歴史的事実を無視するものに思われた。さらに1891年，ケインズの『領域と方法』で公然と批判されたことを受けて，カ

ニンガムは，1892年に『経済学評論』誌上に「純粋理論のための申し立て」(Cunningham 1892a)を発表し，マーシャルおよびケインズに対して正面から批判を始めるに至った。同年に『エコノミック・ジャーナル』誌上に発表した「経済史の曲解」(Cunningham 1892c)に対しては，マーシャルが「返答」(Marshall 1892)を書いて反論し，さらにカニンガムが『アカデミー』誌に再反論「経済史の曲解」(Cunningham 1892d)を寄稿するというかたちで，両者の間で激しい応酬が行われた。

カニンガムが『アカデミー』誌に掲載した再反論に対して，マーシャルが応答することはなかった。その後は，それぞれが折に触れて方法論的な発言を行うことはあったが，両者がこの問題をめぐって論争を行うというかたちにはならなかった。マーシャルが再反論しなかったということもあって，イギリスにおける方法論争は，その後下火になり，1890年代の後半には，過去のものとして語られるようになる。しかし，一度限りとはいえ，マーシャルが批判に対して反論を行ったのは，異例のことであった。その理由について，マーシャルは次のように述べている。

> かくして，私についての解釈を他の人々に伝えようとする彼の努力は，その不正確さとほとんど同じくらいに，その熱心さによって異彩を放っている。それらのなかには，外国の歴史派経済学者や，私の見解を直接には知らない人々によって，読まれるものもあるかもしれない。そして，彼が私の同僚であるという事実，また（彼がまさに指摘したように）彼が私の講義を聴いたことがあるという事実があるために，彼によって私の観点を紹介されることになる読者は，当然のことながら，彼が十分な情報に基づいて語っていて，私の見解を正確に伝えているかのような暗示を与えられるかもしれない。私は，これらの理由から，批判には返答しないという自分の規則を破ったのである。(Marshall 1892, 518)

この論争を挟む時期に，マーシャルの陣営はイギリス経済学の主流派としての地位を確立し，英語圏の経済学に大きな影響力をもつようになった。カ

ニンガムの批判は，その地位を脅かすものとはならなかった。マーシャルにとって必要であったのは，ありうべき誤解を防ぐために，カニンガムの「誤読」を指摘しておくことだけだったのである。

アシュレーの見解

　カニンガム‐マーシャル論争を大西洋の対岸から眺めていたのが，アシュレーであった。アシュレーは，1892 年にハーヴァード大学の経済史の教授となる。これは英語圏で最初の経済史の教授職であった(Clapham 1927, 679)。その開講講義「経済史の研究について」のなかで，アシュレーは方法論争の総括を試みる。彼はまず，方法論争後のイギリスの経済学者の間に，寛容の精神が行き渡っているという認識を示す。

> このことは，先行世代，すなわちジョン・ステュアート・ミルの著作の出版から，クリフ・レズリーの諸論文で反逆の最初の意思表明が行われるまでの時期に見られた，独断的な教条主義と全員一致に戻ったことを意味しない。それが意味するのはむしろ，なお著しい相違はあるけれども，一つの方法の支持者がもはやその方法を科学的探究の唯一の方法であると主張せず，その反対に，帰納法信奉者がいまでは演繹の価値をいっそう十分に認識し，最も抽象的な者もしばしば事実に言及するし，最も具体的な者も時には抽象を利用する，そして，よりいっそう重要なのは，自分自身の思想がどうであれ，自分と共同歩調を取らない者に干渉せず，さらには，彼らが価値ある到達点に至ることを期してその道を行くのを激励さえする，ということなのである。(Ashley 1893, 1-2)

　すなわち，方法論争はしばしば，理論派が演繹法を支持し，歴史派が帰納法を支持するという図式で行われたが，いまや両陣営とも，どちらか一方の方法を科学的探究の唯一の方法であるとは主張しない。また，異なる方法で行われる研究に対しても，それを非難するのではなく，その道を進むのを激励さえする。研究者は，「心，気質，訓練，および機会」がそれぞれ異なる

のだから，さまざまな方向で仕事をするのは当然である。アシュレーによれば，自分が特定の方向に沿って考えるのは，主として自分自身の精神的適性がその方向に合っているからだ，ということを認識するのはしばしば困難である。自分自身が惹かれている研究が，すべての課題のなかで最も緊急かつ有益なものだと感じるのは，きわめて自然である。したがって，シュモラーとメンガーが衝突したのも，その意味では避けられないことだった (Ashley 1893, 7-8)。しかし，「ドイツの同僚の生活を平穏ならざるものにした論争は，英語圏の経済学者の間には，いまやただかすかな反響しかない」(Ashley 1893, 2)。したがって，カニンガムとマーシャルという，卓越した二人のイギリス人経済学者の間で最近行われた敵対的な応酬は，ほとんど時代錯誤に見える。これが，方法論争後の状況についての，アシュレーの認識であった[24]。

では，歴史学派の立場から見た場合に，方法論争にはどのような意味があったのか。アシュレーは次のように述べる。

> ドイツの「歴史」学派もしくは「帰納」学派の若手 (the younger men) が20年ほど前に抱いた望み，そして，イギリスの著作家のなかではクリフ・レズリーと，より最近ではイングラムが抱いた望みは，いままでのところ実現されていない。このことを否定しても無駄であろう。彼らは経済科学の完全かつ迅速な転換を求めた。そのような完全な転換が起こっていないことを知るには，今日最も広く使われている教科書を一瞥するだけでよい。(Ashley 1893, 2)

かつての過激な歴史学派が抱いた望みというのは，経済学における抽象的・演繹的・理論的な方法を廃棄して，これを歴史的方法によって置き換えることであった。つまり，ある仮定された状況を想定して推論するのではなく，与えられた事実の大海に飛び込み，そのなかから一般的なものを導出するという方法が採用されなければならない，ということである。ドイツにおいてはシュモラー，イギリスにおいてはクリフ・レズリーとイングラムが，このような主張を行っていた。だが，こうした願望が実現することはなく，

その意味で，過激な歴史学派の路線は挫折したといわなければならない。

しかし，このことは，正統派の方法論が勝利したことを意味するものではない。アシュレーによれば，歴史学派の運動は，一方で，正統派の経済学者に影響を及ぼすとともに，他方で，それ自身の真の活動分野に向かって前進してきた。前者の側面について述べるならば，歴史学派の運動は，経済学者自身の教説に対する精神的態度全体を変えた，というのである。

> 経済学の結論は，所与の条件に対して・相・対・的・であり，ただ・仮・説・的・妥当性をもつだけであるという二つの重大な原理――それらは同じ観念の異なった形態にすぎない――の受容は，最終的に経済学者の精神的習慣の一部になった。経済的な考慮事項はわれわれが社会現象を判断するさいに取り上げなければならない唯一の事項ではないし，経済的な諸力は人間を動かす唯一の力ではないという確信についても，同じことがいえる。(Ashley 1893, 3-4)

すなわち，「学説の相対性」「社会生活の統一性」および「行為の多元性」という歴史学派の観点が，正統派の経済学者にも共有されるようになり，経済学者は自分自身の教説が狭い範囲を取り扱うものであることを自覚するようになった。これらの観点は，かつては一部の者のみが認識していたことであったが，いまや専門的経済学者全体に認められるようになった。アシュレーはこのように述べ，両派の方法論的合意が拡大するとともに，それぞれが独自の道を進むことを認め合うようになって，論争を継続する理由がなくなったと総括したのである。

《論争の総括　1》

1890年代後半になってからも方法論争への言及が数多くなされるが，それらはもはや論敵を批判するものではなく，論争の意味を考えるものになっていた。マーシャルは，1897年の論文「経済学者の旧世代と新世代」において，方法論争によって，帰納的方法と分析的方法とが補完的なものである

ことが明らかになったと述べている。またアシュレーは，1899年に「経済史の研究について：7年後」のなかで，「世界的な思想の潮流は，経済史に関心をもっているわれわれに味方している。経済史はたしかに長い間にわたって，公衆および学界の注意をますます引きつけるようになっている」と述べて，経済史という分野が確立した研究領域になったと主張した (Ashley 1899a, 22)。イギリス歴史学派の運動は，経済史という研究分野の形成に貢献することになったのである (馬渡 1990, 143；Tribe 2000, 227/訳 187)。カニンガムはといえば，その晩年に，マーシャルとの論争を振り返って次のように述べている。

> 忘れ去られた論争をふり返るのは，ほとんど価値のないことであるが，『経済学評論』(1892) 誌上の「純粋理論のための申し立て」，『エコノミック・ジャーナル』(1892) および『アカデミー』(1892年10月1日号) 誌上の「経済史の曲解」に関する諸論文は，ケンブリッジの歴史学派に関しては，経済学研究の自由を確保する効果があった。この時期以降，経済史の授業を経済法則を例証するために使うべきであるとする主張は，行われなくなった。(Cunningham 1916, 6-7/訳 7)

一連の論文のなかでカニンガムが主張したのは，すでに獲得されている経済法則を例証することが経済史の任務なのではないということ，すなわち経済史を経済理論の副次的な付属物とみなすべきではないということであった。そしてカニンガムは，この論争を振り返って，経済史の自立という点で一定の成果があったと考えた。方法論争の外面的な帰結は，マーシャルの陣営がイギリス経済学の主流派の地位を確立し，イギリス歴史学派が経済史研究の自立性を確保した，ということであった[25]。しかし，この種の論争にはよくあることであるが，争点となった諸問題には未解決のまま残されたものも少なくない。われわれが方法論争から教訓を汲み取るためには，個々の論点を詳細に分析しなければならない。本書の第2章以下で，われわれは個々の論点ごとに，その内容を考察する。それを通して，この論争全体の意義を明ら

かにしたいと思う。

1) 「歴史学派」という名称は，経済学以外の分野でも使用される。例えば，ザヴィニーなどは歴史法学派と呼ばれ，これが経済学における歴史学派の形成に影響を与えたとされる(Menger 1883, 82/訳85)。J. S. ミルはコントなどを「新しい歴史学派」と呼び(Mill CW8, 915/訳⑥146-147)，ハイエクはミルとは全く別の文脈で，マイネッケのいう歴史主義を「古い歴史学派」と呼んでいる(Hayek 1952, 112/訳86)。さらに，アダム・スミスやファーガスンなどが「スコットランド歴史学派」と呼ばれることもある(Pascal 1938)。しかし，本書で「歴史学派」というのは，これらではなく，リカードウ以後に登場した「経済学における歴史学派」であることに注意していただきたい。
2) リカードウの方法論の詳細については，佐々木(2001a，第2章)を参照されたい。
3) 例えば，ネヴィル・ケインズは，次のように述べている。「アダム・スミスのなかに看取される帰納的傾向に関していえば，その継承者はマルサスに見出される。これに対して，抽象的・演繹的傾向の継続と発展とについては，われわれはリカードウに目を向ける」(Keynes 1891, 11/訳14)。
4) マルサスの方法論の詳細については，佐々木(2001a，第3章)を参照されたい。
5) パルグレイヴ『経済学辞典』で「リチャード・ジョーンズ」の項目を執筆したエッジワースは，ジョーンズを「イギリス歴史学派の創始者(the founder of the English historical school)」と呼んだ(Edgeworth 1896b)。しかし，同じ辞典で「経済学者の歴史学派」の項目を担当したアシュレーは，ジョーンズを歴史学派運動の創始者ではなく「先駆者(forerunner)」と位置づけた。その後の経済学史の通説となったのは，いうまでもなくアシュレーのほうである。ネヴィル・ケインズもまた，『経済学の領域と方法』の第3版(1904年)でアシュレーの解釈を採用し，ジョーンズを歴史学派の先駆者とした(Keynes 1904, 298-299/訳211)。たしかに，イギリス歴史学派の初期の展開を担ったクリフ・レズリーやイングラムが，それぞれヘンリー・メーンとオーギュスト・コントの強い影響を受けて歴史学派の見地に到達したことを考えると，ジョーンズの影響下にイギリス歴史学派が形成されたとはいえないであろう。
6) 1831年にはシーニアの友人ウェイトリが，やはりドラモンド経済学講座における講義をもとに『経済学入門講義』を刊行し，経済学においては事実の収集よりも推論の過程が優位に立つと論じた。この点の詳細については，只腰(2007；2010)を参照されたい。
7) シーニアの方法論の詳細については，佐々木(2001a，第4章)を参照されたい。
8) J. S. ミルの演繹法の詳細については，佐々木(2001a，第5章)を参照されたい。
9) 理論と現実に関するケアンズの議論の詳細については，佐々木(2001a，第10章)を参照されたい。
10) 『農業と価格』の第3巻・第4巻は1882年，第5巻・第6巻は1887年に出版され

る。また，遺稿に基づいて，息子のA. G. L. ロジャーズが1902年に第7巻を出版している。
11) この出来事については，ドゥ・マーキの研究がある(de Marchi 1976)。ドゥ・マーキによれば，当時の大学評議会内の保守派がロジャーズの再任を拒否する工作をしたのは，ロジャーズの経済学上の業績を評価しなかったからではなく，政治・宗教・大学運営の既成秩序を批判する急進的な姿勢を嫌ったからだという。
12) マロニーは，レズリーが1870年の論文をもって「イギリス版方法論争における一斉射撃の口火を切った」(Maloney 1987a)と述べるのであるが，この論文自体はスミス解釈を中心とするものであり，後の論文に比べると，その論調は穏やかである。ムーアは，1860年代にレズリーが執筆したアイルランド問題に関する論文のなかに，すでに歴史主義の主張が現れているとして，1865-70年を方法論争の初期段階(earlier phase)とする(Moore 1995, 57)。
13) イギリス歴史学派のメンバーがドイツ歴史学派について論じた文献には，これ以外にも，Ingram (1885), Cunningham (1894b), Ashley (1893; 1896)などがある。アシュレーはこれらの論文のなかで，シュモラーに率いられた一団を新歴史学派(newer historical school)，ロッシャー，ヒルデブラント，クニースを旧歴史派経済学(older historical economics)と呼んでいる(Ashley 1893, 7; Ashley 1896, 313)。
14) ローは，第一次グラッドストン内閣(1868-74年)で蔵相(1868-73年)・内相(1873-74年)を歴任した政治家であり，また『タイムズ』紙に記事を書いていたジャーナリストであった。経済学上の独創的な業績があったわけではないが，この時期に経済学がどのように理解されていたのかを探るうえで，興味深い人物であるということができる。ローの経済学を考察したものとして，ムーア(Moore 1996a)およびマロニー(Maloney 2005a; 2005b)がある。
15) 〔 〕は引用者による補足である。以下同じ。
16) 経済史の研究はそれまでも連綿と続いていたのであるが，1879年から1888年の10年間に成年に達したとされる(Gras 1927, 20)。
17) 書名 The Growth of English Industry and Commerce にある industry には，工業だけではなく農業も含まれるから，服部(2002, 199)は『イギリスにおける産業と通商の成長』と訳している。しかし，ここでは慣例に従うことにする。
18) フォックスウェルによれば，当時のオックスフォードの論調に大きな影響を与えたのは，ロジャーズではなくトインビーであった(Foxwell 1887, 92-93)。
19) その後，1915年に，イーリーが序文を付し，スコットが第7章を増補したものが出版され，これが決定版として今日も用いられている。各国語にも翻訳され，ドイツ語，フランス語，ポーランド語，ロシア語，スウェーデン語，チェコ語，セルビア語，オランダ語の訳書が出版された(Koot 1987, 53-59, 225-226)。日本語訳も行われ，1896年には阿部虎之助訳『哲理経済学史』(経済雑誌社)が刊行された。1925年には増補版の翻訳として，米山勝美訳『経済学史』(早稲田大学出版部)が刊行されている。
20) この『経済学事典』については，ニコルソンも1885年に発表した論文「正統派経

済学のための申し立て」(Nicholson 1885)のなかで，詳細な批判を行っている。イギリス人はドイツ語文献を読むことはあまりないけれども，無意識のうちにドイツ風の思想が普及しているとして，あえて取り上げるというのである。『経済学事典』の性格については，小林(2011)を参照されたい。

21) オックスフォードの伝統とアシュレーの思想との関連については，西沢(2007, 第Ⅰ部第3章)を参照されたい。

22) アシュレーが就任した講座の名称は，「法制史および経済学」に変更される前は「政治科学」であった(Ashley 1932, 48)。

23) マーシャルは，ケインズの著書の完成版についても不満を示すことがあった。彼は，しばしば引用されるフォックスウェル宛の手紙(1897年1月30日)で，次のように述べている。「ケインズの『領域と方法』の校正刷りに対して私が行った提案のほとんどは，この著作をシュモラーの見解とよりいっそう調和がとれるようにするためのものでした。受け入れられたものもあります。しかし，私が方法に関する自分の立場を，ケインズ＋シジウィック＋ケアンズとシュモラー＋アシュレーの中間とみなしていることは，依然として真なのです」(Whitaker 1996, Vol. 2, 179)。しかし，これはマーシャルの表向きの発言であることに注意しなければならない。マーシャルの場合も，歴史学派に対する譲歩は「見せかけの譲歩」であると考えられるのである。

24) ネヴィル・ケインズは，『領域と方法』第3版で次のように語っている。「本書の初版が出版された1890年に，この章で言及した論争は，次第に激しさを失いつつあった。そして1890年以降，経済理論家と経済史家の側において，相互理解に対する一層の前進が行われてきた。アシュレー教授のOn the Study of Economic History (*Surveys: Historic and Economic*, pp. 1-21)を参照せよ」(Keynes 1904, 29/訳21頁)。

25) イギリスでは20世紀初頭に，経済史という分野が制度化される。マンチェスター大学(1910年，初代アンウィン)，ケンブリッジ大学(1928年，初代クラッパム)などに経済史の講座が設けられ，1926年には経済史学会(Economic History Society)が設立される。その初代会長に選出されたのはアシュレーであった。さらに，翌1927年には，経済史学会の機関誌として『経済史評論(*Economic History Review*)』が創刊された。すなわち，大学・学会・専門誌という制度が整い，自立した分野として発展する基盤ができたのである。

第2章　経済人概念はどこまで有効なのか
――行為の多元性

1. 動機・合理性・知識

　「行為の多元性」という観点は，経済理論で前提とされる経済人（economic man, homo economicus）の概念に対する批判を意味している。古典派の経済学者たちは，人間の動機・合理性・知識について，明示的にであれ暗黙のうちにであれ，ある一定の仮定を置いて推論を行っていた。すなわち，人間は何を求めて経済活動を行うのか，そのさいに最も適切な方法を用いて目的を追求することはできるのか，そもそも自分を取り巻く状況をどれくらい知っているのか，こうした事柄について何らかの仮定を置いていた。その仮定は現実の人間に比べれば多かれ少なかれ抽象的なものであったから，そうした抽象的な人間を想定する認識上の根拠についてどう考えたらよいのか，という考察も始まっていた[1]。いずれにせよ，経済理論で前提とされる人間像は，現実の生身の人間と比べれば，非常に抽象的で単純なものであった。理論派の経済学者にとって，そうした抽象的な人間像は経済分析を行ううえで必要な手続きであったが，その抽象性に疑念を抱く論者が現れたのも当然であった。経済学の一般理論は，多かれ少なかれ非現実的な仮定を採用せざるをえないから，それをめぐって賛否の議論が闘わされるのを避けることはできない。この問題をめぐる方法論争が，起こるべくして起こったのである。経済人の仮定をめぐる議論は，古典派の時代から現代に至るまで，経済学史のなかにかたちを変えて繰り返し現れる。一方には，抽象的な経済人の仮定

をそのまま正当化しようとする方向があり，他方には，仮定をより現実的なものにしようとする方向があった。歴史学派の立場は，いうまでもなく後者の方向を支持するものであった。では，経済人概念について，彼らは具体的にどのような批判を展開したのか，そして理論派の論者たちはどのように反応したのか。われわれは，各論の議論をここから始めることにしよう。

経済人概念をめぐる問題

　歴史学派の先駆者リチャード・ジョーンズが著作活動を始めたころ，「経済人」という言葉はまだ使用されていなかったが[2]，経済理論で一般的に想定される人間類型を定式化しようとする試みはすでに始まっていた。1827年に出版された『経済学入門講義』のなかで，シーニアは，「誰でも皆，できるだけ少ない犠牲で，できるだけ多くの富を獲得しようとする」(Senior 1827, 35)という経済人像を定式化した。つまり，富の獲得を目的とし，その富を合理的に追求するという人間像である。シーニアによれば，経済学の理論的部門は，「意識と観察の結果である少数の一般的命題」(Senior 1827, 34-35)から推理する科学であり，その第一命題をなす経済人の規定は，主として自分自身の意識に基づいて導出されるものであった。次のようなジョーンズの見解は，シーニアの名前を挙げているわけではないが，シーニアを念頭に置いたものであるかのように読める。

> さまざまな環境の下に置かれた大多数の人類の地位と進歩とを決定し，その振舞いを支配する諸原理は，経験に訴えることによってのみ知ることができる。たんなる意識の作用によって，すなわち自分自身の見解・感情および動機，ならびに狭隘な個人的観察に諮り，そしてアプリオリに推理することによって，それらから，道徳的ないし身体的性質において自分自身と異なり，また気候・土地・宗教・教育および統治などにおいて，その程度や組み合わせを異にする差異によって影響を受けている大多数の人々の振舞い・進歩および運命を，予見しうるであろうと期待する者は，まことに皮相な理論家というべきであろう。(Jones 1831, xv/

訳41-42)

　経済理論で想定する人間像を導くために，自分自身の心の作用を内省するという方法を示したシーニアに対して，ジョーンズは，さまざまな環境の下にある人々の振舞いについての経験的研究を対置した。この場合の経験には，人々の身体動作の観察だけではなく，人々が語るのを聞くことや文書を読むことも含まれるし，研究者による解釈も含まれる。ジョーンズにしても，いっさいの主観的要素を排して観察することを主張しているわけではない。そうではなく，自分の心の作用を内省するよりも，何らかの方法で多数の人々の振舞いを調べるほうが，社会現象を研究する場合には，「経験に訴える」ことになると主張したのである。いずれにせよ，そうした広い意味での経験に訴えるならば，「できるだけ少ない犠牲で，できるだけ多くの富を獲得しようとする」という行為類型は，経済活動の場面に普遍的に適用できるものではなく，それとは異なる行為の仕方があることが分かると主張したのである。

　経済人の仮定と現実の人間との間にある相違を認めながら，こうした仮定を置くことは，科学の方法として必要な手続きなのだと論じたのが，J. S. ミルの「定義と方法」(1836年)であった。ミルによれば，経済学においては，社会現象を生起させる諸原因のなかの，一部分のみが考察の対象となる。すなわち経済学は，

> 社会状態の諸現象のうち，富の追求の結果として起こるもののみを予測する。富の欲望に対して不断に対立する原理と見なされる情念や動機，すなわち労働の嫌悪や，高価な贅沢を享楽しようとする欲望を除いて，他の一切の情念や動機を完全に捨象するのである。……経済学は，人間とはもっぱら富を獲得し消費することに専念している存在であると考え，そうして，もしこの動機が，上述の二つの不断に反作用を及ぼす動機によって阻止される程度を別として，人間のあらゆる行為の絶対的支配者であると仮定するとき，社会状態をなして住んでいる人間を駆り立てる

行為の行程はどのようなものであるかを示すことを目的としている。……さらに進んで，この科学は，これらの種々の作用を支配する法則を研究する。その際，人間はその本性の必然から，すでに述べた二つの反対動機から生じる例外を除いては，あらゆる場合に小さい富よりも大きい富を選ぶものと想定される。もちろん，どんな経済学者も人間が実際にこういったものだと想定するほど愚かではなかった。ただこれが，科学の必然的に採用しなければならない方法なのである。(Mill CW4, 321-322/訳 176-178)

いま引用した非常に有名な文章は，『論理学体系』にもそのまま再録されている(Mill CW8, 901-902/訳⑥ 123-125)。社会現象のなかに埋め込まれている経済現象を取り出すためには，与えられた事実をそのまま観察するのではなく，分析によってそれを要素に解体し，経済現象に関係する要素的原因のみを取り上げて，その結果となるものを探究しなければならない。そのさいに，経済現象の主要な原因とみなされたのが，富の欲望と，これに不断に対立する二つの動機，すなわち労働の嫌悪と高価な贅沢を享楽しようとする欲望であった。それ以外の動機の研究は，経済学以外の社会諸科学に委ねられる。複雑な社会現象そのものを考察する場合には，取り上げなければならない原因は膨大なものになるはずであるが，最終的には，社会諸科学の共同作業によって，複雑な社会現象が説明されるものとされたのである。

「富の動機」に対する批判

これに対して，古典派の経済人概念は経済分析において有効ではないと批判したのが，イギリス歴史学派の初期の運動を牽引したクリフ・レズリーであった。レズリーは，「経済学の哲学的方法について」(1876 年)の冒頭で，イギリスの経済学者が，一般的に経済学の課題と方法についてどのように考えているかということを要約する。すなわち，経済学の課題は，「人間社会における富の性質，量，および分配について探究し，この種の社会現象のなかに発見される共存と連続の法則(laws of coexistence and sequence)を究明

することにある」とされており，この課題を達成するために採用した方法が，「抽象的でアプリオリで演繹的な方法 (abstract, à priori, and deductive method)」として知られるものであったという。レズリーによれば，それは次のように要約される。

> 富は，人間の欲望の対象であり，供給が制限されていて，交換価値を有するすべての事物を含むものとして定義され，この定義によって富の性質が説明される。富の量と分配とを支配する原因についての主要な説明は，以下の通りである。すなわち，安全と自由が存在するところでは，富の欲望から，労働，資本蓄積，土地の占有，職業の分割，商業，および貨幣の使用といったものが自然に導かれる。さらにそこから，富の総ストックの継続的な増加，賃金・利潤・地代への分配，各個人が生産のさいに提供した労働・犠牲・資本量・土地の量と質に比例して生産物の価格が決まること，が導かれる。さらに，人間の増殖力が人口を幾何比で増加させる傾向があるのに対して，土壌の生産性は制限されているので，賃金と利潤に対する地代の比率は，社会の進歩とともに増加する傾向がある，ということが付け加えられる。(Leslie 1876, 216-217)

しかし，そのような理論は幻想であって，その理論では経済学の課題とされる富の性質，量，分配を解明することはできないと批判する。ここでレズリーが問題にしていたのは，社会進化の過程を研究するうえで，「富の欲望」という動機はあまりにも一般的・抽象的にすぎるということだった。社会進化の過程を特徴づけるのは，富の具体的なあり方である。つまり，人々が何を価値あるものとみなして追求するのかということが，社会の特徴を表す。一口に富といっても，例えば土地・建物・家具・衣服・装飾品・動物・小麦・貨幣・絵画等々，実に多様なものが含まれており，それぞれの項目がまた多数の種類に分かれている。時代や地域によって富とみなされるものが違うのはもちろん，男性と女性とでも欲する富が異なっている。富の真の科学においては，このような富の差異がどのようにして生じたのか，またそれが

社会に対してどのような影響を及ぼすのかということについて，すなわち富の差異の原因と結果について，研究しなければならない。レズリーによれば，

> 経済科学ほど，いまだにスコラ哲学者の実念論(realism)の色合いを帯びている哲学分野はほかにない。多数の異なった事物が一面において相互に似ている場合，それらが共有している一つの特徴との関連で，ある共通名称がそれらに与えられる。正確にいえば，それはただこの共通の特徴を指示するだけなのであるが，共通名称は事物の本質的差異を考慮の外に置くから，やがてこれらの事物は一括されて一種類の事物と考えられるようになる。富の欲望は，非常に多様な欲求・欲望・感情を表す一般名称であって，それらの経済的性格および結果は大いに異なっており，ある点で歴史的連続性を保持すると同時に，他の点では根本的な変化を被っているのである。(Leslie 1876, 219-220)

　古典派経済学者が実念論の立場をとっていたというレズリーの批判は，当を得ているとはいえない。たしかに古典派経済学者は，さまざまな種類のものを一括して「富」と呼んでいたことは間違いないが，個々の事物とは別に「富それ自体」が実在すると考えていたわけではない。したがってレズリーが，存在するのは個々の事物だけであり，それに付された言葉が普遍的であるにすぎないとして，唯名論(nominalism)の立場から古典派を批判したとしても，およそ生産的ではない[3]。問題は，富を一括して考察するのではなく，そのさまざまな種類に着目することによって，何が明らかになるのかということである。レズリーがここで注意を引きたかったのも，普遍の存在性格ではなく，まさに経済活動の歴史的な変化であった。時代や地域が違えば，人々が求めるもの，価値を認めるものが違い，それによって行為の仕方や社会のあり方が違ってくるということであった。

　富の性質を明らかにするためには，人々が実際に何を欲しているのかということを歴史的に研究しなければならない。また，人々が何を求めて働くのかという問題は，富の量を支配する条件と密接に関係している。抽象的理論

では,「富の欲望の作用によって,人間の精力と努力が不断に富の獲得に向けられる」(Leslie 1876, 222)。しかし,富の欲望は必ずしも勤労への誘因(incentive)になるものではなく,ましてや資本蓄積を促す制欲へと導くものではない。征服,略奪,窃盗などもまた,富を獲得する形態なのである。娯楽,感覚的な快楽,贅沢,見せびらかし(ostentatious display)などを好むことが,放蕩に向かわせることもあれば,精力的な事業活動へと駆り立てることもある(Leslie 1876, 223)。主要な問題は,さまざまな社会状態や制度の下で,人々がどのような種類の富を追求し,それをどのような方法で獲得し,どのように使用するのか,ということである[4]。すなわち,どのような社会進化の法則(laws of social evolution)が成立するのか,ということが問題だというのである(Leslie 1876, 224)。

　さらにまた,経済的動機に関するレズリーの批判は,「何を欲するのか」ということだけではなく,「誰のために欲するのか」という点にも向けられた。生産や蓄積へと向かわせ,消費や分配に深甚な影響を及ぼす動機の一つとして,家族の愛情がある。ところが,個人的な利得以外の動機を認めない体系のなかには,家族の占める場所はない。家族の愛情や利他的な動機がないならば,世界の活動はほとんど停止してしまうであろう。すなわち,遠い将来のために貯蓄するということはなくなり,耐久的な富は生産されず,誰も死後には何も残そうとしないであろう(Leslie 1879b, 388)。レズリーの批判は,「利己心(self-interest)」をどのように解釈するかという問題に関係している。周知のように,アダム・スミスの『国富論』では,人間の経済活動は利己心に基づいて行われるとされていた。その後の経済学者たちが富の動機について語るときも,その動機は,社会全体の利益を目指すものではなく,行為者自身の利益を目指すものであるということが,暗黙のうちに仮定されていた。しかし,その利己心が行為者ただ一人の利益に関わるものなのか,家族その他の利益を含むものなのかということが,必ずしも明確ではなかったのである。

貨幣による動機の強さの測定

　以上のようにレズリーは，経済的動機というものは，実は多様な動機からなるものであり，また必ずしも自分の利得だけを目指すものでないと主張した。こうしたレズリーの主張に対して，理論家マーシャルは，動機の多様性や非利己的動機の役割を認めながら，なおかつ一般的な経済的動機を定式化しようとした。レズリーのように特殊な動機に注目するだけでは，一般的な理論を構築することはできない。特殊な動機を認めながら，あくまでも経済的動機の一般化を追求すること，これがマーシャルの課題であった。マーシャルによれば，経済活動を行う人間の動機は，非利己的動機を含む無数の種類からなるが，それらの相対的な強度を測定するという点に，経済分析の特徴がある。貨幣を使用する社会では，誰のためであれ，ある人が一定の財やサーヴィスにどれだけの貨幣を支払うのか，またその人から一定の努力を引き出すためにどれだけの貨幣的報酬が必要なのか，という点が重要なのである。マーシャルは，ケンブリッジ大学教授就任講義「経済学の現状」で，次のように語った。

　　経済人が単純に利己的でないことは，一見してわかる。それどころか，一般に経済人は，主として他者の利益のために資本を貯蓄しようとして，懸命に働く。家族のために準備をしようとする願望はきわめて規則的な仕方で作用し，容易に法則に還元できるというのが事実である。その願望は，非利己的であるとしても，可測的であるために，すべての経済学上の推論において目に立つものである。また，クリフ・レズリーに同調して，一般に「貨幣愛」という言葉の下に一括されている動機の無数の種類のすべてを分析するならば，それは，あらゆる種類に及ぶことを知る。それらは，われわれの本性のなかで，最高の，最も洗練された，最も非利己的な要素を含んでいる。それらを結びつける共通の環は，程度の差はあれ，測ることができるということである。そして，われわれの世界においては，それらは貨幣によって測られる。(Marshall 1885, 160-161)

マーシャルにとっては，観察可能な指標と動機の強さが規則的に関係していることが重要なのであった。何であれ，誰のためであれ，それを獲得するために貨幣をいくら支払うのか，また，どれだけの報酬が得られるならば，労働や貯蓄を行うのかということが，規則的な仕方で作用することが重要なのである。マーシャルはこのようにして，利己的な富の欲求という動機から，貨幣によって強さを測定できる動機へと，経済的動機に関する規定を変更した。それによって，経済人もまた多様な動機をもつ存在として再定義されることになった。しかし，こうしたマーシャルの工夫も，レズリーの批判のすべてに応えるものではなかった。レズリーは，貨幣によって測定できない動機もまた，経済活動の場面で大きな役割を果たしていると主張していたからである。実は，経済的動機を富への欲求とする一方で，多くの古典派経済学者たちが，それとは異なる動機の重要性を認めていた。例えば，社会的地位や名誉への欲求がそれである[5]。マーシャルの再定義は，貨幣によって強さを測定できる動機を経済的動機と規定することによって，社会的地位や名誉への欲求のような，動機の強さと報酬との関係が必ずしも規則的ではない動機を経済分析から排除してしまうという難点を抱えることになる。

　マーシャルにしても，価格理論を超えて経済的進歩を問題にするときには，貨幣によって強さを測定できない動機にも言及する。例えば，「経済騎士道の社会的可能性」(1907年)では，困難を克服して成功すること自体に価値を見出し，それがもたらす貨幣を副次的なものとみなす実業家像が取り上げられている。すなわち，「実際最近，注意深い観察者によって，産業の進歩がもっとも大きく依存している人々は，富をそれ自体のためよりは，成功を収めた事業のしるしとして考慮することが，ますます頻繁に明言されるようになっている」(Marshall 1907, 331)。科学，文学，芸術に従事する人々は，相当に下賤でない限り，貨幣に対しては，たんに生活に不自由をしない程度を超えて配慮することは稀である。彼らにとって重要なのは，仕事が立派に行われることであり，そしてもし教養のある公衆から評価され名誉を与えられるならば，それで満足する。同じように，「もっとも有能で最良の実業家は，

それがもたらす貨幣よりは成功自体を価値あるものと見る」(Marshall 1907, 331)。そのような騎士道的動機をもつ実業家にとっては，貨幣よりも名誉が報酬となる。したがって，マーシャルの議論においても，経済的進歩を導く騎士道的動機(chivalrous motives)の強さは，貨幣によって測定することはできない。どれほどの貨幣が与えられるならば経済騎士道的動機が発揮されるのか，という問題は成立しない。ここでマーシャルは，経済的進歩を問題にする場合には，貨幣では測定できない動機を問題にせざるをえないことを認めているのである。

そこで問題になるのが，名誉は貨幣の代わりになりうるか，ということである。名誉が量化できるもので，与えられる名誉の量が大きいほど騎士道的活動が増大する，という規則性があるのであれば，名誉によって動機の強さを測定することができる。マーシャルの図式を援用するならば，縦軸に名誉の量を取り，横軸に経済騎士道的活動の量を取るとき，右上がりの供給曲線を描くことができるということである。マーシャルはこのように考えて，経済騎士道を経済分析のなかに取り入れたのだろうか。それとも，報酬や支払いによる動機の測定に依存する狭義の経済分析を超える問題として，経済騎士道の問題を考えていたのだろうか。興味深い問題であるが，マーシャルの回答は明らかではない。

合理性と知識

経済人概念をめぐるレズリーの批判は，動機に関するものだけではなかった。古典派理論において，経済人はその目的を適切に追求する存在であるとされていた。アダム・スミスは，行為の遠い諸帰結を識別する理性を，個人にとって最も有用な資質の一つとして認めていたし(Smith 1759, 189/訳287-288)，J. S. ミルは経済人を，「目的を達成するための諸手段の有効性を比較しうる存在」(Mill CW4, 321/訳176)と規定していた。先に述べたように，シーニアはミルに先立って，「誰でも皆，できるだけ少ない犠牲で，できるだけ多くの富を獲得しようとする」という命題を経済学の基本前提としていた(Senior 1827, 35)。目的を適切に追求するためには，必要な情報をすべて知り，

それに基づいて最適な手段を推理することが必要である。つまり経済人は，必ずしも明示されていたわけではないが，完全な知識と目的合理性という特徴を有する存在と考えられていた。この点に関するレズリーの批判は，古典派の経済理論のなかに，「完全な知識および予知(full knowledge and fore-knowledge)」という仮定が潜んでいたことを暴き出し，その非現実性を指摘するものであった。

　レズリーによれば，「正統派のアプリオリで演繹的な体系」は，一般的な富の欲望だけではなく，さまざまな職業における利得についての完全な知識と，職業の選択や転換が容易に行われるということを公準としている(Leslie 1879c, 940)。つまり，この批判は経済学者の予測能力ではなく，経済主体の知識や能力を問題にしているのである。「経済世界における既知のものと未知のもの」(1879年)において，レズリーは，完全な知識および予知は，人間の行動が遠い昔の祖先の慣習によって決定されているような場合にのみ可能であると述べる。中央アジアの遊牧民の場合，その構成員は居住と移動に関わるすべてのことを知っており，また予測することができる。初期の農業社会においても，各人が親の職業を継ぎ，同じ方法を用いて仕事をし，豊かになることも貧しくなることもないから，予測力が失われることはない。ところが，商工業の発達，市場の拡大，信用の発達とともに，そのような条件はなくなる。第一に，停滞的な状態から進歩的な状態へ移行し，工業と商業が発展するにつれて，社会経済は，複雑多様で変化に富み，不確実で予測不可能なものとなって，特定の時代の一局面を知ることさえ困難になる。第二に，初期の村落共同体においては，商品価格も生産者の利得も慣習的なものであるため，それらは既知であるだけではなく，予知できるものでもある。しかし，市場が拡大し，慣習の規制を受けない外部の者が取引に参加するにつれて，商品価格は既知のものではなくなり，生産と消費，供給と需要の調整も困難になる。第三に，現金で売買が行われる場合には，価格は購買手段の量によって表されるし，販売されれば売り手の利潤量も確定する。しかし，支払いを約束する手形が購買力を獲得すると，価格変動の限度がなくなるし，約束された支払いが実行されないこともあるため，商品を引き渡した後も生

産者の利潤は確定されないことになる(Leslie 1879c, 935-937)。このように，現代の交易に伴う無知は，一方では経済的進歩の帰結であり，他方では人間能力の限界から生じるものであるから，不可避かつ不治のものである(Leslie 1879c, 945)。

ところが，人々が完全な知識をもっているということが「演繹的経済学者の真の主要公準」なのである。例えば，利潤均等化論は富の欲望という動機だけから導かれるものではない。「演繹的経済学者によれば，人々はある事業で，他の事業よりも高い利潤率を達成することはできない。なぜならば，他の人々がそれを知るならば，彼らはそれを許さず，直ちに割り込むからである。そして演繹的経済学者は，人々がそれをまさに知っているものと仮定するのである」(Leslie 1879c, 939)。演繹的経済学者の仮定によれば，職業や投資の選択，労働や資本の移動を決定する知識は非常に正確であり，その結果として，資本の利潤率は等しくなり，価格は生産費に等しくなる。アダム・スミスの時代には，経済世界が比較的小さく，単純で，停滞的であったから，小さな村のなかで各人がすべての隣人の仕事のようすを知っていると推測することも不合理ではなかったかもしれない。しかし，そこから全国民が他の人々の仕事のようすを知っているという結論へと一気に進むことは，リカードウとその追随者たちが行った飛躍なのである。リカードウ理論の主要公準は，すべての職業の有利・不利が知られていること，競争が労働と資本双方の報酬を均等化すること，したがって商品価格がそれぞれの生産費によって決定されることである。しかし，知識の状態は人によって異なっているのであり，一国全体を取り上げるならば，一人の人間が特定の事業の状態について何を知っているのかということは，偶然や個人的な事情の問題になる。知識の質も量も人によって違っており，故国の事情よりも，数千マイルも離れたアメリカやアジアの事業に通じた者さえいる，というのである(Leslie 1879c, 942)。

人々が完全な知識をもっているという仮定は非現実的であり，人によって知識の状態が異なっていることを認めなければならない。このようなレズリーの批判に対して，理論派の陣営はどう対応したのか。次のようなマー

シャルの発言は，レズリーの名を挙げて行われているわけではないが，その影響を受けたものであるように読める[6]。

> 完全競争は市場状態の完全な知識を要求する。ロンバード街や，株式市場や，生産物の卸売市場における取引の経過を考察する場合に，取引者の側にそのような知識が存在すると仮定することは，人生の現実からの重大な乖離が生じることがないとしても，産業の比較的低い等級の労働の供給を支配する原因を吟味する時には，そのような仮定を置くことは全く不合理であろう。(Marshall 1890, 540-541)

つまり，人々の知識は必ずしも完全なものではなく，人によって大きく異なっているというのである。マーシャルは「経済学の現状」において，リカードウ派の誤りとして，人間をいわば不変量とみなし，人間の多様性を研究しようとしなかった点を挙げている。すなわち，「彼らが知っていたのは，主としてシティの人間であり，他のイギリス人も，彼らがシティで知っていた人々と，きわめてよく似た人々であると，暗黙のうちにみなしていた」(Marshall 1885, 155)。経済活動に携わる人間の多様性という観点は，マーシャルの「連続性の原理」の一側面をなす。知識だけではなく，人間が目的を追求するさいの「明敏，精力，企業心」などが，シティの人間から通常の人間に至るまで，連続的に変化する。「一度このような解釈が了解されるならば，正常価値の理論は，非実務的な階級の人々の行為にも，商人や銀行家の行為にも，細部にわたって同じ正確さをもってではないとしても，同じ仕方で適用可能である」(Marshall 1890, vii)。このようにして，すべての人々が完全な知識をもっているという「演繹的経済学者の真の主要公準」は否定される。しかし，それを否定しても経済理論は可能である，というのがマーシャルの主張であった。

2. 行為と制度

　一般に,経済人という考え方は方法論的個人主義に立脚するものとみなされている。方法論的個人主義とは,個人の行為を形成する背後の諸要因には立ち入らず,個人の行為を所与として,直ちにそこから出発する方法を意味する。つまり,経済人の動機・合理性・知識などについて何らかの仮定を置き,そこから集合的な経済現象を導くのである。方法論的個人主義は,個人の行為様式が社会からの影響によって規定されることを否定しないが,その影響は暫定的に問わない。この立場からすれば,消費者の選好などは経済分析においては所与であり,それらを説明することは経済社会学の課題ということになる(Schumpeter 1954, 21, 889)[7]。これに対して,個人の行為の形成要因を暫定的にせよ無視するという方法を批判し,経済行為に影響を及ぼす制度を積極的に問題にするべきだと主張する論者が現れるのも,当然というべきである。個人と制度の間に相互作用があるときに,個人よりも制度を重視したのが歴史学派であった。人々の経済行為は,法や慣習からなる制度の影響を受ける。個人を究極的なものとするのではなく,むしろ制度から個人の行為を説明しなければならないというのである。制度は個人を超えるものであり,個人の行為を拘束するものであるが,イギリス歴史学派の論者たちは制度の存在性格については論じなかった。あくまでも,制度から個人の行為を説明するというアプローチ,すなわち社会現象を研究する方法論という側面に限定して,議論を進めたのである[8]。

制度による行為の拘束

　制度についての注目は,先駆者ジョーンズのときから始まっている。ジョーンズによれば,地代の決定という場面で,借地人が富を最大化するために合理的に行動するのは,資本と労働の可動性(mobility)がある場合に限られている。資本と労働の移動が自由に行われる制度の下では,もし農業資本家たちが他の職業で得られるのと同量の利潤を獲得しえないならば,彼ら

は農業を離れ，その財産を何かもっと報酬のよい職業に移すであろう。このような制度の下では，たしかに借地人階級は富を最大化するために合理的に行動するということができる。ところが，大半の小農には資財と労働を移動させる自由がないため，小農と地主との間に成立する地代の契約は，かなり異なったものになる。すなわち，「これらの契約の諸規定は，その契約が行われる国々の法（laws）によって左右されることもしばしばあるが，それらの国々で長い間に確立した慣例（usages）によって決定されるのがほとんどである」(Jones 1831, 15/訳14)。これらの慣例は，土地所有者による過度な収奪を抑制し，小農階級の存続を保証するという機能を果たしている。一家族がどのくらいの土地を耕作できるか，また借地人が彼の子孫を維持し，そして子孫とともに耕作を続けるためには，生産量のうちどのくらいを保持しなければならないかということは，経験が明らかにしている。そこで，「慣習（custom）および法規（prescriptions）によって，住民の消失を防止する規則と条件とが確立されている」(Jones 1852, 429/訳110)というのである。ここには，最大の富を求めて競争するという人間の姿はない。ジョーンズは，慣習や法といった制度が人間の行為に影響を与えるため，制度が異なるのに応じて，経済行為も多元的なものにならざるをえないと考えた。

　レズリーもまた，演繹的経済学の基本的な欠点の一つとして，個人の動機を究極的なものと考える方法を批判する。すなわち，「個人の仮定された動機にのみ注目するために，その体系は共同社会の集合的作用（collective agency of the community）を全く無視する」(Leslie 1879b, 399)。ここで共同社会の集合的作用とは，政治組織や国家のような実定的制度，あるいは歴史や伝統を通して作用するものを意味し，揺り籠から墓場まですべての人間を包み込む社会環境を意味する。要するにレズリーは，社会現象を個人から説明しようとする方法論的個人主義を批判し，個人の行為はむしろ，個人を超える制度や社会環境の産物であることを強調するのである。

　　ある特定の共同社会の経済構造，国民的精力が向けられる方向，さまざまな階級および両性によって分担される職業，動産・不動産の構成要素

> と分割，生産力の進歩的・停滞的・退行的状態，そして生活必需品・快適品・奢侈品の量と質，これらのものは経済固有の力の結果ではなく，すべての社会的な力，すなわち産業的・政治的・道徳的・知的な力の結果である。「富の欲望」に集約される欲求や目的そのものが，個人の内在的・本源的・普遍的な性向からではなく，共同社会とその歴史とから生じるのである。(Leslie 1879b, 403)

飢えと渇き，および寒暑を防ぐものに対する欲望だけが，社会的影響から切り離された人間が感じる経済的衝動といえるのであって，食べ物の種類さえも長い国民的歴史によって決定される，というのである。

経済行為の多くは，制度の影響を受ける。制度が経済行為を生み出すというとき，そこで考えられているのは，経済的な制度だけではない。法的・政治的・道徳的・宗教的な制度もまた，経済行為に影響を及ぼすものとされた。レズリーはその例として，富の分配が純粋な経済現象ではなく，法的な制度と結びついたものであることを指摘する。なかでも重要なのは，家族による相続という歴史的制度であり，これは人間社会の経済において主要な要因であり続けたものなのである。すなわち，所有権，相続法，遺言の効力，土地の譲渡可能性などは，法的な事実であるとともに，経済的な事実でもあり，両者を分離して扱うことはできない。ここで指摘されているのは，経済領域を他の社会領域から分離することはできないという「社会生活の統一性」の観点である。この観点はとくに，社会進化を考える場合に無視することができない。例えば，「狩猟・牧畜・農業・商業という状態の継起は，経済的発展として言及されるのが普通であるが，それは実際には社会の進化なのである。その経済的側面は，その道徳的，知的，政治的側面と不可分に結びついている」(Leslie 1876, 228)。以上のようにレズリーは，社会の歴史的進化の過程を研究するためには，「抽象的でアプリオリで演繹的な方法」ではなく，それに代わる歴史的方法が必要であると主張した。しかし，この問題の考察は，第3章および第5章まで延期しなければならない。

慣習の解体

　このように，歴史学派は経済行為が制度によって拘束されることを強調した。これに対して，そこで探究をやめてはならないと主張したのがマーシャルであった。マーシャルは，制度が経済行為に影響を及ぼすことを認めたうえで，そこからさらに遡って，制度そのものを個人の行為から説明しなければならないと主張したのである。彼は「経済学の現状」において，経済科学には次のような役割があると述べた。

> 　とくに，それは，経済上の慣習と呼ばれるものを解体し，説明するものと私は考える。望遠鏡が星雲を解体したのと同様である。ある調整が慣習にしたがって行われるということは，実際にはその原因をわれわれは知らないというのと，ほとんど選ぶところがない。きわめて多くの経済上の慣習は，われわれが知識を十分に所有しさえすれば，測定可能な動機の緩慢な均衡に帰することができる。このことを私は確信する。インドのような国においても，需要と供給の動機の相対的な位置が変化し，それらを安定した均衡にもたらす価値が，慣習が公認する価値から遠く離れた場合には，慣習は長く維持されることがないことを確信している。
> （Marshall 1885, 169-170）

　経済状態が一世代の間にわずかしか変化しないところでは，たしかに，さまざまな財の相対的な価値がほとんど動かないように見えるかもしれない。それは，時計の針を短時間だけ見ていると，動かないように見えるのと同じである。したがって，そこでは財の価値が慣習によって固定されているように見えるかもしれない。しかし，長い期間を取ってみれば，慣習は実際には変化せざるをえない。なぜなら，そこでも経済活動を行っているのは動機をもつ人々だからである。先に述べたように，マーシャルによれば，「われわれが生活する世界では」動機は貨幣によって測定される（Marshall 1885, 158）。ある財を獲得するために貨幣をいくら支払おうとするのか，またどれだけの貨幣が得られるならば労働や貯蓄をなそうとするのか，ということによって

動機の強さが測定される。したがって，ある財を獲得したいという動機が弱くなれば，需要価格は下がらざるをえない。また，労働しようとする動機が弱くなれば，その供給を引き出すために報酬を上げなければならず，結果として財の供給価格も上がらざるをえない。そのようにして，需要と供給の動機の相対的な位置が変化し，それらを安定した均衡にもたらす価格が変化することになる。「われわれの世界以外の世界では」貨幣以外のものによって動機の強さが測定されるかもしれない (Marshall 1885, 158)。しかし，支払いや報酬の形態が異なるとしても，需要と供給の動機を安定した均衡にもたらす価値と，慣習が公認する価値とが遠く離れている場合には，慣習は長く維持されることがない。緩慢にではあるけれども，動機の強さが均衡するところに慣習そのものが動いてゆくことになる。マーシャルは，このようにして慣習と呼ばれるものを解体し，それを個々人の動機と行為から説明しようとしたのである。

そして，後進諸国の慣習について研究を進めるならば，イギリスの中世経済史についても，「今日不可解とされている多くの事柄を説明する解決策を生み出す」ことを確信していると述べる (Marshall 1885, 171)。当代の後進諸国だけではなく，イギリスの中世もまた，慣習が支配した社会であると考えられていたから，その慣習も個人の行為から説明することができるようになるであろう，というのである。マーシャルの主張は，経済学のオルガノンを後進諸国や過去の時代にも適用しようとするものであった。容易に見て取れるように，この議論は「学説の相対性」をめぐる論争と密接に関係している。歴史学派は，経済理論を後進諸国や過去の時代に適用することはできないと主張していたから，マーシャルと歴史学派が衝突することになるのも当然の結果であった。

しかし，マーシャルにしても，はじめから慣習を個人の行為に解体できると考えていたわけではなかった。最初は慣習を究極的なものとみなしていたのだが，徐々にその考えが変わっていったというのである。1892 年に，彼は次のように述べている。

> 私が久しく懐いていたのは，未開時代における思考習慣(habits of thought)および農業階級の行為に関する歴史文献においてかつては普通であった，幾分極端な見解であった。私は，慣習の威力は多数の生活上の諸関係において実際に絶対的なものであると考えていた。そして，慣習の事実を一般的に究極的なものとみなし，分析や説明が不可能なものであるとみなしていた。私はこの立場から離れ去ったわけではなく，だいたいにおいて真であると今なお考えている。(Marshall 1892, 508)

しかし，最近の中世史家のなかには，以前に比べて，慣習に対してより狭い領域を割り当てるとともに，かなりの柔軟性を認める者がいる。そのような動きは容易にはるか彼方まで推し進められる可能性があるが，正しい方向に進むものであって，慎重にかつ節度をもって追究されるならば，われわれの知識に多くのものを付け加えるであろう。この主題に関する自分の発言の主要な目的は，中世史について自分以上に豊富な知識をもっていて，なおかつ，時代や場所を異にする多様な環境の下で，絶え間なく発展する社会的・政治的条件や産業とともに，また生産技術とともに，「慣習を継起的に成長・変化・衰退せしめる諸原因について，その根源を可能な限り人間本性まで追跡しようと欲する人々にとって，できれば有用であってほしい一つの示唆を行うことであった」というのである(Marshall 1892, 508)。そして，慣習の影響の下で育った人々は現代人と同一ではない心の習慣を有している，というヘンリー・メーンの教説について，それをあまり厳格に捉えるべきではないと考えるようになったという。

> 彼らが自分たちの目的を達成するために採用する手段は，われわれが採用する手段とは異なっている。しかし，自分自身にとって最善のことをしたいという欲求が，人間本性から全面的に欠落してしまうことはほとんどない，と私は信じている。慣習と掟によって，多くの種類の独創的な個人的行為がおよそ考えられないものにされ，なかには禁止される行為もある。しかし，係争中の土地という周辺部分がつねに残っており，

そこでは活動的な性格が自己を主張することができるのである。中世の気風が最も根強く残っているイギリスの農業地域や，大陸もしくはインドの農業地帯を最もよく知っている人々は，非常に平穏な表面の背後で，私的利得を抜け目なく追求するささやかな営みがいかに数多く行われているか，ということを最もよく認識している。(Marshall 1892, 510)

　そして彼らは，世界で最も静穏な片隅においてさえ，隣人に勝つためのずる賢い工夫が見られるという話をする。静穏さそのものが，洗練された策略のための時間と機会とを提供する。慣習を究極的なものとみなすのではなく，それを個人の行為から説明するという立場は，方法論的個人主義の立場を表すものといってよい。マーシャルは，インドの地代を例として自説を展開するのであるが，これがカニンガムの批判を招くことになる。われわれは，この問題をめぐる両者の論争を第7章第2節で取り上げる。

《論争の総括　2》

　経済理論で想定する人間は，現実の人間と比べれば多かれ少なかれ抽象的で単純なものにならざるをえない。そのような人間像をめぐる問題は，今日に至るまで，繰り返し経済学方法論上の争点になってきた。理論派の経済学者にとって，そうした抽象的な人間像は経済分析を行ううえで必要な手続きであった。しかし，その抽象性に疑念を抱き，より現実的な人間像を対置しようとする論者が現れたのも，当然のことであった。イギリス歴史学派による古典派の経済人概念に対する批判は，そのような方法論史の一局面をなすものである。

　ここでの顕著な特徴は，クリフ・レズリーの批判をマーシャルが受け止めて，経済人概念を再構成したということである。レズリーは，古典派のいう「富の動機」があまりにも一般的・抽象的であること，それが利己的動機に限定されていることを批判した。社会進化の過程を特徴づけるのは，富の具体的なあり方であるから，富の差異こそが問われなければならないと主張したのである。レズリーの主張に対して，マーシャルは，その批判を受け入れ

ながら，なおかつ一般的な経済的動機を定式化しようとした。マーシャルによれば，経済活動を行う人間の動機は，非利己的動機を含む無数の種類からなるが，経済分析の特徴は，それらの相対的な強度を測定するという点にある。われわれの社会では，その測定は貨幣によって行われる。したがって，貨幣で測定できるものである限り，経済人がどのような動機をもっていてもかまわない。このようにして，経済人は多様な動機をもつ存在として再定義されることになった。しかし，こうしたマーシャルの工夫は，レズリーの問題提起をすべて解決するものではなかった。レズリーが問題にしたのは，社会進化の過程を研究するときに，動機の多様性の理解が重要な意味をもつということだった。マーシャルもまた，価格理論を超えて経済的進歩を問題にするときには，貨幣では測定できない動機を考慮しなければならないことを認めた。そこで，貨幣による動機の測定に依存する狭義の経済分析と，経済的進歩に関する研究はどのような関係にあるのか，という問題が残ることになった。レズリーはまた，古典派理論のなかに，経済人は完全な知識をもっているという仮定が潜んでいることを暴き出し，その非現実性を指摘した。マーシャルは，この批判も受け止めようとした。つまり，人間は多様であり，シティの人間から普通の人間に至るまで，その知識の量が連続的に変化するものとみなしても，経済理論は可能であると主張したのである。

　歴史学派はまた，人々の経済行為が法や慣習からなる制度の影響を受けることを強調した。個人を究極的なものとするのではなく，むしろ制度から個人の行為を説明しなければならない，と主張したのである。この批判に向き合ったのも，やはりマーシャルであった。マーシャルによれば，制度が経済行為に影響を及ぼすことは確かであるが，そこに止まるのではなく，制度そのものを個人の動機と行為から説明しなければならない。このようにして，マーシャルは慣習を解体しようとした。個人と制度の間に相互作用があるときに，両者の関係をどのように考えればよいのか。この問題もまた，未解決のまま残され，後世の議論に委ねられることになったのである。

1) 古典派の経済人概念については，佐々木(2002)を参照されたい。

2)「経済人」という言葉の初出については，三上(1987, 22)を参照されたい。
3) ムーア(Moore 1995, 63)およびイーグルトン(Eagleton 1999, 117/訳262)は，レズリーが唯名論的立場をとったことを強調するが，内容のある議論にはなっていない。とはいえ，レズリーの着眼点そのものは鋭かったというべきである。ここでレズリーが注目したのは，経済モデル(そこで用いられる概念)の存在性格という問題であった。しかし，その問題を考察するための適切な道具がなかったために，骨董品を持ち出すことになり，新しく登場した問題を古い哲学の枠組みのなかに押し込めてしまったのである。
4) レズリーの攻撃は古典派に向けられたものであったが，アシュレーは後に，同様の観点から「限界主義者」を批判した。「限界価値の学説は，われわれを問題の核心そのものへと導くのではなく，全く表面的なものに止まっているように思われる」。われわれが本当に知りたい事柄は，人々がまさにその事物を需要するのはな˙ぜ˙だろうか，人々の欲望はいつも同じなのだろうか，欲望はどのようなものになるのだろうか，といった問題である。「もしそう言いたければ，「静˙態˙的˙」および「動˙態˙的˙」な社˙会˙学˙的˙問題である。労働者の妻が土曜の夜に，もう一つ肉の塊を買うか，より多くの細切れ肉を買うか決めるとき，その背景に，人間本性の全体および社会史の全体がある」(Ashley 1907, 233)。要するに，レズリーやアシュレーが問題にしたのは，経済社会学の必要性であった。経済社会学については，Schumpeter (1954, 21)を参照されたい。
5) カーン(Kern 2001)によれば，社会的地位への欲求が経済活動の動機として重要であるという認識は，ヴェブレンなどの異端派と結びつけて語られることが多いが，実は多数の古典派経済学者が，地位への欲求は利己心の重要な構成要素であるということを認めていた。とくに，スミス，ウェイトリ，シーニア，マカロックがそうであり，貧民の状態の改善を含む経済的進歩の可能性の分析に，その見解が顕著に表れているという。メイソンも，スミス，シーニア，J.S.ミルは，社会的地位に対する配慮が富の追求に影響することを認識していた，と指摘している(Mason 1998, ch. 3)。
6) ムーアは，ネヴィル・ケインズの日記をもとに，レズリーの1879年論文はケンブリッジの経済学者を非常に驚かせたと述べる。正統派の経済理論は各経済主体が現在および将来について完全な情報をもっているという前提に暗黙のうちに依拠している，という警告を初めて受けたからである(Moore 2003, 13)。
7) マッハルプによれば，方法論的個人主義という用語を最初に用いたのはシュンペーターである(Machlup 1951, 472/訳277)。
8) シュンペーターによれば，ドイツ歴史学派の特徴の一つである有機的観点には三つの意味がある。第一に，当初はアダム・ミュラーに依存して，国民経済が個別諸経済の外に，かつその上に存在している何ものかであるというかたちで説かれたが，やがてこの見解は超克された。それに代わって，第二に，国民経済を構成している個別諸経済は，経済理論が記述している関係を超える緊密な交互関係をもつこと，第三に，「この交互関係は個々の経済主体を形成し，また理論が語っているのとは異なる他の

種類の，かつこれとは異なって説明されるべき経済主体の行動を強要する」という事実が強調されるようになった(Schumpeter 1924, 113/訳 325)。イギリス歴史学派の場合には，第一の主張は見当たらない。第二の事実は，次節の「社会生活の統一性」に関わる。第三の点，つまり個人を超える社会関係が個人を拘束するという問題が，本節で考察することである。

第3章　経済現象を孤立化させることはできるのか
―― 社会生活の統一性

1. 経済学と社会学

　第1章で述べたように，シーニア，J. S. ミル，ケアンズといった古典派の方法論者が経済現象の孤立化に固執した理由の一つは，それによって経済学固有の領域を確保し，経済学の学問としての独立性を主張しようとしたからであった。経済学の研究対象は富であり，富という固有の対象をもつがゆえに，経済学は独立の科学たりうると説いたのである。しかし，経済領域が道徳・法・政治・宗教といった社会領域と密接に関係していることもまた，否定できない事実であった。そこで，経済学の独立性を強調する議論が主流になるにつれて，そのような断片的な社会研究に危惧の念を抱き，隣接分野との関係を重視するべきだという批判が現れるようになった。この問題は学問の分類とも関係している。学問の分類は固定したものではなく，時代とともに変化してゆく。独立した科学としての地位を求める経済学も，学問分野の流動化の埒外にあるわけではない。経済現象と他の社会現象との関係をどのように捉えるかという問題もまた，経済学方法論の歴史のなかに繰り返し現れる。経済学の研究対象を限定しようとする動きと，総合的な社会研究を志向する動きとが，せめぎあってきたのである[1]。したがって，経済現象を孤立化し，経済学を独立した科学であると主張した古典派に対して，方法論的な批判が起こったのも，当然の動きだった。歴史学派は，隣接分野との関係を重視し，経済学の独立性に固執しなかったから，この問題についてもま

た正統派と衝突することになった。

生物有機体とのアナロジー

　方法論争で問題になったのは，まず社会学との関係である。とくに大きな影響を与えたのはコントの社会学であった。コントは経済学の独立性を認めず，経済学は社会学のなかに吸収されなければならないと主張していた。第1章で述べたように，イギリス歴史学派のなかでコントの路線に沿った議論を展開したのは，イングラムであった。イングラムにとっては，経済学の学問としての独立性を固守しようとする方針は，それなりの価値をもつものではあるが，彼の時代の要請に応えるものではなかった。イングラムによれば，

> 経済学においてこれまで支配的であった学派が到達した結論は，無価値なものとして放棄すべきである，と考えているわけではけっしてない。それらの結論は，人間界の事象の重要な点を部分的に解明し，公共的活動における有益な指針を部分的に提供するものであった。社会学者一般，あるいはとくに経済学的研究に従事している社会学者に課せられた任務は，すでに導き出された真理を，より申し分のない学説体系に統合することなのである。(Ingram 1878, 69)

　イングラムは，古典派経済学の成果をすべて否定するのではなく，それを総合的な社会学のプログラムのなかに包摂しようとした。コントの経済学批判は，まず第一に，「富の事実に関する研究を他の社会現象に関する研究から孤立化させようと試みること」に向けられていたが，イングラムもまた，これこそが古典派経済学の最大の難点であると考えた。すなわち，

> 経済学者たちは，自分たちが研究する特殊な現象，つまり社会の経済現象を，社会の他のすべての側面から孤立化し，したがって社会の物質的側面を，社会の知的，道徳的，および政治的側面から孤立化し，後者の諸側面を除外して，前者のみを取り扱う独立した科学を構成しようとし

ている。人間知識の全体に対する経済学研究の関係という問題は，経済学研究をめぐって提起されうる諸問題のなかで，まさに最も根本的で枢要な問題であり，経済学研究の未来は，他のどの点よりも，まさしくこの点にかかっているのである。(Ingram 1878, 48)

　ではなぜ，経済現象を孤立化させてはいけないのか。イングラムはこれについて，富よりも大切なものがあるという感傷的な理由から富の現象を孤立化させることに反対しているわけではないとし，「科学哲学から導かれる考察」(Ingram 1878, 49)に基づいて主張しているのだとする。すなわち，古典派経済学者が経済現象の孤立化を正当化するさいに根拠としたのは，社会現象は力学的アナロジーによって研究することができるという考え方であった。この考え方を最も鮮明に打ち出した J. S. ミルによれば，社会現象は複数の原因が合成して成立しているから，個々の原因から生じる個々の結果が分かれば，諸原因が同時に作用するときの集合的結果である社会現象は，個々の結果を集計することによって求めることができる。したがって，複雑な社会現象を研究する場合には，まず社会現象の諸側面を分離し，個々の因果関係を解明しておかなければならない。経済現象の孤立化はその一環となるものであり，研究上不可欠な手続きである，というのである。この考え方の根底にあるのは，社会現象は独立の諸要素によって構成されているから，それらを個別的に研究した後で再び組み立てることができるという社会像である(佐々木2001a, 165-167)。これに対してイングラムが対置したのは，社会現象は生物有機体とのアナロジーによって研究されなければならない，という考え方であった。

　　有機的世界の研究は無機的世界の研究を前提とし引き継ぐものであるが，無機的世界の研究から有機的世界の研究へと進むとき，われわれは生きている全体という新しい観念に出会う。生きている全体は，特殊な働きを担当する限定された諸構造をもっているが，それらすべてが相互に影響しあい，有機体の健康な生活という一つの結果を生み出すように協力

しあっている。そこで，明らかにここでは，一つの器官の研究を他の器官の研究や全体の研究から孤立化させることはできないのである。(Ingram 1878, 49)

これらの考察は，必要な変更を加えて，社会の研究にも適用することができる。社会の研究は多くの点で生物学に類似している。社会システムと呼ぶことができるものの最も特徴的な事実は，そのさまざまな機能の交感性(consensus)である。これらの機能を独立したものとして取り扱うならば，われわれは間違いなく理論的・実践的な誤謬に陥ることになる。存在するのは社会学という単一の偉大な科学なのであり，その各章で社会的存在の諸相が研究される。これらの諸相の一つが社会の物質的福祉に関するもの，つまり社会の産業の構成と発展とに関するものである。これらの現象の研究は社会学の一つの章をなすものであるが，その章はつねに他の章と密接な関係を保たなければならない。(Ingram 1878, 50)

　社会現象の諸要素が相互に独立しておらず，他の要素なしには存立しえないというのであれば，それぞれの要素を別々に研究した後で再び組み立てるというわけにはいかなくなる。生物有機体とのアナロジーによって社会現象を考える場合には，ミルのような分析・総合の方法は使うことができないのである。
　イングラムによれば，社会的諸機能の交感性ということは，とくに社会状態の変化を問題にする場合に重要なものとなる。生物学のなかに，有機体の構成や活動についての理論だけではなく，それが時間とともに発展することについての理論があるように，社会学のなかにも，社会の構成や活動についての学説だけではなく，未開状態から高度な状態への社会の進化についての学説がある。このような社会学の二重の局面は，コントに従って，共存の法則を扱う社会的静態論と，継起の法則を扱う社会的動態論とに区分される。人類の進化の行程において，社会の諸要素が相互に分離したまま成長過程を

たどったということはない。例えば，西ヨーロッパの諸国民全体，あるいはそのなかの一国民の現在の経済的状態は，非常に多様な諸条件の結果であるが，それらの諸条件の多くは，およそ経済的な性質のものではない。科学的，道徳的，宗教的，政治的な観念と制度とが相まって，経済的状態が決定されている。さらに，もしそれらの観念と制度とが，過去にそのように作用したのであれば，現在もそのように作用していることになる。したがって，社会状態の変化を問題にする場合だけではなく，ある時点の社会状態を考察する場合にも，共存する他の社会的要因を考慮することなしに，社会の産業経済を合理的に考察したり説明したりすることは不可能なのである(Ingram 1878, 50-51)。

経済現象を孤立化させる根拠

　イングラムのこのような主張に対して，直ちに反論したのがロバート・ローであった。ローによれば，自然の作用は，驚くほど互いにからみあっているので，一部の作用を他の作用から孤立化させようとする者は誰でも，たしかに相応の不利益を被ることになる。われわれは一度に一つのことしかできない，というのは弁明にはならない。誰でも一度に一つのことしかできないが，それを行うさいに，多少の事柄を参照することはできる。たとえ，自分の力に限界があるとしても，その努力の成果を恣意的に一つの学科に切り詰める権利はない。ここまでは，ローもイングラムに同意する。しかし，人間本性の残余のものから切り離して経済学を取り扱う理由は，哲学者の恣意的な選択ということではない。事物の本質によってそうすることを強いられるのである(Lowe 1878, 862-863)。では，経済現象を孤立化させるのは事物の本質による，というのはどういうことなのか。これについてローは，次のように述べる。

　　経済学がすべての道徳科学から分離されるのは，創設者たちの恣意的な行為によってではなく，事物の本質それ自身によってである。経済学と他の道徳科学との差異は，すでに述べたように，真の科学のテストであ

る予測(prediction)を経済学が許容するということである。愛情，戦争，政治，宗教，道徳においては，人間がどのように行為するかを予示する(foretell)のは不可能である。したがって，これらの主題については，演繹的に推理することができない。しかし，ひとたび人間を，ポンド，シリング，ペンスという響きを耳にするところに置くならば，その振舞いは非常に正確に計算できるようになる。私が言っているのはもちろん，貨幣あるいは貨幣的価値が関係するところでは，すべての人が現実につねに同じように行為するということではなく，予知(foresee)され予測されうる振舞いの方向からの偏差がごくわずかなので，それらを事実上存在しないものとみなしてもよいということである。(Lowe 1878, 864)

ここで第一に注目しなければならないのは，社会的事実についての捉え方である。ローの場合には，社会的事実が人間の行為に還元され，さらには行為の動機に還元される。経済，愛情，戦争，政治，宗教，道徳というのは，そこで人間が意識的になそうとすることの種類なのである。ここには，個人の意識を超える社会的な関係という視点は見られない。第二に注目しなければならないのは，そうした人間の行為のなかで，経済的な行為のみが予測を可能にすると考えられていることである。予測は科学のテストとされ，道徳科学のなかで経済学のみがそれに合格するとされる。たしかに，貨幣あるいは貨幣的価値が関係する経済活動の場面では，人間は小さい富よりも大きい富を選ぶと仮定するならば，それぞれの状況において人間がどのように行為するかということを演繹的に導くことができる。ローによれば，経済活動の場面では非経済的動機から生ずる偏差はごくわずかなので，現実の場面でも予測が可能だというのである。

これに反論したのがレズリーである。経済現象の孤立化に対するレズリーの批判は，前章で述べたような「行為の多元性」の観点と密接に結びついていた。レズリーはコント主義者ではなかったから，社会を生物有機体とのアナロジーで捉える視点が前面に出ることはなかった[2]。彼は，経済学において攪乱原因とされている非経済的動機の影響を重視する観点から反論したの

である。レズリーは，富の欲望以外の動機が経済活動において大きな役割を果たしていると主張する。問題になっている諸動機の実際の作用を調べてみるならば，さまざまな社会状態，さまざまな条件の下で，それらが大きく変化していることが分かるであろう。例えば，社会的地位への渇望は，人々が富を築く動機になることもあれば，それを費消する動機になることもある。したがって，諸国民の富の量を左右する原因を研究するときには，どのような条件の下で，富の増加がもたらされるのかということが枢要な問題となる。この問題に回答するために必要なのは歴史的な研究である。これがレズリーの主張だった。そして予測については，富に関する事柄においては，富の欲望以外の原因から生じる偏りは軽微であり，無視することができる程度のものであるというローの主張に対して，レズリーは，愛情，戦争，政治，宗教，道徳といった原因が，富をめぐる人間行動に影響を及ぼす程度は非常に大きく，したがって経済学者が予測する力をもつとはいえないと批判する。「もし一人の人間の性癖と動機とをすべて知り，またそれらの相対的な力も知るならば，その人が所与の条件の下でどのように行為するかを予示しうるかもしれない。しかし，金銭的利得と労働忌避とを除くすべての動機を除外するならば，人間の振舞い一般について誤りを犯すことは確実であろう」(Leslie 1879b, 389)。つまり，経済理論を現実に応用する場合には，理論では無視した多様な動機を考慮しなければならない。現実の場面では，「唯一の普遍的な動機であるという意味で，その帰結が斉一的であり，したがって予見可能であるという，「富の欲望」のような原理は実際には存在しない」(Leslie 1879b, 390)のである。

そして，J. S. ミルとケアンズの名前を挙げて，「経済学のアプリオリな方法が実証的な予測を可能にするというのは，この方法の最も著名な解説者の学説に反している」と述べる(Leslie 1879b, 389)。たしかに，ミルとケアンズとは，経済理論の抽象的・仮説的性格を強調し，理論で無視された攪乱原因を考慮することなしに理論を現実に適用することはできないと論じていた。この点で，ローとミル‐ケアンズとの間には，大きな相違があった。レズリー自身，ケアンズが，数量的精密性は経済科学においては達成不可能で

あって，仮説的にのみ真であり，攪乱原因がない場合の若干の傾向を表すだけのその結論を，数値的に精密なものであるかのように受け取るべきではない，と論じていたことを紹介し，ローとの違いを強調した。「したがって，たんなる演繹法の支持者のなかでも，より賢明な者は，おそらくロー氏を彼らの代表者とは認めないであろう。ロー氏の説は，彼ら自身の体系の度を越したものなのである」とも述べる(Leslie 1879b, 390)。ある学説が一般に普及してゆく過程で，単純化され深みを失ってゆくことは珍しいことではない。ローの見解は，古典派方法論の単純化された形態であり，古典派方法論を代表するものというよりも，それが受容された水準を表すものであった。レズリーもまた，ローが演繹的経済学者のなかの賢明ではないメンバーであったことを認識していたのである。

総合社会学の難点

このように歴史学派は，経済現象を他の社会現象から分離することに反対し，経済学を社会学に統合するべきであると主張した。歴史学派からのこうした攻撃に対して，シジウィックが反対の論陣を張った。この問題に関するシジウィックの見解は，イングラム，ロー，レズリーによる一連の論文の直後に発表された1879年論文よりも，1885年論文によく表れている[3]。シジウィックによれば，社会有機体のさまざまな機能の交感性についての漠然とした記述や，一器官の研究を残りの器官の研究から孤立化することは不可能であるという主張は，経済現象と他の社会現象との関係を考えるうえで，ほとんど役に立たない。なぜならば，経済現象と他の社会現象との関係といっても，その関係の緊密性および重要性は，分野によってさまざまなのであるが，歴史学派の議論はその点があいまいだからである。

> アダム・スミスの研究の第一の主題──「労働の生産力における改善の原因」──を一般的に考察するさいには，社会道徳の健全な状態の意義を見逃してはならない。しかし，だからといって，さまざまなキリスト教の分派の教義や戒律を詳細に研究することは，経済学者の任務ではな

い。……とはいえ，もしわれわれが，資本の利子に影響を与えた諸原因を歴史的に考察しているのであれば，徴利に関するキリスト教神学者の見解を注意深く考慮する必要があるであろう。(Sidgwick 1885, 41-42)

　つまり，経済学者にとって他の社会現象の研究がどれくらい必要なのかという問題は，さまざまな分野ごとに，異なった回答が与えられなければならない問題なのである。それを無視して，一般的に社会現象の統一性を主張しても有益ではないというのである。
　シジウィックはまた，社会学は科学として確立していないという観点から，歴史学派に反論した。経済学を社会学に統合するべきであるという主張は，社会学が実体のないものであるために，無意味な主張となる。シジウィックはここで，社会学が科学であるかどうかを試す二つのテストを提示する。すなわち，

　　ある科学が現実に確立されているかどうかを判定するための二つの単純なテストがあるが——これらはコントがまさにこの主題に関する議論において断固として認定したものである——，これらのテストを直ちにかつ決定的に既存の社会学に適用することができる。これらのテストの特徴は，(1)合意あるいは連続性(Consensus or Continuity)，および(2)予見(Prevision)にあるといってよい。(Sidgwick 1885, 46)

　つまり，コント自身が提案した二つのテストに照らして，社会学が科学として確立されているかどうかを判定するというのである。第一のテストは，社会学者とされる者たちが，この学科の基本的な枠組みに合意し，その枠組みに従う研究を連続的に生み出しているかどうかに関わる。研究者の個人的な特徴が強く出ている場合には，実証的科学の名に値する学説を取り扱っていないと確信してもよい，というのである。第二のテストとされる予見は，合意と連続性の中心部分をなすと考えられている。この当時の社会学は，社会の将来像を予見することを課題として掲げていた[4]。しかし，その予見の

内容が研究者によって大きく異なるならば，それは一つの科学とはいえないというのである。ここでシジウィックは，社会学の代表的な専門書として，コント『実証的政治学』，スペンサー『社会学』，およびシェフレ『社会体の構造と生活』を取り上げて比較する。シジウィックの結論は，「それらが社会進化の基本問題を取り扱う上での一致と連続性とを完全にかつ明白に欠落させていることが，直ちに分かる」(Sidgwick 1885, 46-47)，「主要な提唱者の間にこのような食い違いを認める科学は，いまだ幼年期にあるように思われるであろう」(Sidgwick 1885, 48) ということであった。彼らの予見は，忍耐強い歴史研究によって発見された法則が示す一系列の最後の時期として提示されるけれども，実際には，個人的な感情と経験に基づいて，現在の社会的欠陥が改善されることになるような，自分の理想とする将来像を構築していることが明らかになる。そのような，ばらばらの個人的な理想像を語る諸著作は，およそ一つの学科をなすものとはいえないというのであった。

社会学という分野はいまだ存在しないという議論は，シジウィックだけではなく，経済学の独立を支持する論者に共通するものであった。ロバート・ローも，イングラムのF部会会長講演を批判して，次のように述べていた。

> 思うに，われわれには，現時点において社会学という科学が存在するという十分な証拠を要求する権利がある。社会学という科学が可能であることを私は否定しない。私が求めるのは，それが現実に存在するという証拠である。このようなきわめてもっともな要求に対して，イングラム氏がわれわれに与える回答は，満足できるものとはみなしえない。
> (Lowe 1878, 860)

マーシャルもまた，「経済学の現状」のなかで，次のように語っている。

> 統一された社会科学のもつより高い権威を語ることは無駄である。それが存在するのであれば，経済学は喜んでその庇護を求めたことであろう。しかしそれは存在していない。存在するようになるという兆候もない。

座して待つことは何の役にも立たない。われわれは，現在存在している手段で，できることをしなければならない。(Marshall 1885, 163-164)

とはいえマーシャルは，経済学を社会学に統合するという路線には与しなかったけれども，「社会生活の統一性」の問題を考慮しなかったわけではない。また，生物有機体とのアナロジーを用いなかったわけでもない。よく知られているように，マーシャルは後に，「経済学のメッカは経済動学というよりも経済生物学である」として，経済学の進んだ段階においては，力学的アナロジーよりも生物学的アナロジーのほうが有効であるという考えを示すことになる。しかし，マーシャルのいう「経済生物学」や「有機的成長」の内容は明らかではなく，いくつかの特徴が断片的に示唆されたにすぎない。例えば，生物有機体においては，作用している力の量が変化するだけでなく，その性格も変化すること，有機体を構成する諸要因は，その周囲に存在する要因と相互に影響しあうこと，などがそれである(Marshall 1898, 317)。そして経済進歩の過程についても，さまざまな要因が相互に影響を及ぼし合いながら展開してゆくことが示唆されており，そのなかには労働者階級の知的・道徳的進歩や，「公共の福祉に対する富裕者の側における貢献」を伴う経済騎士道の増大が含まれている(Marshall 1961, 719)。したがって，マーシャルの有機的成長論の具体的な内容は明らかでないとはいえ，経済成長を人間の知的・道徳的な側面と関連づけようとしていたことは，窺い知ることができる。その意味で，先に述べたイングラムの批判は，マーシャルの有機的成長論には必ずしも当てはまらない。イングラムは，正統派経済学者が「社会の物質的側面を，社会の知的，道徳的，および政治的側面から孤立化し，後者の諸側面を除外して，前者のみを取り扱う独立した科学を構成しようとしている」(Ingram 1878, 48)と批判したのであるが，政治的側面はともかく，知的・道徳的側面はマーシャルの有機的成長論の不可欠な部分とされているからである。しかし，マーシャルの有機的成長論は断片的な示唆に止まり，体系的に展開されることはなかった。有機的成長論が具体化されなかったということは，社会生活の諸側面を統合して理論化することの難しさを，あらた

めて示すものといってよい[5]。そしてまた，理論派の後継者がこの断片を継承して発展させようとすることもなかったのである。

2. 社会学から経済史へ

　総合的な社会科学の樹立ということは，しばしば提唱されながら，ほとんど実行されることのないプログラムであった。社会学自身の歩みにおいても，総合社会学への志向は，19世紀末から20世紀初頭には放棄されることになる。経済学や政治学などが独自の研究を積み上げてゆくのに対応して，社会学もまた包括的な社会研究を目指すのではなく，社会諸科学のなかの一つとして，経済学や政治学とは異なる固有の研究対象を設定するようになる(清水1978, 7-8)。その意味では，経済学を社会学に統合するというイングラムやレズリーの企図もまた，計画倒れに終わったということができる。彼らに続くイギリス歴史学派の論者たちは，総合社会学への志向をもたなかった。

　しかしそれは，イギリス歴史学派が「社会生活の統一性」という観点を放棄したことを意味しない。歴史学派が経済の発展過程に関心をもち，その発展過程が経済生活を孤立化した叙述を許さない以上，彼らが「社会生活の統一性」の観点を放棄することはありえなかった[6]。イングラムやレズリーに続く世代は，別のかたちで総合社会学的な視点を具体化しようとした。彼らに続く世代は，「社会生活の統一性」の観点を，経済史という分野で引き継いだ。「社会生活の統一性」の観点を経済史研究のなかに取り込む議論には，二つの方向があった。第一は，経済過程の発展に伴って，政治的・法的・道徳的・宗教的等々の社会現象も変化してゆくことを明らかにしようとするものである。いわば，歴史の統一的な概念把握の中心に経済史を位置づけるという方向を示すものであった。そして第二は，歴史的に個性的な経済的事実を説明するさいに，非経済的な社会現象も考慮に入れて説明するというものであった。つまり，政治的・法的・道徳的・宗教的等々の社会現象もまた，経済的な現象を生み出す条件であるというかたちで，「社会生活の統一性」の観点を保持しようとしたのである。

社会の物質的基礎

　第一の方向を示す主張，すなわち経済的発展が他の社会現象を条件づけるという主張は，実は，すでにジョーンズによって展開されていた。ジョーンズによれば，歴史の基礎にあるのは経済構造である。通例の事情にあっては，土地は耕作者自身の生活に十分である以上のものを生み出すが，この剰余が耕作者以外の人々によって取得される場合に，階級への分裂が起こる。そのような階級関係を，ジョーンズは「諸国民の経済構造(economical structure of nations)」と呼んだ。すなわち，「諸国民の経済構造とは，さまざまな階級間の諸関係を意味するのであるが，その諸関係とは，まず土地所有の制度とその剰余生産物の分配とによって樹立され，のちに，富を生産・交換し労働人口を養い雇用する代理人としての資本家の登場によって(大なり小なり)修正され変更されたものである」(Jones 1833, 560/訳 221)。そのような諸国民の経済構造の変化とともに，社会の政治的・知的・道徳的要素も変化する。経済組織における変化は，「必然的に，それらの変化が起こる諸国民のなかに見出される種々の政治的ならびに社会的要素に対して支配的な影響を及ぼす。しかもその影響は，諸国民の知的性格，習慣，風習，道徳および幸福にまで及ぶのである」(Jones 1852, 405/訳 81)。社会現象を統一的に扱うことは，とくに社会の発展を考察する場合に重要なものとなる。すなわち，「社会の変転する諸形態が生産の習慣や分配の様式の変化によって影響される限り，それらの諸形態を跡づけるにあたって，われわれは一国民の富をつねに人類の進歩および盛衰に関連させて，すなわち，諸国民の政治的諸要素における変化，および改善・独立・幸福を求める国民全階層の能力および機会の変化に関連させて研究する」(Jones 1833, 561/訳 221)というのである。

　経済学の研究対象が富であるとしても，その考察範囲を富だけに限定するべきではない。そのような限定は，「無知な自慢，臆病な恐怖によって引き起こされた自慢」(Jones 1833, 575/訳 231)であり，「不必要な謙遜」(Jones 1852, 405/訳 81)にほかならない。なぜなら，諸国民の経済構造の変化だけではなく，それによってもたらされる政治的・社会的変化も，諸国民の生産能力に影響を及ぼすのであるから，そのような広範な知識なしには，諸国民の生産

能力の源泉を理解することはできない(Jones 1852, 406/訳81)。さらに経済学者は，経済構造と特定の政治システムとの間の関係について，立法者に助言できなければならない。あれこれの政体や法典を賞賛したり非難したりすることは，経済学者の任務ではないが，どのような場合にそれぞれの政体や法典の創設が可能なのか，また不可能なのか，ある状態の経済的構成の下で持続し繁栄する制度や法が，それを生かし支える適当な材料をもたない社会に移植されると枯死してしまうのはなぜなのか，ということを示すことは経済学者の任務なのである(Jones 1833, 574-576/訳231-232)。つまり，社会の発展の仕方を考察するといった認識的観点からだけではなく，生産力の向上や，新しい政治システムの導入といった実践的観点からも，社会現象の統一的な把握が必要になる，というのがジョーンズの主張だった。

　イングラムやレズリーに続く世代にあって，経済史を通じて人間社会の進化についての概念把握に到達できるかもしれないという希望を抱いたのは，アシュレーであった。アシュレーは，総合社会学への期待を断念するところから出発する。「そのような歴史の統一的な概念把握(unifying conception of history)のどれからも，われわれがいまなおはるかに遠いところにいるということは，ほとんど言う必要がない。とりわけ，「社会学」の殻皮(husks of 'Sociology')で虚しく空腹を満たそうとしてきた者については，そうである」(Ashley 1893, 20)。では，社会学に代わって人間社会の進化を統一的に理解するカギになるという経済史は，何を問題にするのか。アシュレーは，経済史の研究で取り上げる諸問題について，次のように述べる。

　　経済史は徹頭徹尾，経済的なものという一つの主要な関心に支配されてきた。それが尋ねるのは，社会的生存の物質的基礎は何であったか，人間生活の必需品と便益品はどのように生産されてきたのか，労働に必要なものを提供しそれを指揮してきたのはどのような組織だったのか，こうして生産された商品はどのように分配されてきたのか，こうした指揮と分配に依存する制度はどのようなものだったのか，農業・工業・商業の方法にはどのような変化が起こったのか，何らかの発展の跡を知るこ

とはできるのか，もしできるのであれば，それは悪い状態から善い状態への発展であったのか，といったことである。これら，およびこれらに類似する多くのものが，経済史の学徒によって問われる問題である。(Ashley 1893, 15)

アシュレーによれば，このように経済史という研究分野を際立たせることは，科学的分業の一つの例にすぎない。それは，暫定的な孤立化であり，一つの特殊な集団をなす諸事実や諸力をより十分に研究するために行われることである(Ashley 1893, 15)。しかし，経済史研究はそれだけで完結するものではない。経済・政治・法・道徳・宗教などに分類される諸現象は，それぞれ孤立しているのではなく，相互に密接に関連している。アシュレーは，そのなかでもとくに，人間社会の進化を統一的に理解するカギが各時代の経済的条件のなかにあると主張する。この点について，彼は次のように述べる。

人間が飢餓という罰を受けたときに満たすことを強制されてきた恒常的な日々の必要のなかに，地球が所蔵している有用物を取り出すために行われてきた不断の労働のなかに，生産物のいっそう賢明な分配を求める努力のなかに，われわれは，連続する糸，統一的一般化を見出しえないだろうか。(Ashley 1893, 20-21)

ここでは，各時代の社会構造が経済的条件に基礎を置いているということが，明白に指摘されている。この主張は，7年後の論文でも変わっていない。すなわち，「どの特定の時代の社会構造も，その経済的条件に基礎を置いているのであって，この種の特殊なものの大部分は，それらが経済的条件に関係づけられるまでは，本質的に取るに足らないものである」というのである(Ashley 1899a, 24)。これは一見すると，マルクスの唯物史観と同じもののように見える。たしかに，19世紀末から20世紀初頭にかけての時期といえば，社会科学の諸分野で，唯物史観が注目されるようになる時期である。アシュレーもまた，この時期に経済史を研究したわけであるから，唯物史観につい

ての態度表明を避けることはできなかった。彼は，マルクスおよびその後継者たちの歴史観について，次のように述べる。

> カール・マルクスは，非常に能力のある人物だが，そう思われていたほどには，学識があるわけでも独創的であるわけでもなかった。彼が習慣的に用いた言葉が含意していたのは，どの特定の時代の経済的状況も，その時代の政治的，知的，さらには宗教的現象さえも条件づけるだけではなく，それ自身に関係するようなものとして創り出すということであった。マルクスの弟子たちは，彼を「唯物史観(materialistic conception of history)」の「発見者」として賛美し，明らかに最もなじまない事柄にもそれを適用することを躊躇しなかった。(Ashley 1899a, 25-26)

「最もなじまない事柄」にも唯物史観を適用するというのは，例えば，特定の宗教上の教義を経済的な環境の産物とみなすような態度のことである。アシュレーの理解では，この歴史観の核心は，特定の経済的条件が特定の政治的・知的・宗教的現象などを「創り出す(create)」あるいは「引き起こす(cause)」とみなしていることであった。つまり，ある特定の経済的条件と，ある特定の他の社会現象との間には必然性があり，他の形態の結合はありえないとする考え方であった。これに対してアシュレーは，経済的条件は他の社会現象を「条件づける(condition)」けれども，それ以上ではないと主張する。いくつかの政治的制度，いくつかの宗教的見解が一定の経済的条件の下で可能だというだけである。歴史の経済的側面が政治的発展を一貫して条件づけてきたというのは正しいけれども，前者が後者を決定したわけではない。経済的条件に制約された枠内で，愛国心や個人的天才のような原因が世界史を左右することもある。さらに，一つの思想体系は，外的環境によって創り出されたと考えられるときでさえ，周囲の環境には精確に対応する変化がなくても，明らかにそれ自身の内的論理によって発展し，その最初の形態と全く違うものに成長することがしばしばある(Ashley 1899a, 26-27)。歴史の

経済的側面は，たいていの歴史家が考えているよりもはるかに重要であり，唯物史観を支持する論者がこれを強調したことには大きな意義があったけれども，裏づけのない性急な主張は避けなければならない，というのがアシュレーの考えであった。

経済と社会

「社会生活の統一性」の観点を経済史研究のなかに取り込む議論の第二の方向は，歴史的に個性的な経済的事実を，非経済的な社会現象も考慮に入れて説明するというものである。この方向は，第6章で論じる「説明の個別性」の観点に連なるものであり，歴史学派の実質的な研究の方向を示すものであった。したがって，詳細については第6章に譲ることにして，ここではカニンガムの主著『成長』を取り上げて，その議論の特徴を概観するだけに止めたい。カニンガムは，この著書の冒頭で，産業史と政治史との間に存在する相互依存性を強調する[7]。さらに，何らかの思想の普及は最重要な事実の一つであること，道徳性と世論の基調に注目することによってのみ，慣習と制度の性質を理解することができると述べる(Cunningham 1882, v-vi)。戦争，革命，宮廷の陰謀，信仰復興なども，経済的側面をもち，産業に影響を及ぼす原因となる(Cunningham 1882, 4)。したがって経済史とは，たんに産業と商業の動向を研究するものではありえず，それと関係する社会生活のさまざまな側面を問題にせざるをえない。その点で，既成の経済学の接近法とは異なるというのである。

> 単純にするために，経済学は人間の多数の動機や感情を無視し，概して真になる傾向があるものを記述する。この抽象的な傾向は，しばしば非常に役に立つ。しかし，歴史の研究においてわれわれが知りたいと思うのは，起こる傾向があることではなく，実際に起こったことである。われわれが記述したいと思う産業の成長は，さまざまな生活環境と切り離されたものではなく，それらによって実際に影響を受けたものなのである。(Cunningham 1882, 6)

こうしてカニンガムは，孤立化の方法を採用する経済学の意義と限界を見極めようとする。「近代の観念に従えば，富の追求は，人間生活・社会生活の他の側面を直接的・意識的に考慮することなしに遂行されうるし，その基礎を研究することもできる」(Cunningham 1882, 388)。そのような方法を採用する経済学の知識は，たしかに高い価値を有する。複雑な要因の一定数を孤立化するならば，それらの正常な結果を追跡できるし，経済学者が研究する一群の明確な現象の外にある諸条件の影響を容易に検出することができる。同様に，新しく提案される施策の価値を議論するさいに大いに役立つ。われわれはこのようにして，その結果全体ではなく，ただそのいくつかの側面を判断することができる[8]。「しかし，それにもかかわらず，現代の経済システムは，現代の政治および現代の文化と確固たる関係があったし，それらの影響を受けてきた」(Cunningham 1882, 389)。まして，過去の時代においては社会生活の統一性の度合いは高く，経済生活を孤立化させることはできない。経済史においては，富という観点に定位したうえで，それと関係する社会生活の諸側面が取り上げられる。したがって，「経済史とは，特別な種類の事実に関する研究というよりも，特別な観点から見た国史すべての事実に関する研究である」というのが，カニンガムの考えであった(Cunningham 1882, 5)。

　このようにカニンガムは，富に関わる歴史的事実，すなわち「実際に起こったこと」に注目して，その経済的側面だけではなく，人間生活・社会生活の他の側面をも統合して研究しようとした。この方向は，社会学の一般理論を構想すること，そしてまた歴史的発展の一般理論を構築することに比べれば，はるかに実現可能性の高いものであった。イギリス歴史学派の実際の研究の特徴を示していたのは，まさにこの方向であったということができる。つまり，歴史上の経済的事実を取り上げて，それを生み出した諸条件を探究するときに，政治的・法的・道徳的・宗教的等の諸要因にも注目するというかたちで「社会生活の統一性」の観点を保持するという方向である。われわれは本書の後半でも，イギリス歴史学派の他の諸観点との関連で，たびたびこの種の議論を取り上げるであろう。

「社会生活の統一性」の観点を経済史の分野で保持するという方向に対して，理論派はどのように反応したのだろうか。経済的発展が他の社会現象を条件づけるという主張については，あえて反論することはなかった。理論派の経済学者たちは，経済理論に対する攻撃，あるいは経済学の独立を脅かしそうな主張には敏感であったが，歴史学派が独自に経済史の研究を進める限りでは，反論する必要がなかったからである。例えばネヴィル・ケインズは，「理論的性格をもつ経済学的真理を直接に獲得する基礎を与えること」を経済史の機能の一つとして認め，経済学に対する歴史的方法の適用が云々されるのは，この機能に関してであると述べた(Keynes 1891, 254/訳192)。ここで「理論的性格をもつ経済学的真理を直接に獲得する」というのは，経済発展の一般的法則を歴史研究によって獲得するという意味である。この研究は歴史的方法によって行われるのであるから，歴史学派の研究プログラムに含まれるものとなる。そしてケインズは，「経済状態の発展の様式を研究するにあたっては，経済学者は普通以上に総合社会学的知識に依存する」ということも容認する(Keynes 1891, 268/訳201)。このようにしてケインズは，歴史学派固有の研究領域については，放任する態度をとった。われわれは，この問題について，第5章第1節であらためて考察する。

　しかし，歴史的に個性的な経済的事実を説明するさいに，非経済的な社会現象も考慮に入れて説明するという議論については，対立があった。とはいえ，その対立は，非経済的な要素を考慮するという点をめぐってではなく，説明の概念をめぐって生じたものであった。ケインズによれば，そもそも経済史は，「過去のある一定時期に存在する経済現象を記述し，継続的な時期にわたるこのような現象の現実の進行を追跡する」(Keynes 1891, 252/訳191)ものであるから，その主要な任務は記述にある。つまり彼は，経済史には歴史的事実の説明を期待しないのである。事実の説明のためには，たんに事実を書き連ねるのではなく，その事実が「なぜ生じたのか」を述べなければならない。理論派の経済学者は，ある事実が法則の事例として述べられるときに，その事実が説明されるとみなした。法則に依拠することなしに，ある事実に先行する諸事実を述べるだけの議論を，説明とはみなさなかったのである。

この対立は説明の概念をめぐるものであるから，第6章第1節まで考察を先送りすることにしたい。

《論争の総括　3》
　経済生活は他の社会生活から孤立しているわけではない。経済が社会から相対的に自立することが近代の特徴であるとしても，両者が完全に分離してしまうことはない。こうした事情を背景として，経済生活を暫定的に孤立化させようとする古典派のアプローチに対して，社会生活を総合的に考察しようとするアプローチが対置された。イングラムなどの初期の歴史学派は，後者のアプローチを支持し，生物有機体とのアナロジーによって社会生活全体を考察しようとした。つまり，社会現象の各側面を身体の各器官になぞらえて，それらが相互に依存しあうものであり，分離不可能なものであると考えた。そして，経済現象のみを考察する経済学は独立した学問たりえず，総合社会学に吸収されなければならないと主張した。しかし，総合社会学を構築するという壮大な試みは見果てぬ夢であり，実現困難な構想であった。理論派の経済学者からは実体のないものとして批判され，歴史学派の展開のなかでも継承されずに終わる。
　しかし，イギリス歴史学派は「社会生活の統一性」の観点そのものを放棄したわけではなかった。歴史学派が経済の発展過程に関心をもち，その発展過程が経済生活の孤立化を許さない以上，彼らが総合社会学的な視点を放棄することはありえなかったからである。イングラムやレズリーに続く世代は，社会学ではなく，経済史の分野で「社会生活の統一性」の観点を保持しようとした。あくまでも経済を軸に据えて，それとの関係で政治的・法的・道徳的・宗教的・知的等々の社会現象との相互関係を考察しようとした。その第一の方向は，経済的発展が他の社会現象を条件づけるという主張であり，第二の方向は，歴史的に個性的な経済的事実を説明するさいに，非経済的な社会現象も考慮に入れるというものであった。つまり，他の社会現象もまた，経済的な現象の条件であるというかたちで，「社会生活の統一性」の観点を保持しようとするものであった。これらは，「経済的なもの」に徹頭徹尾こ

だわり，それとの関係で他の社会現象に言及するものであるから，総合社会学という構想に比べれば，より実現可能性の高いものであった．このことは，第一の方向よりも第二の方向に，よりいっそう当てはまる．このようにしてイギリス歴史学派は，経済史の研究に活動の場を見出すのである．

　社会現象全体を考察することは容易ではないけれども，経済生活が他の社会生活と切り離しがたく結びついている以上，その関係を解明しようとする試みを放棄することはできない．とくに経済の進化を問題にする場面では，この関係を無視することはできない．多くの経済学者がこのように考えて，いくつかの方向性を示した．歴史学派が示した総合社会学あるいは経済史の方向も，そうした試みの一つであった．マーシャルの生物学的アナロジーや有機的成長論も，類似の問題関心に支えられていたということができる．このようにして方法論争は，魅力的ではあるが困難な研究領域を開示することになった．

1) 経済学の課題についての支配的な考え方は，やがて富から稀少性へと変化する．しかし，どちらのアプローチをとるにしても社会現象の一部を捉えることができるだけであるから，他の社会研究との関係をめぐる議論を避けることはできない．
2) しかしレズリーもまた，社会学には期待していると述べている．1878年に行われたイギリス科学振興協会F部会でのイングラムの会長講演と，それに対するローの批判について，次のように語るのである．「数年前であれば，イングラム氏があの講演を行うことはできなかったであろうし，かの「正統派」経済学者はそれを嘲笑したであろう．今や彼は不機嫌な敬意をもってそれを受け止めている．その効力を減ずるために，イングラム氏はオーギュスト・コントの追随者だということが語られているが，その講演は，私のようなコントの追随者ではない多くの者の見解をも表している」(Leslie 1879b, 411)．たしかに社会学はいまだ未熟な状態にあり，その前途は平坦ではないが，しかし有望なものである．コントの追随者ではない者もまた，総合的な社会学の将来には期待をかけている，というのである．
3) 『経済学原理』(1883年)では，ミルに倣って次のように述べている．どの経済学者も，ミルとともに，「社会現象の普遍的交感性」を認めている(Sidgwick 1883, 31)．しかし，ミルの一般的見地は，社会の産業組織の研究は，「社会学的思弁のなかの，独立してはいないけれども，分離している部門」として遂行するのが最も便宜である，ということである(Sidgwick 1883, 33)．
4) 「古い総合社会学は，人類が何処から来て，何処へ行くか，現在は，この時間的過

程の中の如何なる地点にあるか，それを明らかにしようとした」(清水 1978, 8)。
5) マーシャルの有機的成長論をめぐる議論の現況については，西沢(2007, 第Ⅳ部第3章)，山本(2011)を参照されたい。
6) 「歴史的方法の示差的特徴は，経済生活における発展の認識，およびその帰結としての商工業組織における純粋に静態的な要素とは区別される動態的な要素の強調である。そのような研究方法は，一般に具体的である。なぜならば，成長過程を取り扱う場合には，社会生活のさまざまな要素間の相互作用を見落とすことはできないからである」(Mackenzie 1896a)。
7) カニンガムもまた，この時期の社会研究の大勢に倣って，社会現象と有機体とのアナロジーに言及する。産業システムのさまざまな部門間の密接な結合関係や産業システムと国家体制との間の相互関係を経済体(body economic)と呼び，その構成部分は切り離すことができないとする(Cunningham 1882, 2-4; 1890, 6)。
8) カニンガムは，「18世紀イングランドにおける経済学説の進歩」(1891年)において，富を研究の主題として分離し，経済理論の発展をもたらしたことは，アダム・スミスの偉大な業績であったと評価する。しかし，「われわれの分析がいかに完全であろうとも，われわれが分析している一群の現象は，なによりもまず便宜の問題から孤立化したものにすぎない，というのを覚えておくことが望ましい」という条件を直ちに付している(Cunningham 1891a, 93)。

第4章　演繹法と帰納法はどこで対立するのか
―― 所与の事実の優先性

1. 帰納法の意味

　われわれは第1章で，リカードウの演繹法の形式を「状況Sの下で，原因Cが作用するならば，結果Eが生じる」と定式化した。例えば，「状況Sの下で，農業投資が増加するならば，利潤率が低下する」というときの状況Sとは，農業において地主・資本家・労働者の三階級制が成立している，収穫逓減の法則が作用している，地主・資本家が最大の利益を求めて合理的に行動する，資本・労働の移動は自由である，等々の条件の総体を意味する。これらの条件はいずれも，攪乱原因によって妨害されないものと仮定されている。収穫逓減の法則が作用しているという条件についていえば，それを凌駕するような農業技術の進歩は起こらないということである。もし農業技術の進歩があるならば，追加投資から得られる収穫は減少することなく，むしろ増加するかもしれない。その結果，収穫逓減の法則は現実には現れないかもしれない。したがって，農業技術の大きな進歩はないと仮定している理論と，そうした進歩が起こっている現実との間には，当然のことながら乖離が生じることになる。状況Sを構成する他の条件についても同じことがいえる。抽象的な理論を構成するよりも，所与の事実を優先するべきであると考える者にとって，リカードウの理論が非現実的な空論に見えたのは当然のことであった。「他の事情が同じならば」という条件は，理論には不可欠なものであるが，現実にはありえないものである。問われていたのは，まさに抽

象的な理論と具体的な現実をめぐる問題であった。しかし方法論争では，この対立がしばしば演繹法と帰納法との対立として語られた。そのために議論が分かりにくいものになった。

そこでわれわれは，錯綜した議論を解きほぐすために，問題を区分して考察する。帰納法は，演繹の補完と，歴史法則の獲得という二つの場面で問題にされたが，本章では前者のみを取り上げ，後者は次章で考察する。演繹の補完とは，演繹の前提を設定するところと，演繹の結論を検証するところで，帰納法を使うことを意味する。本節第1項では，演繹の前提を設定する帰納法を考察し，第2項で，演繹の結論を検証する帰納法を取り上げる。そして次節では，両者に挟まれた演繹的推論の部分を検討する。

(1) 前提を設定する帰納法

演繹法と帰納法

歴史学派の方法は，攪乱原因のない理想化された状況を想定して推論するという方法ではなかった。与えられた事実そのものを研究対象として取り上げるというのが，歴史学派の方法，すなわち歴史的方法の特徴であった。歴史的方法の一般的特徴について，シュンペーターは次のように述べている。

> 歴史学派の方法論的信念の基礎的なかつ独自な条項は，科学的経済学の原則が主として——最初の頃には，もっぱら，というふうに考えられた——歴史的なモノグラフの結論から，またはこれらからの一般化から，成り立つべきであるという点にあった。経済学者という職務の科学的部門に関する限り，彼はまず第一番に歴史的技法を掌握すべきである。この技法は彼が必要とする科学的技法のすべてであり，これを手段として，局地的かつ一時的な特殊な様式や過程の生き生きとしたあらゆる細目を探究するために，経済史の大洋のなかに飛び込み，その風味を味わうことを学ぶべきである。そして社会科学において獲得されうる一般的知識の唯一の種類は，その後で，この種の研究から徐々に成長してくるであろう。——こういうのが経済学における歴史的方法(Historical

Method)として知られるようになったものの最初の中軸であった。その結果である態度とプログラムとは，これとは異なる信念をもっている経済学者が歴史主義(Historism)によって意味しているものにほかならない。(Schumpeter 1954, 807-808)

攪乱原因によって妨害されない理想的な状況を想定するのではなく，まず経済史の大洋に飛び込むこと，歴史学派が採用した方法はこのようなものであった。したがって，理論派と歴史学派との方法上の対立は，理論的方法と歴史的方法のどちらを優先させるべきかを争うものであったのだが，この対立はむしろ，演繹法と帰納法との対立と称されることが多かった。理想化された状況を想定し，そこで生じることを推論する理論派の方法は，演繹法と呼ばれ，これに対して，与えられた特殊な事実を概括することによって一般的知識に到達しようとする歴史学派の方法は，帰納法と呼ばれた[1]。そこで，方法論争における両派の対立は，二つの側面をもつことになった。すなわち，研究対象の相違と論理的な手続きの相違という二つの側面である。論理学上の用法としては，狭い意味では，帰納とは特殊なものから一般的なものを導く推論であり，演繹とは，一般的なものから特殊なものを導く推論である。広い意味では，どのような推論であれ，前提と帰結との関係が蓋然的で情報量が増えるものは帰納と呼ばれ，前提と帰結との関係が必然的で情報量が増えないものは演繹と呼ばれる。このような論理学上の用法は，経済学においても基本的な用法ではあったが，問題はそれだけではなかった。それと同時に，帰納法とは所与の事実を対象にする方法であり，演繹法とは理想化された状況を対象にする方法であるとされたのである[2]。今日であれば，実証的研究と理論的研究の関係として語られることが，方法論争では，帰納法と演繹法の関係として問題にされた[3]。帰納・演繹という言葉が，論理学の定義には収まらない使われ方をしていたのである。こうした用語法は，方法論争を分かりにくくした要因の一つであった。歴史学派にとって，理論派との相違を示すうえで重要だったのは，理想化された状況ではなく所与の事実を対象にするということであったにもかかわらず，それが論理的手続きを意味す

る帰納法という用語に託して語られたのである。

演繹の前提

歴史学派は，前提を設定する帰納法について，どのように主張したのであろうか。この点を考察するためには，まずレズリーの議論を取り上げなければならない。前章で述べたように，レズリーの論敵であったロバート・ローは，経済学で予測が可能なのは，富の欲望に限定して考察するからだと論じていた。繰り返しになるが，再度引用する。

> 経済学がすべての道徳科学から分離されるのは，創設者たちの恣意的な行為によってではなく，事物の本質それ自身によってである。経済学と他の道徳科学との差異は，すでに述べたように，真の科学のテストである予測を経済学が許容するということである。愛情，戦争，政治，宗教，道徳においては，人間がどのように行為するかを予示するのは不可能である。したがって，これらの主題については，演繹的に推理することができない。しかし，ひとたび人間を，ポンド，シリング，ペンスという響きを耳にするところに置くならば，その振舞いは非常に正確に計算できるようになる。私が言っているのはもちろん，貨幣あるいは貨幣的価値が関係するところでは，すべての人が現実につねに同じように行為するということではなく，予知され予測されうる振舞いの方向からの偏差がごくわずかなので，それらを事実上存在しないものとみなしてもよいということである。(Lowe 1878, 864)

実は，ローの議論はこれで終わりだったのではない。彼は，次のように続けている。

> その議論は帰納に基づくものではなかった。それは，証明できないものを仮定していた。それが仮定していたのは，富に関する事柄においては，人間が富の欲望以外の動機から行為するとしても，これらの偏差は取引

全体と比べれば非常に小さいか，あるいは，これらの異質な動機は相互に相殺しあうので，感知できるほどの誤りなしに無視することができるということであった。(Lowe 1878, 864)

すなわち，ローによれば，経済活動において富の欲望以外の動機の影響が小さいということは，帰納に基づくものではない。つまり，個々の取引の動機を調べた結果，「富の欲求以外の動機は無視できる程度である」という一般的結論を得たわけではない。与えられた事実を詳細に研究して一般化したのではなく，「人間が一定の事情の下で何を為すであろうかを予断し予見する」(Political Economy Club 1876, 7)ことによって得られたのである。それにもかかわらず，経済学は予測に成功する。演繹の前提を設定するために帰納法を用いる必要はないのであって，経済学が科学であるか否かを判定するテストとなるのは，予測に成功するかどうかだというのである。

レズリーは，ローの主張が古典派を代表するものではないことを知っていた。それは，経済学では予測が可能だという主張についてだけではなく，前提の獲得のための帰納は不要だという主張についてもいえることであった。レズリーの理解では，少なくともスミス‐マルサス‐J.S.ミルの系譜においては，前提の獲得のために帰納の手続きが必要だとされていたからである。レズリーによれば，スミスの方法の特徴は自然法の理論と歴史的・帰納的方法とを組み合わせたところにあったが，これらの二つの方法が，スミスの後継者たちによって別々に継承されることになった。その結果，イギリス経済学は，スミスの系統を引くと称する二つの経済学体系をもつことになる。すなわち，

一方の体系は，リカードウ氏を創始者とするもので，もっぱら仮説的な法則または自然本性の原理から推理し，その前提を確かめるために帰納を用いないだけではなく，その演繹の結論を検証するためにも帰納を用いることがない。他方の体系——その代表者は，スミス後の世代ではマルサス，われわれ自身の世代ではミル氏と考えられる——は，アダム・

スミス自身と同様に，アプリオリの方法と帰納法(the à priori and the inductive methods)とを組み合わせ，しばしば純粋な仮説から推理することがあるのは確かであるが，しかしまた経験からも推理し，そして経験のテストが演繹において要求するかもしれない訂正を躊躇しないのである。(Leslie 1870a, 151)

ここでレズリーは，リカードウと，マルサスおよびミルとを切り離し，リカードウのみを攻撃の対象としているかのように見える。たしかにレズリーは，演繹の前提を設定するところと，演繹の結論を検証するところで帰納を用いていないという理由で，リカードウを批判する。しかしこれは，レズリーがマルサスやミルの方法を肯定したことを意味しない。というのは，マルサスもミルも経済学の原理を演繹的推論のかたちで展開していたから，彼らが演繹の前提を帰納によって獲得したのだとしても，その帰納はすでに完了したものと考えていたことになる。ところがレズリーは，その帰納が終わっていないと主張するのである。

経済科学では演繹が不要だと言っているのではない。一般的原理からの推論や，一般的原理の適用はすべて演繹である。言わんとすることは，経済学は演繹的科学の段階に到達していないということ，経済世界の基本法則はなお不完全にしか知られていないということ，忍耐強い帰納によってのみそれらを十分に知ることができるということ，これである。(Leslie 1879c, 949)

レズリーのこの発言は，問題の所在をよく表している。経済学はいまだ演繹を行う段階に到達しておらず，当面は事実研究に基づく忍耐強い帰納に全力を上げるべきだというのである[4]。歴史学派が演繹法を否定してもっぱら帰納法を用いるべきことを主張したというのは，真実ではない。演繹法そのものではなく，その前提の非現実性を批判したのである。つまり，既成の経済理論は非現実的な仮定から演繹を行っているから不適切である。当面必要

なのは，現実的な前提を獲得するために事実研究を行うことであり，演繹的推論に進むのはその後でなければならない，というのである。このようにして，当面の課題をめぐって，演繹法と帰納法との対立という図式が現れた。それは，経済学の正しい方法は演繹法なのか帰納法なのかという対立ではなく，当面の課題は何かという対立だったのである。

J. S. ミルの帰納法

しかも，古典派を代表する方法論者であるミルと歴史学派のレズリーとでは，帰納法の意味が同じではなかった。第1章で述べたように，ミルは，要素的因果法則を帰納法によって明らかにし，しかる後に諸原因が合成するときの結果を演繹するという方法を提唱した。ミルによれば，因果関係を解明するためには，一致法・差異法・共変法・剰余法という実験的研究の4方法（一致差異併用法を加えると5方法）を用いなければならない。いま，先行する事情をA，B，Cとし，後続する事情をa，b，cとして，aという事情の原因を探究する場合を考えてみる。4方法のなかで最も強力なのは差異法であり，因果関係を決定的に明らかにしうるのは差異法のみであるとされる。差異法による原因の探究は，次のように表すことができる。

1. ABC → abc
2. BC → bc

すなわち，aが起こっている事例と，aが起こっていない事例とを比較し，両事例の先行する事情を調べて，aが起こっているときには存在し，aが起こっていないときには存在しない先行事情をaの原因と考える。したがって，上のような観察された事実から，「Aがaの原因である」という因果関係が推論されることになる(Mill CW7, 391/訳③ 189)。この推論においては，諸事情の配置から，新しい情報「Aがaの原因である」という結論が得られるから，情報量が増えていると考えられる。しかしミルは，この差異法を，直ちに与えられた経済現象に適用することはできないと主張する。というの

は，実験ができない経済現象においては，一つの事情だけが異なり，その他は全く同じであるという事例を見つけるのは，不可能だからである。したがって，与えられた経済現象をそのまま考察しても，因果関係を解明することはできない。事実自身は黙して語らず，たんなる観察は経済学の方法として有効ではないということになる。

では，ミルの帰納の操作と，レズリーの「忍耐強い帰納」はどこが違っていたのだろうか。ミルのいう実験的研究の諸方法は，たんに与えられた事実を観察して一般化する方法ではない。自然を厳しく問い詰めて，表面的には隠れている因果関係を暴くことを意味する。ミルは，『論理学体系』のなかで，「自然を審問する」という方法について次のように述べる。

> 経験を求めたり，経験のために実験したり，(ベーコンの表現を用いると)自然を審問する(interrogating nature)という考えは，ずっと後で生じたものである。知識の乏しい人にあっては，自然の観察は全く受動的である。現れる事実を受け入れるだけで，もっと以上の事実を求めることに骨折らない。(Mill CW7, 312-313／訳③ 54-55)

つまり，「自然を審問する」ということは，所与の事実を受動的に観察するのではなく，実験を行ったり，実験的状況に近い事例を見つけ出したりするという能動的な研究態度を意味する。このような態度が必要になるのは，因果関係を解明するためには，攪乱原因によって妨害されない状況を求めなければならないからである。そして，自然を審問するための方法が，実験的研究の4方法として具体化される帰納法であった。これらの方法は，それぞれ準則(canon)として示されるが，それらはベーコンやハーシェルの学説をふまえて，ミルが定式化したものであった。例えば，最も強力な方法とされる差異法の準則は，「研究しようとする現象の生起している事例と，その現象の生起していない事例とが，前者においてのみ生起している一つの事情を除いて，すべての事情を共通にしているならば，それにおいてのみ両事例が異なる事情は，その現象の結果であるか，原因であるか，または原因の欠く

ことのできない部分である」(Mill CW7, 391/訳③ 193) というものである。

レズリーおよびジョーンズの帰納法

レズリーもまた，自然を審問する方法と帰納の準則について語っている。それは，スミスが歴史的・帰納的方法だけではなく，自然の理論という恣意的な世界像を保持していた理由を検討するところに現れる。

> スミスは，一部はその理論そのものがもたらした偏向のために，また一部は，自然を審問する方法自体が新しいものであり，帰納の準則が確定されていなかったために，モンテスキューの方法は自然の理論が真理であることを証明するものだと考えた。(Leslie 1870a, 161-162)

一見すると，自然を審問する方法および帰納の準則についてのレズリーの叙述は，ミルの叙述を繰り返しているかのように見える。つまり，所与の事実を受動的に観察し例証を集めるのではなく，実験的方法を用いて因果関係を解明しなければならない，それができなかったために恣意的な世界像が保持されることになった，といっているかのように読める。しかし，レズリーの叙述を全体として解釈するならば，そのように読むことはできない。レズリーは，経済学においては実験ができないということを認めたうえで，帰納の準則を満たす観察が可能であると主張しているのである。レズリーの場合，自然を審問する方法は，あくまでも所与の事実を観察し，観察のさいに帰納の準則を適用するという方法を意味していた。これに対してミルは，帰納の準則が適用可能となる条件を厳しく捉え，とくに完璧な帰納とされる差異法は，たんなる観察によっては不可能だと考えていた。つまり，実験による理想化が不可欠だと考えていたのである。

経済理論の前提が非現実的であるという批判は，レズリーに先立って，ジョーンズの議論のなかにすでに現れていた。ジョーンズもまた，与えられた事実を観察し一般化することによって，経済理論の前提を現実的なものにしなければならないと主張した。この点について，ジョーンズは次のように

述べる。

> 経済学は，普遍性を要求するすべての格率を，包括的にかつ丹念に経験に訴えて確立しなければならない。——経済学の主題と関係するさまざまな現象を生み出す混合原因(mixt causes)は，諸国民の歴史において生起しているがままの，あるいは生起したままの出来事を反復観察することによってのみ分離され，吟味され，また完全に理解されうるのであって，けっして計画的な実験には(きわめて稀な場合を除いて)付託されえない，ということがしっかりと記憶されなければならない。(Jones 1831, xix-xx/訳 45)

　経済学における知識の進歩は遅々としたものであるが，「帰納的科学(inductive science)が完成へ向かって進んできた通常の道を熟知している人にとっては，われわれが取り組まなければならない素材の豊富さや多様さそのものが，ゆるぎない希望に合理的な根拠を与える」(Jones 1831, xx/訳 45)。ジョーンズもまた，経済学においては実験ができないという認識から出発する。この点は，リカードウと同様であった。しかし，リカードウは，一つの原因がどのような結果を生じるのかということを解明するために，他の原因によって妨害されない理想的な場面を作らなければならないと考えた。その意味で，実際の実験に代わるものは，リカードウの場合には思考実験であったが，ジョーンズの場合には反復観察だったのである。

　経済行為に即していまの問題を考察するならば，どういうことになるだろうか。ミルの場合には，富の欲望が原因となって経済行為が生じる。その経済行為の特徴は，「あらゆる場合に小さい富よりも大きい富を選ぶ」ということであり，しかも行為者は，「この目的を達成するための諸手段の有効性を比較しうる」ということである。この因果関係を発見するために，他の動機によって攪乱されないときに富の欲求からどのような行為が生じるのかを，自分自身の心の作用を観察することによって探究しなければならない。すなわち，「人間のもろもろの欲望，およびそれが人間を促して行わせる行為の

性質は，われわれの観察の及びうるものである。われわれはまた，これらの欲望を刺激するものが何であるかを観察しうる。このような知識の材料は，何人も主として自分自身のうちに(within himself)，自分自身と他の人々との間に存する差違——これの存在は経験が彼に示す——を相応に考慮して，収集することができる」(Mill CW4, 329/訳191)。つまり，自分自身の心を対象として，他の動機に妨害されない実験的状況を作り出し，富の欲望がどのような行為を導くのかを探究する。ミルの場合には，これが帰納法によって演繹の前提を設定するということの意味であった。重要なのは，理想化の操作を伴う帰納的研究によって，演繹の前提が設定されているという点である。それに対して，レズリーやジョーンズの場合には，多数の人々の実際の経済行為を観察し，人々がどのような動機によって富の獲得に向かうのか，あるいは，それから逸脱する行為をするのか，ということを研究する。富の欲望を他の動機から孤立化させるのではなく，与えられた動機複合体がそのまま研究の対象となる。人々の動機を直接観察することはできないから，外面的な観察に加えて推測の要素が入り込むことは避けられないが，この点についての言及はない。いずれにせよ，多数の人々が実際に行っている経済行為を調査し，それを支配している原因を探究するべきだというのが，ジョーンズやレズリーの主張であった[5]。

前提の現実性

以上述べてきたように，演繹法と帰納法との対立として語られたのは，論理的な手続きというよりも，理想化された状況を想定する方法と与えられた事実を考察する方法との対立であった。演繹の前提を帰納法によって研究しなければならないというレズリーの主張の根底にあったのは，経済理論の前提が非現実的であるという思いであった。歴史学派が批判したのは，演繹的推論そのものではなく，演繹の前提の非現実性ということであったから，理論派の反論もそれに応えるものでなければならなかった。理論派にあって，その任務を果たそうとしたのがネヴィル・ケインズであった。

その反論の多くは，ミルの方法論を援用するかたちで行われた。ケインズ

によれば，たしかに演繹的経済学の前提は，現実をそのまま反映するものではない。そこでは攪乱原因が捨象されるので，「経済学における演繹法の使用は，一定段階で抽象の過程を含み，他の事情が等しければ(ceteris paribus)という限定をしばしば反復することを必要にさせる」(Keynes 1891, 206/訳 156)。そこで明らかにされる因果関係の法則は，反対に作用する諸原因がないならば，一定の原因が一定の結果を生み出すだろう，という形式のものとなる。それは実際に起こることではなく，起こる傾向があることを主張する。しかしそれでも，経済法則は非現実的というわけではない。攪乱原因が強力に作用するために，考察中の原因の結果が現れないことがたとえあったとしても，それはなおそれ自身の特有な影響を及ぼし続ける。風船が空中に上昇するとき，重力の法則が作用をやめるとは誰も考えない。それと同様に，前提で取り上げられる原因の作用は，攪乱原因によって妨げられるときにも，その影響を及ぼし続けるのだから，それは非現実的ではないのである。

　とはいえ，この問題に関するケインズの議論が，すべてミルの繰り返しであったわけではない。ミルが実質的経済学を論ずるときに示唆しながら，方法論としては明示していなかったことを，ケインズが整理しているところがある。それは，演繹的経済学の前提には，攪乱原因を捨象するだけではなく，現実にはないことを積極的に仮定する側面があることを明示した点である。攪乱原因を捨象するだけならば，前提で取り上げられる諸原因は現実のなかに存在する。しかし，現実にはないことを仮定するとなれば，その正当化のための議論は違ったものになるはずである。「演繹法を用いるにあたって，経済学者は非常に頻繁に，普遍的には実現されることのない積極的な諸仮定(positive assumptions)から，その仕事をすることは確かである」(Keynes 1891, 210/訳 159)。例えば賃金理論を論ずるさいに，各等級の労働者が，あるいは労働者階級全体さえもが，自身の一定の安楽基準(standard of comfort)をもっているというのは珍しい仮定ではない。この仮定について，ミルは次のように述べていた。

　　この仮定は真理を含んでいる。そしてその真理は，抽象的科学の目的か

らいえば，この仮定を容認させるのに十分なものである。そして，リカードウ氏がこれから引き出している結論，すなわち賃金というものは結局は食料価格とともに騰落するものであるという結論は，仮説的には，すなわち同氏が出発点とする想定を承認するならば真である。しかし，これを実際に応用する場合には，同氏がいう最低限なるものは，とくにそれが肉体的最低限ではなく道徳的最低限と名づけうるものであるときには，それ自身変動しがちなものであることを考慮する必要がある。(Mill CW2, 341/訳② 283-284)

つまり，最低限の賃金水準が一定であるという仮定は，仮説的・抽象的な理論においては許される。しかし，理論を現実に近づけるためには，当初の仮定を修正して，最低限の賃金水準が変化するものであることを考慮しなければならない，というのである。労働者階級全体が一定の安楽基準をもっているという仮定は，攪乱原因を捨象するわけではなく，現実にはないことを積極的に仮定することを意味する。では，そうした仮定はどのように正当化されるのか。ケインズは次のように述べる。

前提は恣意的に選択されるものではない。というのは，純粋理論は人為的に単純化された条件の下で諸力が作用することを仮定するが，純粋理論がその結果を研究する諸力は，実際の経済世界で作用しており，かつまさに主動的に作用しているという意味で，真の原因(verae causae)であることが求められるからである。(Keynes 1891, 211/訳 160)

経済学においては，さまざまな状況が仮定され，それらのなかには実際には必ずしも実現されないものもあるが，そこで働いている諸力は実際の経済世界で作用している。ここでケインズのいう諸力とは，普遍性をもつ諸前提，すなわち「人々は自分自身にとってできるだけ最少の犠牲でその満足の総計を増大させようとするという原理，商品の量の増加に伴う最終効用逓減の法則，土地の収穫逓減の法則など」(Keynes 1891, 226-227/訳 171)を指すと解釈で

きる。どのような状況が仮定されても、そこで働いていると仮定される主動的な力は実在するから、状況についての仮定が必ずしも現実的でないからといって、前提が非現実的ということにはならないというのである。

さらに、「諸条件は、恣意的に仮定されず、経済現象が現れるさまざまな形式における現実の事実に、大体一致するように選ばれる」(Keynes 1891, 213/訳 161)。例えば自由競争の仮説は、近代的商業の実情に近似しているから、近代的商業を考察するさいの有効な仮定として採用される。しかしケインズは、現実の事実に一致しない諸条件が仮定される場合があることも知っていた。単純な仮説から漸次的に複雑な仮説へと仕上げる場合などがそれにあたる。例えば国際価値論においては、国際的取引が2国間にのみ、そして2商品のみで行われ、これらの商品は相互に直接に交換され、いかなるかたちにおける貨幣も介在しないと想定される。2国は隣接すると仮定され、したがって運送費は無視される。どちらの国も輸入に対する支払いを除いては、いかなる国際的債務ももたない。そして完全な自由貿易が存在し、どちらの側においても輸出関税も輸入関税も賦課されない。このような事例に一致する2国を現実世界のなかに見出すことは不可能である。しかし、最初の仮定だけを見て非現実的と考えるべきではない。

> 最初に仮定された諸条件は、現実の事実を近似的にさえ表さないこともあるだろう。しかし最初、問題を考えられる最も単純な形式で取り扱うと、幾分それよりも単純でない条件下でそれを把握することは、可能であるだろう。そして、ついに仮定が事実とかなり一致するまで、われわれはそのように進んでよいだろう。(Keynes 1891, 230/訳 174-175)

つまり、最初の単純な仮定は、理論を現実的なものに近づけてゆく第一歩と考えなければならない。ケインズは、実際には対応するもののない単純な仮説についても、現実の事実に近づく第一歩であるとして正当化するのである。

(2) 結論を検証する帰納法

ロジャーズの帰納法

本章冒頭で述べたように，演繹を補完する帰納法は，演繹の前提を設定するところと，演繹の結論を検証するところで用いられるとされた。演繹の結論を検証することもまた，帰納の手続きにほかならない。すでに獲得されている一般的結論が，新たに観察される個々の事実に合致するならば，その結論の一般性が高まるものと推論されるからであり，そしてまた，その推論は確実なものではなく蓋然的なものだからである。ではイギリス歴史学派の論者たちは，演繹の結論を検証する帰納法については，どのような見解を示していたのだろうか。われわれはまず，方法論争が始まる前にロジャーズが述べていたことを検討し，その後で，方法論争の時期にレズリーやイングラムが主張したことを吟味することにしよう。

第 1 章で述べたように，演繹の結論を事実によって例証するという意味での帰納法は，古典派の経済学者たちが提唱していたものにほかならない。ロジャーズが『農業と価格』第 1 巻・第 2 巻 (1866 年) のなかで主張していたのは，まさにこの意味での帰納法であった。つまり，ロジャーズはこのとき，古典派と対立する歴史学派の立場をとったのではなく，古典派方法論の枠内にある議論をしていた。ところがロジャーズは，その精力的な資料収集によって，歴史学派を代表する人物の一人として有名になってゆく。このような二重性もまた，歴史学派および方法論争を分かりにくくした事情の一つであった。

イギリス歴史学派の後の世代に属するアシュレーは，パルグレイヴ編『経済学辞典』の一項目「ロジャーズ，ジェイムズ・エドウィン・ソロルド (1823-1890)」のなかで，ロジャーズの功績について次のように述べている。

> ソロルド・ロジャーズの名声は，『農業と価格の歴史』に基づいている。それは，将来にわたって経済史の資料に関するきわめて貴重な貯蔵庫であり続けるだろう。たとえ，ロジャーズがそれらから導くことができた

と信じていた結論に対して，後続する著者たちがいかに多くの異議を唱えたとしても，別の種類の証拠によっていかに大幅に補完される必要があるとしても，そうであろう。(Ashley 1899b)

ロジャーズの経済史研究は，他の歴史学派の研究と比べて，数量的なデータを重視する点に特徴があった。とくに，貨幣賃金と食料価格を調査して実質賃金を求め，労働者の生活水準を歴史的に比較することに精力を傾けた。このような研究方向は，他の歴史学派の論者から，社会の制度的枠組みを軽視するものであるという批判を受けることにもなった。しかし，経済史研究の方向に相違があったとはいえ，抽象的な理論を構成するのではなく，与えられた事実を研究するという点で，ロジャーズは歴史学派の特徴を示していたということができる。そのために，経済学者としてのロジャーズの名声は，「1870-1880年代に支配的な学説を批判し始めた反抗心のある経済学者にとって，頼りになる砦だった」(Ashley 1889b, 389)のである。

しかし，歴史的資料の収集という点では歴史学派の特徴を示していたけれども，その資料の使い方という点では，ロジャーズは歴史学派とはいえなかった。この問題について，アシュレーは端的に次のように述べている。

経済学者としては，ロジャーズ氏はそのころ，後で見るようにほとんど全く「正統派」であった。穀物法廃止の年に学位を取り，コブデンとの親密な交友関係をもち，ミルの影響が頂点に達していたときに経済史研究を始めた者にとって，それは自然なことであった。したがって，彼が抱いていた歴史観は，当時は普通のものであり，そしていまでもなお経済学者の間で稀ではないのであるが，歴史を経済理論の控えめな侍女とみなし，歴史の助けを借りることなしに到達された「法則」の例証および確証(illustration and confirmation)を提供するものとみなす歴史観であった。(Ashley 1889b, 382-383)

なるほどリカードウは，自分自身では経済理論を例証するために事実に訴

えることは少なかったけれども，それが不要だと主張していたわけではない。マルサスが人口の原理を確証するために，自ら事実を収集するという作業を精力的に行ったことは周知の通りである。またJ.S.ミルは，経済学の適切な方法として帰納‐論証‐検証という三段階からなる演繹法を提唱していたのであるから，検証の過程を重視していたことはいうまでもない。必要性を認められてはいたが実際には十分に行われていなかったことをロジャーズが実行したというのであれば，ロジャーズの歴史研究は，古典派を補完する性格のものであって，それを批判する性格のものではなかったといわなければならない。

すでにジョーンズは，十分な事実調査を行うことなしに設定された仮説を予断と呼び，これに対して批判を加えていた[6]。ところがロジャーズは，自らの研究方法を述べるさいに，最初に予断を導入し，それを事実によって検証することこそが，自らの歴史研究の課題であると公言した。彼は，中世における賃金の動向を研究するさいに，次のような方法を示したのである。

> これらの〔農場における使用人の〕用役の価格を取り扱うとき，われわれは次のような予断を抱くように導かれるはずである。すなわち，農民（agriculturists）と職人（mechanics）の報酬は，一般的には人口と労働需要との間の関係で，言い換えると，雇用を求めて競争する人々の数と，そのような競争者の間に分割されうる賃金の総量とによって決定されるけれども，報酬率の変化は通常時には非常に緩やかなものであろう。もし急激な騰貴が起こるならば，労働供給のかなり大規模な減少のせいであるに違いない。もしその騰貴が急激かつ永続的であるならば，労働者の状態に何らかの相当な改善が起こっていて，彼らはそれを失いたくないと思い，人口の秩序を研究する者には周知の手段のいくつかを用いて，彼らはそれを維持しようと決意する。こういった予断である。(Rogers 1866, I, 261-262)

この引用文の前半で述べられているのは，明らかに賃金基金説である。つ

まり，中世においても，賃金は「雇用を求めて競争する人々の数と，そのような競争者の間に分割されうる賃金の総量とによって決定される」という予断が最初に導入されるのである[7]。

これに続けて，ロジャーズはさらにいくつかの予断あるいは期待(expectation)を列挙する。そのうえで，どのようなものであれ経済理論を事実によって例証することをもって自らの課題とする姿勢を，はっきりと示す。そうしたロジャーズの姿勢は，次の言葉のなかに端的に表れている。

> われわれは，労働への支払明細書を吟味するとき，とくに平均を取り，それから10年ごとの推論結果を集め，そして最後に，1350年前後の二つのはっきりした時期を比較することによって，ペスト大流行の効果について解釈するとき，これらすべての予断が検証されるのを見出すであろう。(Rogers 1866, I, 263)

> 私が試みるのは，これらの仮説を例証し，それらがどのように検証されるかを示すことである。(Rogers 1866, I, 263)

このような種類の帰納法，すなわち最初に導入した予断を事実によって検証することは，古典派の方法と対立するものではない。事実による検証は，まさに古典派の論者たちが強調していたものであり，歴史学派の特徴をなすものとはいえないのである。

反証可能性

方法論争の時期になると，レズリーやイングラムが，演繹の結論を事実によって検証する手続きに関しても，歴史学派的な特徴をもつ批判を開始した。ここで歴史学派的な特徴とは，抽象的な前提から演繹された結論の問題点を突いたという意味である。彼らの批判は，ミルおよびケアンズという古典派最良の方法論者の議論に対して向けられた。先に見たように，ミルおよびケアンズは，演繹の前提を設定するためには攪乱原因を捨象しなければならな

いと述べていた。ミルによれば，例えば演繹の前提となる動機は，富の欲望と，それに不断に対立する二つの動機，すなわち労働の嫌悪と高価な贅沢を享楽しようとする欲望だけであり，その他の諸動機は捨象されなければならない。動機以外の外的諸事情についても同じことがいえる。したがって，こうした前提からの推論によって導かれる結論は，「もし前提が真ならば，結論は真である」という仮言命題(hypothetical proposition)形式のものになるから，現実の一部を切り取って構成される仮定は，仮説(hypothesis)と呼ばれることになる。

　　人間の行為のうち，富がその主要な目的ではない部分については，経済学はその結論をこれに適用できるとは自負していない。しかし，富の獲得が一般に認められた主要な目的であるような人間生活の分野もまたある。経済学が問題とするのは，これらの分野だけである。経済学が必然的に行っているやり方は，この一般的に認められた主要な目的を，あたかも唯一の目的であるかのように扱っていることである。これは，等しく単純なあらゆる仮説のなかで，最も真理に近いものである。(Mill CW4, 322-323/訳 179；Mill CW8, 902/訳⑥ 125-126)

　経済現象は，富の欲望とそれに不断に対立する二つの動機に大きく依存しているので，これらのみを前提として演繹された結論であっても現実の事例とかなりの程度一致するはずである。したがって経済理論は，検証というもう一つの帰納の操作によって，さらに補強されることになる，とミルは考える。

　問題は，理論の結論と現実の事例とが乖離する場合である。ミルおよびケアンズは，理論を現実に適用する場合には，前提で捨象した攪乱原因を考慮しなければならないと論じていた。経済理論では一般的な原因を取り上げているので，その結論は多くの事例に当てはまるはずであるが，ときには攪乱原因の影響によって現実の事例に適合しない場合がある。そういう場合には，攪乱原因を考慮することによって現実への適用可能性を拡大する，というの

がミルおよびケアンズの主張であった。しかしレズリーにとって，ミルやケアンズの議論は満足すべきものではなかった。攪乱原因の作用を認める経済学者たちも，さまざまな社会状態の下で作用している諸動機を列挙しようとはせず，それらの相対的な強さを評価しようともしない。実際には，富の欲望に対抗する諸原理は，ただ法則を防衛するのに用いられるだけである。すなわち，

> それらは，他の諸条件とともに，──「さまざまな職業の性質における差異を考慮すると」「他の事情が同じならば」「攪乱原因がないならば」「摩擦を考慮すると」といった──留保条項に口実を与えるのに役立っており，賃金・利潤は均等化する傾向があるという「法則」は，これらの留保条項によって吟味を逃れるのである。(Leslie 1876, 226)

　この指摘は，古典派の経済法則概念の核心を突くものであった。攪乱原因がない理想状態を想定して導かれた経済法則は，現実の経済現象のなかにそのまま現れるものではなく，理論と現実とは多かれ少なかれ乖離することになる。しかし，理論と現実とが乖離したとしても，それは理論が否定されることを意味しない。その乖離は，攪乱原因の作用によるものであって，理論自体の誤りを示すものではない。攪乱原因のない状態を仮定して導かれる経済法則は，観察事実によっては反駁されないのである(Cairnes 1875, 110)。
　イングラムもまた，結論の検証手続きに注目して，ミルが提唱するアプリオリの方法の実行上の難点を強調する。すなわち，アプリオリの方法は，ある前提から出発して結論に到達するのであるが，当初の前提においては単純化のためにさまざまな条件が省略されている。そこで，結論を経験的事実に照らして検証する場合，それらの諸条件を考慮して結論を訂正しなければならないのであるが，この訂正が行われることはほとんどない。「一般的にいって，これらの結論は検証のために経験と直接突き合わせることができない。というのは，それらはただ仮説的なものだからである。すなわち，結論として与えられるのは，結果として生ずる現象ではなく，一定の性格をもつ

傾向だけであり，その傾向は結果として生ずる現象の一つの構成部分なのである」(Ingram 1878, 63)。つまり，単純化された前提から導かれた結論は，攪乱原因によって妨害されない場合の法則を表すだけであり，実際の現象と一致するものではない。その意味で，検証は失敗するのが普通のことなのである。そしてこの不一致は，演繹の過程が長くなるほど大きくなる。

> 慎重な思索家は，経済学研究における長い演繹に対して深い不信の念を懐いている。……そして，このような懸念はもっともなことだと思われる。というのは，われわれはここで数学と同じ立場には立っていないからである。数学においては長い演繹もつねに確実である。なぜならば，われわれが各段階ごとに手元にもっているものが，すべて正確に限定された与件であり，次々に用いられる各命題も普遍的に真だからである。しかし，経済学者が主張しうるのは，せいぜい一組の傾向なのであるから，その結論の確実性は，推理の連鎖が長くなるにつれて明らかに急速に減退してゆく。われわれが考察している事例においては，論証の過程で用いられた諸定理が特殊な反作用や制限を受けるかもしれない，という可能性がつねに存在するからである。(Ingram 1878, 64)

理論の結論と現実の事例とが乖離するとき，それを攪乱原因のせいにするのは，既成の経済理論を事実による吟味から防衛しようとする詐術にほかならない。このようなレズリーおよびイングラムの批判は，疑いなく理論派の方法の難点を厳しく攻めるものであった。

この批判に対して，理論派の立場から回答しようとしたのがネヴィル・ケインズである。たしかにケインズも，現実の出来事の経過と演繹的推理の結果との間の明白な不一致が明らかになる場合があることを認める。しかし，それでもなお彼の基本的な立場は，「理論の作用についての事例が観察上明白でないという理由で，性急に否定的結論を引き出したり，あるいは，理論が覆されると想定したりすべきではない」(Keynes 1891, 220/訳166)というものであった。なぜならば，

われわれは，前提が事実と一致し，かつ演繹の過程は正しいということを信じるための独立した根拠をもち得るからである。したがって，明白な検証はほとんど不可能であるにもかかわらず，われわれの結論を信頼し得るからである。(Keynes 1891, 219-220)[8]

演繹の結論と現実の事例とが乖離するときには，まず攪乱原因を考慮しなければならない。また法則によっては，大量の事例を取ることによってのみ検証可能で，個別の事例によっては検証可能ではない，という場合もあるので，われわれの探究を広範な事実に拡大し，そしてとくに，効果が十分に現れるまでの時間を確保することも必要である。したがって，反証例があるからといって，性急に理論を否定するべきではないというのである。

ケインズにしても，歴史的事実によって理論そのものの修正を余儀なくされた事例があることは認めている。例えば賃金の歴史は，労働者階級の安楽基準に一致するように賃金水準が定まり，安楽基準自身は賃金率の変化によって影響されることはない，という仮定が誤りであることを示した(Keynes 1891, 262/訳 197)。しかし，一般的には，現実的な根拠をもつ前提から演繹される理論を否定しない方向で対処するほうがより生産的である，というのがケインズの反論だったのである(Blaug 1992, 75-76)。

2. 理論の役割

歴史的方法だけではなく理論的方法をも認める者を「穏健な歴史学派」と呼び，歴史的方法が理論的方法に取って代わるべきことを主張する者を「過激な歴史学派」と呼ぶならば，レズリーやイングラムは過激な歴史学派というべき論者であった。レズリーは，経済学は演繹的科学の段階に到達していないとして，当面の課題は演繹に先立つ帰納的研究にあると主張した。これは一見すると演繹の段階を認めているようにも見えるが，それをはるかかなたに延期し，事実上否定する含意をもつものであった。イングラムはもっと

はっきりと，理論的方法を歴史的方法によって置き換えるべきことを主張した。イングラムは，従来からの正統派の経済理論と並んで歴史的方法が承認されるというだけでは満足しなかった。ジェヴォンズが1876年論文で展望していたような「諸分科の集合体」としての経済学，すなわち抽象的経済学と具体的経済学が両方とも容認されるような平和共存状態を望んではいなかった。「二つの方法が一時的に共存するのは疑いないところであるが，歴史的方法は必ずその競争相手に取って代わるであろう」(Ingram 1885, 399/訳 336-337)というのである。このように，イギリス歴史学派の初期の展開を担ったレズリーとイングラムは，経済理論を否定する傾向がある過激な歴史学派であったが，その後のイギリス歴史学派は，過激な路線を継承したわけではなかった。むしろ，経済理論の役割を認める議論が主流になってゆくのである。

(1) 方法上の和解

穏健な歴史学派

　経済理論の意義を認める「穏健な歴史学派」として第一に取り上げなければならないのは，トインビーである。トインビーは，『英国産業革命史』の冒頭で経済学における理論と歴史の関係に言及し，この両者は対立するものではなく，ともに必要なものであることを強調した。トインビーは，歴史的方法を自らの研究の指針にするという意味で，歴史学派に属する経済学者といえるのであるが，理想化された前提から推論する演繹法の意義を否定したわけではなかった。トインビーによれば，理論と歴史とを結びつけることが重要であるにもかかわらず，「近年，リカードウおよびミルによって追求された抽象的な演繹法に対して，間断なき攻撃が行われ，そして経済学研究のただ一つの真の方法として，それの代わりに歴史的研究を据えようとする企てが行われてきた」(Toynbee 1884, 28/訳 5)。しかし，トインビーの考えでは，この攻撃は演繹法の機能の誤解に基づくものであった。「それゆえ，クリフ・レズリー氏のような歴史的方法の提唱者たちが，演繹法を根本的に誤りであると非難するのは行き過ぎなのである。両者の間には，真の対立はなん

ら存在しない。その外見上の対立は演繹の誤用によるものなのである」(Toynbee 1884, 29/訳5)。レズリーが演繹法を事実上否定する議論を展開したのに対して，トインビーは，演繹法自体の意義は認めながら，その誤った使用法を批判したのである。

　演繹法の意義について，トインビーは次のように論じている。演繹法と歴史的方法とは対立するものではなく，対象とする問題の領域が異なるものである。すなわち，同じ問題の取り扱いをめぐって優劣を競う方法なのではなく，考察される問題の性質によって使い分けられるべき方法なのである。「それぞれの特殊な事例における正しい方法は，概してその問題の性質によって決定されなければならない」(Toynbee 1884, 29/訳6)。さらに，理論的研究と歴史的研究とを結びつけることには二重の利益がある。

> 第一に，経済学はこの方法によってよりよく理解される。抽象的な諸命題は，それを定式化した著者の時代の諸事実との関連において研究するとき，改めてはっきりと分かるようになる。……第二に，歴史もまた経済学と関連させて研究するとき，よりよく理解される。というのは，経済学は歴史を読むにあたって正しい部類の事実を選び出すことをわれわれに教えるだけではなく，囲い込みや機械の採用に随伴する多くの現象や，さまざまな通貨制度の諸結果といったような，経済学の助けがなければ理解できないままになってしまう事柄を，われわれが説明することを可能にするからである。(Toynbee 1884, 28/訳4)

　第一の利益は，理論が歴史から得る利益であり，第二の利益は，歴史が理論から得る利益である。第一の利益は，経済理論の歴史的相対性という主張を含意している。つまり経済理論というものは，それが生まれ出ることになった経済史的背景に制約されていて，その背景に関する知識なしには十分に理解することはできないという主張である。例えば，リカードウは資本と労働とが生産部門間を迅速に移動するという仮定を置いているが，これは産業革命期の変革に対応するものだという。後述するように(第8章第2節)，中

世的諸規制に代わって競争が支配的になったことが産業革命の本質であるという主張が，トインビーの産業革命論の核心であった。第二の利益は，経済理論が提供する一般概念と理想化された状況での推論とが，歴史の研究にとって不可欠なものであることを示唆している。例えば，経済史上のさまざまな事実を「何々である」と認識するためには，あらかじめ一般概念が準備されていなければならない。また，ある出来事の帰結を複雑な現実のなかで追跡するためには，攪乱要因を排除した状況を想定して出来事の帰結を追究する理論の助けを借りなければならない。このように，トインビーの考えでは，抽象的経済学そのものの有用性に疑う余地はなかった。

　抽象的経済学に問題が生じるのは，それが誤って用いられる場合である。トインビーによれば，抽象的経済学の誤用には二つの形態がある。第一の形態は，理論と現実との混同，第二の形態は，理論と実践との混同である。本章の議論に関係するのは前者なので，ここでは前者のみを取り上げ，後者については第8章第1節で検討することにしたい。理論と現実との混同というのは，仮定に基づく理論的世界を，あたかも現実の世界であるかのように考える誤謬である。トインビーによれば，この点で誤りを犯したのは，とくにリカードウおよびその後継者たちであった。

　　リカードウは，自分の研究において，分析のために創造した社会にのみ当てはまる諸法則を，自分の周囲に現実に存在する複雑な社会に適用しうると考える習慣を，無意識のうちに身につけていた。そしてこの混同は，彼の一部の後継者によっていっそうひどくされ，彼の学説がよく理解されずに一般に広がるにつれてますます大きくなった。……それは現実世界を覆う仮面となり，その顔を隠したのである。(Toynbee 1884, 7/訳193)

　例えば，リカードウの「賃金生存費説」は，フェルディナント・ラサールに引き継がれて「賃金鉄則説」となり，賃金決定の法則は動かしえないものと主張されるようになった。このような主張こそが，理論と現実との混同を

示すものであった。リカードウは，実質賃金が「労働の自然価格」よりも高くなると労働者人口が増えると仮定した。この仮定に基づく限り，実質賃金が上昇すると人口が増大し，労働供給が過剰になって賃金は再び低下する。したがって，理論上の結論としては，労働者階級の生活水準は，長期的には「労働の自然価格」を超えることができないということになる。ところが，ある仮定に基づいてのみ成立する理論上の結論が，実際にも成立すると考えてしまうところに，理論と現実との取り違えが起こる。リカードウは，「労働の自然価格」が変化しうるものであることに気づいてはいたが，その可能性を重視することなく，理論と現実とを直接つないでしまったというのである。「なるほどリカードウは，安楽基準は国によって異なり，同じ国でも時代によって異なる，ということを否定しなかったけれども，彼はただ挿入句としてこのことを認めたにすぎないのであって，このような容認が人口の問題に重大な関係をもっていると考えていたようには思えないし，またそれらは彼の主要な結論に影響を与えなかったのである」(Toynbee 1884, 138/訳164)。しかし，事実の問題として，労働者階級の消費水準は向上してきたし，貯蓄額も増加してきた。トインビーは，賃金水準の長期的な改善は不可能であるというリカードウの命題は，仮定に基づく議論としてはともかく，実際上は誤りであることが証明された，と考えたのである。では，抽象的な演繹法は，今後どのように用いられるべきなのであろうか。トインビーによれば，この方法は，

> 研究の必要な道具としてその地位を保つであろうが，その結論は仮説的なものと一般的に認められるであろう。その前提にはできる限り多数の事実を含め，その結果を現存の産業的・社会的関係にもっとも慎重に適用するように注意が払われるであろう。経済学(Economics)という抽象的科学を，人間生活の現実的科学と混同するような誤りは，もはや普通ではなくなるであろう。(Toynbee 1884, 11/訳198)

演繹的科学の結論が仮説的なものであるという点は，J. S. ミルやケアン

ズが強調していたことであった。つまり，結論は無条件に真なのではなく，「もし前提が真であるならば，結論は真である」という条件つきの真となる。ところが演繹法の前提は，一般に現実の一部を切り取った抽象的なものであるから，これを現実世界に近づけようとすれば，前提をできる限り現実的なものにしなければならない。このようにトインビーは，抽象的な理論の意義を認めながら，なお前提の現実性にこだわるという点で，歴史学派の観点を保持していた。

対立図式の解消

理論的方法を歴史的方法によって置き換えようとした過激な歴史学派の路線は，後の世代には継承されなかった。トインビー以後の歴史学派は，経済理論の意義を認めるようになり，経済理論が提供する一般概念や，攪乱要因のない状態を想定して行われる推論が，経済史研究にとっても有益であると考えるようになった。それと歩調を合わせるかのように，理論派のなかで演繹法・帰納法の対立図式を否定する議論を行ったのが，シジウィックであった。

シジウィックによれば，演繹法と帰納法の対立が，両陣営の著作家によって不必要に鋭利で非妥協的な用語をもって語られている。経済学のなかには，主として帰納的あるいは現実的な取り扱いが必要な部分もあれば，演繹的推理が有効な，あるいは不可避な部分もある。すなわち，生産論の通常の扱い方は，主として帰納的である。労働の生産力を改善する原因を演繹的で非歴史的な方法によって知ることはできないから，これについては歴史的な経験から一般化しなければならない。ただし，生産論においても，ある程度の演繹的推理は行われる。例えば，農奴制と自作農制とでどちらの労働生産性が高くなるかということは，演繹的に推理できる。というのは，生産物の取得関係と人間主体の動機とを前提とすると，労働の成果が自分のものになる自作農のほうが労働意欲が高いという結論が得られるからである。しかし，効果的な生産にとって好都合な条件の一般的分析は，主として帰納的に行われるのであって，そこでは演繹的要素はつねに副次的である，というのである

(Sidgwick 1883, 33-34)。

　これに対して，分配論・交換論において主として用いられるのは演繹法であるという。分配論・交換論では，現代の文明社会が一般に近似している典型(type)と考えられる状況が想定される。そこでは交換の自由と職業および居住地を選択する自由が，一定範囲内で完全であると想定され，また産業組織を組成する人間の本性および諸関係が，実際にある既知のどの共同社会の事例よりも単純で斉一的であると想定される。このような想定の下で，分配論では，生産されたものが諸階級間へどのように分配されるか，一般的な事態が実質的に同じままであるときに，特殊な条件の変化がどのような結果をもたらすか，ということが推論される。また交換論では，さまざまな商品が現行の価格で交換され評価されるのはなぜか，何らかの特殊な出来事が起こるとき，他の事情が同じならば，その品物の価格はどれくらい上昇あるいは低下する傾向があるか，ということが問題にされる。したがって，経済学においては，演繹法と帰納法の両方が用いられるのであるから，経済学の方法として適切なのはどちらの方法か，という問題は全く無意味だというのである[9]。

　ネヴィル・ケインズもまた，帰納と演繹にしかるべき役割を与えることによって，両者が対立するものではないことを示そうとした。ケインズは，帰納‐論証‐検証の三段階からなるミルの演繹法を，「完全な形式における演繹法(deductive method in its complete form)」[10]と呼ぶ。この演繹法においては，中間の論証部分だけが狭義の演繹であり，前提を設定するための帰納と，結論を事実と対照する帰納が，それを補完するかたちで配置されている。したがって経済理論は，たんなる演繹的推論なのではなく，帰納と演繹とを組み合わせた推論だというのである(Keynes 1891, 204-205/訳 155)。

　このように，1880年代以降になると，演繹法対帰納法という対立図式はしだいに後景に退き，経済学の研究には両方とも必要なのだという主張が多くなされるようになった[11]。理論の前提に何を組み込めばよいかという点では意見の相違があったとしても，演繹的な経済理論そのものを否定しようとする議論は，歴史学派のなかにも見られなくなる。例えばカニンガムは，

マーシャルとの論争のさいに次のように述べている。

> 演繹学派を批判し，経済学の論証は帰納的なものであるべきだと主張する人々がいる。これは私の主張ではない。仮説的前提からの演繹は，研究のきわめて有益な道具である。私が考えているのはむしろ，経済現象に関しては妥当な帰納というものが存在せず，したがって演繹の過程は現象の実証的な知識を与えない，ということである。(Cunningham 1892a, 30)

後述するように(第5章第2節)，カニンガムによれば，経済現象には帰納的一般化の基礎となるような斉一性は存在しない。したがって，まず所与の事実を対象として一般的な知識を獲得し，それを前提として演繹を行うという方法を採用することはできない。演繹に進むためには何らかの仮説を前提とせざるをえない。ところが，その仮説は複雑な現実を単純化したものにならざるをえないので，演繹の過程は現実と乖離せざるをえず，現象の実証的な知識を与えることはできない。しかし，仮説的前提からの演繹が無用だというわけではない。仮説的前提に一致する状況があるならば，その状況についての有益な知識を与えるからである。その意味で，仮説的前提からの演繹は研究のきわめて有益な道具なのである。このようにカニンガムは，非常に限定された範囲においてではあるが，仮説的前提からの演繹を容認するのである。

さらにアシュレーは，方法論争の終結からしばらく後に，次のように述べている。

> 観察と一般化の方法——要するに，歴史的および統計的研究の方法——がとくに適切なのは，旧派の経済学者たちがよく考えなかった種類の研究，すなわち産業組織と産業制度の構造，およびその構造の進化についての研究である。しかし，この過程を表現するのに「帰納」という用語を使用するのは誤解を招くことになる。なぜなら，「帰納」は目標のよ

うなもの(a sort of goal)を示唆するからである。そして他方では，抽象的経済学者自身が，最近は「演繹」をあまり使わないように思われる。たしかに，分配に関するさまざまな限界理論においては，単純なリカードウ的教義が後景に退いており，かつてのような，例えば以前の賃金学説や利潤学説に見られたような，推理の演繹的系列を見出すことは容易ではない。「分析」という現在流行している用語は，さまざまな種類の精神的操作を包括するのに十分なほど弾力的である。(Ashley 1907, 228)

ここでは，経済学の方法を表すのに「帰納」「演繹」という言葉は適当ではない，という考えが示されている。演繹法対帰納法という当初の対立図式は，歴史学派の展開のなかでも放棄されることになった。しかし，その対立図式が用いられなくなったとしても，問題がすべて解決されたわけではなかった。歴史学派のなかには，経済理論の意義を認めるにしても，理論の課題について理論派とは違う考えをもつ者がいたからである。問題の焦点は，因果関係の解明を経済理論の主たる課題と考えるかどうかであった。当時の通説に反して，因果関係の解明は経済理論の課題ではないと主張したのが，カニンガムであった。その主張は，伝統的な経済学方法論を支持する者には，受け入れがたいものだったのである。

(2) 純粋理論の課題

因果関係の解明

1885年のケンブリッジ大学教授就任講義において，マーシャルは歴史学派に対して次のような論評を行っていた。「その偉大な業績によって，歴史学派をはなばなしいものにした人々は，経済理論の助けをなしで済まそうと試みたことは，決してなかった」。しかし，歴史学派の一部には，「あらゆる理論を捨てるようにわれわれに説き，われわれのもつ経済上の困難の解決を，事実が教える直接の教訓に求めることを説く」者がいる(Marshall 1885, 166)。歴史学派のなかのそのような過激派に対して，マーシャルは，理論が必要であるという立場から次のように反論した。

それに対する答えは，事実自身は黙して語ることがないということである。観察は，原因の作用については直接には何ごとも見出すことがなく，単に時間上の継起を見出すだけである。それは，ある出来事が，ある集団の他の出来事に継いで起こったか，ないしは同時に起こったことを見出すことはできるかもしれない。しかしそれは，精密に同一の事実の集団が，ちょうど同じ仕方で組み合わされて，もう一度起こる場合を除いては，何らの指針をも与えるものではない。(Marshall 1885, 166)

　ここで，マーシャルが理論の必要性を説くときに念頭に置いているのは，経済現象の因果関係を明らかにする理論だということは明らかである。そしてマーシャルは，ただ事実を観察するだけでは，因果関係を解明することはできないと主張したのである。そのような主張を支える論拠となっていたのが，引用文で示唆されているような二つの論点，すなわち(1)観察の限界，および(2)経済現象の複雑性，ということであった。マーシャルの主張はミルの方法論を下敷きにしているので，後者を参考にしつつ，前者を敷衍することにしたい。まず(1)の論点であるが，引用文に示されているように，観察によって知りうるのは出来事の時間的継起だけである。しかし，時間的に継起する二つの出来事がつねに原因・結果の関係にあるわけではない。例えば昼に続いて夜が来るとしても，昼は夜の原因ではない。二つの継起する出来事を直ちに因果の関係と考える論法，すなわち「このあとに，ゆえにこのために」と考える論法は，前後即因果の虚偽(post hoc, ergo propter hoc)に陥るものである。たんなる観察によっては，二つの出来事が，たんなる時間的継起だけではなく，因果関係にあることを解明することはできない。もう一つの論点(2)についていうと，観察される経済現象は多くの事実が複合しているものであるから，全く同一の現象が再現することはありえない。いま要素的な出来事 x および y と区別して，複合的な出来事を X および Y とすると，過去において出来事 X に引き続いて出来事 Y が起こったことが観察されたとしても，全く同一の出来事 X は二度と生じることはないのだから，

過去の観察事実を今後の指針とすることはできない。今後の指針を得るためには，複合的現象を個々の事実に分解し，個々の事実間の因果関係を明らかにしなければならない。理論が明らかにするのは，まさにそのような関係である。正確にいうと，理論においては，「他の事情が同じならば，もし出来事 x が生じるならば，つねに出来事 y が生じる」という関係を明らかにし，これを現実に応用するさいには，「他の事情」から生じる結果との結合を考えるのである。「過去のものであれ，現在のものであれ，経済上の事実を，しかるべき安全さをもって解釈できるためには，おのおのの原因からいかなる結果が予想されるか，またそれらの結果が相互にどのように結合されているかを知らなければならない。これこそが，経済科学の研究によって得られる知識なのである」(Marshall 1885, 168)。つまり，たんなる観察の方法は複合的な事実に直接向き合うのであるが，理論的方法は，要素的な事実間の関係を明らかにしたうえで，それに他の事情を組み合わせて複合的な事実に臨むことになる，というのである。

経済理論の評価

　経済現象間の因果関係を解明することが経済学の課題であるとする理解は，イギリスにおける支配的な考え方であったといってよい。ネヴィル・ケインズもまた，『領域と方法』のなかで，理論的方法によって経済的な因果法則の解明を目指すアプローチを擁護し，記述的観点から経済現象を取り扱おうとする立場を批判した。ここにいう記述的経済学(descriptive economics)あるいは記述的・分類的経済学(descriptive and classificatory economics)とは，「現状の下では，経済学者が専門用語の準備，および直接に観察されるものの記述および分類以上のことを成し遂げることは不可能である」と主張するものであった(Keynes 1891, 167/訳 127)。つまりケインズによれば，記述的経済学は因果法則の解明を目指すのではなく，その前の段階に止まるべきことを主張している。しかし，因果法則の解明を目指さないのであれば，経済学は科学の名に値しない。また，記述と分類のためにも基礎的諸原理の検討が必要である。というのは，「単に自然を鏡に映すと称するもののなか

に，個々の著者の個人的性癖に依存する要素が移入される」(Keynes 1891, 168/訳 128)からである。経済現象を統制する法則についてのわれわれの知識がより完全になればなるほど，それについてのわれわれの記述および分類もより正確になるだろう，というのである。

記述的経済学の立場に立つ経済学者としてケインズによって名指しされたのが，カニンガムであった。彼は，「ドイツ歴史学派のなかのより極端なメンバー」と並んで，その立場にある者とされた。ケインズがカニンガムを記述的・分類的経済学の立場に立つ者と規定するさいに典拠としたのは，その講義シラバス「経験科学としての経済学」(1887年)であったが，そのなかでカニンガムは，次のように述べていた。

> 社会についての純粋物理学のようなものを切望する代わりに，すなわちこれは，ただ一つの力である個人的な富の欲望を仮定し，さまざまな価値をもつ商品の需要・供給において，この力が作用する法則について語るものであるが，その代わりに経済学は，当分の間，観察し分類し記述し命名することで満足するほうがよい。これらは，すべての経験科学が依拠しなければならない基礎なのである。(Cunningham 1887, 8)

> 経済学は，現状においては純粋数学や力学と同列のものではなく，植物学およびダーウィン以前の自然誌と同列のものである。それは分類段階にある経験科学である。(Cunningham 1887, 8)

われわれは第4章第1節で，レズリーが，経済学はいまだ演繹を行う段階に到達しておらず，当面は事実研究に全力を挙げるべきだと主張していたことを見た。カニンガムの見解は，レズリーの主張と似ているような印象を与えるが，演繹に先立つ過程をどう考えるかという点で異なっている。レズリーは演繹に先立つ過程を帰納とみなし，当面は一般的原理を獲得するための帰納的研究に全力を挙げるべきだと主張した。ここでレズリーが一般的原理と呼んだのは，「xが生じるときには，yが生じる」という法則であった

が，カニンガムが提唱したのは法則ではなく，「観察し分類し記述し命名すること」であった。それは，帰納の手続きではないのである[12]。いずれにせよ，カニンガムにとって経済現象を分類し定義することは，理論の一部をなすものにほかならなかった。しかしそれは，マーシャルやケインズが考えるような経済理論，すなわち因果関係の解明を目指す経済理論とは異なるものであった。その意味でカニンガムの立場は，経済理論に反対するものとみなされることになり，ケインズからの批判を招くことになったのである。

ケインズによる批判は，カニンガムの反批判を呼び起こすことになる。1892年に発表した「純粋理論のための申し立て」において，カニンガムは次のように述べる[13]。

> 歴史学派経済学（Historical School of Economics）は理論を蔑む傾向がある，ということが一般に根拠なしに断言されている。疑いなく，彼らの多くは粗野な理論化には抗議しなければならなかったが，現行の諸理論の性格と適用に対して批判的であることと，理論を蔑むこととは全く別の事柄である。この非難に対して，私は罪を認めるつもりはない。私はこの非難をきっぱりと退ける。(Cunningham 1892a, 25)

彼が方法論争に入り込むことになったのは，歴史学派が誤解され，不当に非難されているという思いがあったからである。歴史学派を誤解し非難している人物として，カニンガムが念頭に置いていたのが，マーシャルおよびケインズであった。カニンガムは，両者の名前を挙げて，この論文を執筆することになった経緯を説明する。

> 私はケインズ博士によって，「ドイツ歴史学派のなかのより極端なメンバーによって保持されている学説」と類似する見解をもつ者とされたが，この記述は正しいと考えている。私があえて取り上げようとするのは，マーシャル教授がその就任講義で投げつけた挑戦である。そのとき彼は，「現代の現実学派ないし歴史学派に属する経済学者の過激な陣営」に対

して厳しい論評を行った。マーシャル教授が誰に言及したのかは分からないし，私が彼らの代表のふりをすることはもちろんできない。しかし，私が示そうと努めても許されるのは，自分自身がこの学派に属しているとする者，自分自身を非常に過激な人間だと信じている者，そしてそれを恥じていない者の一人が，すべての理論を放棄するという意向を微塵ももってはいない，ということである。(Cunningham 1892a, 25-26)

たしかにカニンガムは，経済理論の意義を認めていた。このことは，論争を始める前から彼自身が明言していたことであった。例えば「経済科学のコント主義的批判」(1889 年)にも，経済理論の意義を高く評価する立場が示されていた。この論文でカニンガムは，イギリスの指導的経済学者間に方法に関する見解の相違があることを認め，自らその調停者をもって任じているのである。

思うに，対立する論者たちがそれぞれ提唱している考察方式のいずれもが，経済現象の徹底的な研究において，それにふさわしい場を有している。取り扱い方および言明のさまざまな様式は必ずしも対立するものではなく，まさに相互の補完に役立つということをわれわれが一度悟るならば，さまざまな教師がそのようなさまざまな立場をとっているという事実は，たんに主題の範囲が広いことを示すにすぎないものとなる。私がこれから示そうと努めるのは，各々の見解のなかに真理の要素があり，したがって調停は可能だということである。(Cunningham 1889, 99-100)

経済学においては，理論も歴史もともに必要なのであり，二者択一的なものではない。カニンガムはこのように述べて，自分の立場が理論の役割を軽視するものではないことを強調していた[14]。しかし，その場合の経済理論というのは，独特の意味を与えられたものであった。つまりカニンガムは，マーシャルやケインズとは異なる経済理論を念頭に置いて，理論の意義を評価していたのである。

定義と仮説

　カニンガムは，経済理論を純粋理論あるいは純粋経済理論とも言い換えるのであるが，いずれにせよその第一の役割は，経済現象を分析するための定義を与えることであると考えていた。彼は経済現象の範囲を交換に関わる現象とし，交換に関わるカテゴリー，つまり富・価値・貨幣・販売・賃貸・独占，さらには賃金・利潤・地代等々について，精確な定義を与えることが経済理論の役割だとする。その場合，売買契約を行う当事者がどのような社会条件のなかに生きているのか，それらの当事者が個人であるのか団体であるのか，といったことは純粋理論には関係しない。純粋理論における定義は，社会条件や交換当事者の事情に関わりなく，人間の間で行われる商業的取引の全範囲に適用可能であるとされる(Cunningham 1892a, 26-27)。したがって，J. S. ミル以降，慣習と競争とを区別し，慣習が支配的である時代は科学的な取り扱いができないと語ることが経済学者の慣例となったが，これは正しくない。交換が行われている限り，交換の定義は適用可能でなければならない。他方で，交換の純粋理論は，真の交換が含まれていない取引には適用されない。例えば，多くの国々における小農民の自耕自給農業，中世の農奴による労働義務および貨幣支払いなどは，売買契約というよりもむしろ租税であるという理由で，純粋理論の範囲から除外されなければならない(Cunningham 1892a, 27-28)。完全な純粋理論は実行可能なすべての事例を余すところなく尽くし，すべての種類の売買契約に名称を与えなければならない。したがって，その範囲が実際のものや経験的に知られているものに限定される必要はないのであり，むしろ，ありうべき交換現象を網羅的に取り上げるのが純粋理論の課題ということになる(Cunningham 1892a, 28-29)。

　カニンガムによれば，包括的な純粋理論をもつことによって，われわれは，行われるかもしれないさまざまな種類の売買契約を識別できるであろうし，それらに遭遇するときには，どのタイプなのかを直ちに認識できるであろう。そして，このような純粋理論は歴史家にとっても非常に有益なものであろう。もし純粋経済理論が，多様なすべての形態における交換過程の完全な分析を与えるように作り上げられるならば，今日ではもはや実際には存在しない現

象，したがって非常になじみのないものではあるが，過去のある時代には優勢なタイプであったかもしれない現象についても，命名し議論する手段を手にすることになるからである。純粋理論が歴史研究にもたらす便益について，カニンガムは次のように述べる。

> 実行可能なすべての形態における交換過程の完全な分析によって，研究の道具として第一級の重要性をもつオルガノンであって，探究にとってきわめて便利な用語法となるものが，歴史家に提供されるであろう。リカードウの理論がどんなに批判されても，彼が地代という用語の精確な意味を与えたことについては，謝意を表さないわけにはいかない。純粋経済理論は，探究者であれば重大な損失なしには無視することのできない研究の道具を提供するのである。思うに，純粋経済理論の進歩によって，経済史家の仕事は大いに容易になるに違いない。(Cunningham 1892a, 29)

リカードウの定義によれば，「地代とは，大地の生産物のうち，土地の本源的で不滅な力の使用に対して地主に支払われる部分である」(Ricardo Works 1, 67)[15]。したがって，借地人が地主に支払うものが現実にはすべて地代と呼ばれているとしても，土地改良に投下された資本の利潤がそのなかに含まれていれば，その部分を区別して扱わなければならない。純粋理論が与える精確な定義は，現実をそのまま反映するものではなく，現実を分析するための道具となるものである。このような立場から，カニンガムは，純粋理論の定義と日常の用語との区別を強調する。経済学の用語は，日常生活で使われている用語と共通のものが多いが，後者の語法に従って前者を用いる必要はない。カニンガムによれば，「価値があるのは，日常の用語を精確にしようと試みることであって，通俗的な語法を利用するために思考の明晰性を犠牲にすることではない」(Cunningham 1892a, 30-31)。精確な定義をもつことによって，考えている内容を明晰に言明しうるであろうし，それが適用されるものについて明晰に知ることができる，というのである。

以上のようにカニンガムは，歴史的事実の観察を行うためには理論的枠組みが必要だということを認めた[16]。歴史学派が提唱した歴史的方法とは，抽象的なモデルを構築するのではなく，なによりもまず事実の大洋のなかに飛び込み，そのなかで一般的なものを探究するという方法であったが，カニンガムは事実の観察に先立って，経済学的なカテゴリーの精確な定義が必要であることを明示した。このことは，すでにトインビーが示唆していたことではあったが，カニンガムはそれを歴史的研究の手続きとして明らかにしたのである。

　カニンガムにしても，精確な定義を与えることだけが純粋経済理論の役割だと考えていたわけではない。「経験科学としての経済学」のなかで，彼は次のように述べている。

> 科学的分類の主たる目的は，われわれの研究をさらに前進させうる地点を確保することである。一群の対象を整理することは，より高度な知的探究への第一歩にすぎない。ある分野で採用されなければならない研究方法は，ことによると，何か他の方面の研究の最適な方法ではないかもしれない。特殊な研究にとっては，何らかの仮説を用いて複雑な問題を単純化することが最も適しているということもありうる。(Cunningham 1887, 11)

　したがって，ある条件の下で起こることを観察するために，物理学で実験を行うように，例えば完全な自由競争のような一定の条件を仮定することも，探究のためには必要な手続きであるといってよい。リカードウおよびその追随者が行ったように，自由競争の下で起こる傾向のあることを明確に述べることは，それが適用できるところでは，研究の道具として大きな意義を有する (Cunningham 1887, 15)。このように述べて，カニンガムは単純化した前提から演繹する方法を容認する。ただし，カニンガムの本音は，それが適用できるのは非常に特殊な状況だということであった。抽象的・理論的科学としての経済学は，現代の事実でさえも，実際に起こっている出来事を説明するこ

とはできない。それが説明できるのは，実際の事情とは異なる事情の下で生起するであろう出来事だけである(Cunningham 1887, 7)。つまりカニンガムは，完全な自由競争という仮説的状況についての考察を意義あるものと認める一方で，それと経験的事実に関する研究との間に，大きな隔たりがあることを強調するのである。

因果性と相互性

こうしてカニンガムは，経済理論をすべて否定しているという非難に反論し，理論の第一の課題として事実の分類と定義を挙げた。さらに，非常に限定されたものではあるが，仮説的前提からの演繹をも容認した。したがって，カニンガムがマーシャルおよびケインズと対立したのは，経済理論の意義を否定したからではなかった。そうではなく，両者の対立は，経済理論の課題を別様に考えていたところにあった。つまりカニンガムは，経済理論一般ではなく，因果関係を解明すると称する経済理論を否定したのである。因果分析の位置について，カニンガムは次のように述べる。

> 純粋科学としての経済学は，時間的継起，あるいは「原因」および動機には全く関係がない。これらはすべて経験的な研究の問題である。純粋経済学にとって真のアナロジーとなるべきものは，純粋論理学である。すなわち，一方は思考過程を研究し，その種々の形態を分類するが，他方は交換過程を研究し，その多様な形態を分析する。両者の過程の分析は，「原因」を考慮することなしに進めることができる。(Cunningham 1892a, 30)

ではカニンガムは，因果関係の科学というものを，どのように理解していたのであろうか。この点について，彼は次のように述べる。

> すなわちそれは，現象間の関係についての科学であり，時間的継起の関係についての科学である。通常の現象に関するわれわれの研究において

望みえないのは，一つの産出的原因に到達し，それを明示することである。われわれは不変の前件を識別することで満足しなければならない。因果関係についての通常の科学は，一定の生起における不変の前件を決定する。一定の現象が他の現象の不変の前件であるので，われわれはそれらを原因と呼ぶ。そしてわれわれは，この結合を現象の法則として言明することができるし，B は変わることなく A に続いて起こるということができる。そこで，もし何らかの物品の供給が減少し，需要が同じままであるならば，価格は上昇するであろうということができる。これが，私の理解する原因・結果の科学である。(Cunningham 1892a, 32-33)

ここでカニンガムが述べているのは，経験論的な因果概念である。つまり，原因も結果も観察できる現象であり，それらの不変の継起をもって因果関係の核心とみなす立場である。したがって，何らかの観察不可能な産出的原因が存在して，それが観察可能な現象を生み出しているという本質・現象論は否定されている。このようなカニンガムの考え方は，ミルの因果概念に連なるものであり，イギリスにおける経済学方法論の常識といってよいものであった。注意すべきは，この引用文を前後から挟むように，「ケインズ博士は，「経済学は必然的に原因・結果の科学である」(Scope, 167)と明白に主張している。……ケインズ博士に反対して，私が考えているのは，経済学は「原因」と結果の科学ではなく，論理学あるいは幾何学のような純粋科学であり，そこでは「原因」という捉え方は不適切である，ということである」という二つの文が配されていることである(Cunningham 1892a, 32-33)。カニンガムは，経済理論から因果分析を除外しようとし，逆にマーシャルとケインズは経済理論の主要部分として因果分析を位置づけていた。このように，カニンガムとマーシャルおよびケインズとは，純粋経済理論のなかに因果分析を入れるのか否かをめぐって対立していたのである。

カニンガムによれば，純粋経済理論において重要なのは，因果性ではなく相互性というカテゴリーであった。すなわち，「経済学者は，「多種多様な相互的行為」を一望の下に把握するよう努めなければならない。そのような相

互的かつ同時的な行為は，これを二重の因果関係として，すなわちまず一方から眺め，次いで他方から眺めたのでは，満足のいくように取り扱うことができない。カントがわれわれに教えるところによれば，われわれは，全く別のカテゴリーを適用し，それを相互性(reciprocity)の一事例として取り扱わなければならない」(Cunningham 1892a, 33)。ここでカニンガムが相互性というときに，具体的にどのような事柄を考えていたのかということは必ずしも明らかではないが，需要と供給の関係を相互性の一例として考えていることは間違いない(Cunningham 1891a, 93)。たしかに，経済理論において，ある財の需要量・供給量・価格が均衡しているというとき，それらのうちのどれが原因でどれが結果なのかをいうことはできず，相互依存の関係にあるといわなければならない。

しかし，このような相互依存関係は，まさにマーシャルが強調していたことでもあった。マーシャルは，すでに「経済学の現状」でそれに言及しているし，『経済学原理』初版の序文では，これをクルノーから学んだと述べている。すなわち，「クルノーは，経済問題においては，多数の要素が――AがBを決定し，BがCを決定する等々のように因果の連鎖において互いに決定し合うのではなく――すべての要素が相互に決定し合う関係にあるという困難な問題に直面する必要を教えた」(Marshall 1890, x)。マーシャルが，因果性と相互依存性の関係をどのように考えていたのかということは，必ずしも明らかではない。ただ，因果性のカテゴリーが必要になるのは，経済静学というよりも，とくに経済生物学であると考えていたように思われる。マーシャルは，カニンガムの批判に答えて，次のように述べているからである。

> カニンガム博士が参照を求めている論文〔Cunningham 1892a〕で彼が主張しているのは，「経済学は"原因"と結果の科学ではなく，論理学あるいは幾何学のような純粋科学であり，そこでは"原因"という捉え方は不適切である」ということである。これに対する私の考えは，経済学は論理学ではなく生物学に類似した科学であり，原因および結果という捉え方は経済学には適切なものだ，ということである。(Marshall 1892,

このようにカニンガムとマーシャルは，経済理論を認めるか否かで争っていたのではなく，因果関係の解明を経済理論の課題と考えるか否かという点で対立していたのである。注意しなければならないのは，純粋経済理論についてのカニンガムの考え方は，イギリス歴史学派のなかでも特異なものであり，学派の観点というよりも彼個人の立場を示すものだということである。少なくともこの論点に関する限り，カニンガムとマーシャルとの論争は，歴史学派と理論派との論争というよりも，カニンガム独自の見解をめぐる論争というべきものであった。とはいえ，因果性・相互依存性をめぐる問題は，20世紀になると経済学方法論の重要なテーマとして浮上する。その意味で両者の論争は，後世の議論の先駆けになるものだったと評価できるのである。カニンガム－マーシャル論争のもう一つの主要な論点は，「学説の相対性」であった。この論点は，まさに学派の立場が衝突したものであった。われわれは，その内容を第7章で考察することにする。

《論争の総括 4》

演繹法と帰納法との対立として語られたのは，論理的な手続きの違いというよりも，理想化された状況を想定する方法と与えられた事実を考察する方法との相違であった。演繹を行うためには前提を決めなければならない。その前提は現実そのものと比べれば，多かれ少なかれ抽象的なものにならざるをえない。ここに，演繹法は抽象的であるとして批判される根拠があった。与えられた事実に直ちに向き合うことを主張する論者は，演繹法に対して帰納法を対置した。いきおい，帰納法は所与の事実をそのまま研究する方法とみなされることになった。こうして，論理学上の推論形式の相違が，抽象的な理論と経験的な研究の相違と重ねられることになった。

歴史学派は演繹法そのものに反対したのではなかった。ミルのいう帰納－論証－検証という手続きの第一段階が終わっていないので，当面の課題は帰納でなければならないと主張したのである。これに対して理論派は，経済学

はすでに論証の段階に進んでおり，経済学の主要な方法は演繹でなければならないと考えた。両派は，経済学研究の当面の課題をめぐって対立したのである。

　歴史学派は演繹法を否定したわけではなかったが，演繹の前提を設定するために，帰納的研究がそれに先行しなければならないと主張した。理論派もまた，前提を設定するための帰納的研究を否定しなかった。しかし，「帰納法・演繹法」という図式は，議論を混乱させるものでもあった。というのは，理論前提の設定にとって決定的なのは，事実についての帰納的研究というよりも，理想化の操作だからである。理論においては，重要な要因を孤立化し，攪乱要因を捨象する。さらには，現実にはないことも積極的に仮定する。したがって，経済理論の前提は，観察事実を一般化することによってではなく，それ自体としては観察可能ではない世界を想定することによって形成される。帰納的研究による演繹前提の獲得という考えは，問題の核心を覆い隠してしまう効果をもつものであった。演繹法・帰納法をめぐる論争の核心は，抽象的な理論と所与の現実との関係をどう考えたらよいのか，ということなのである。このように理解することによって，われわれは，演繹法・帰納法をめぐる論争を現代に引き継ぐことができる。後続する経済学方法論では，この論争が，理論的研究と実証的研究との関係を問う議論として，かたちを変えて継続されたのである。

　トインビー以後の歴史学派は，経済理論の意義を認めるようになり，理論が提供する一般概念や，攪乱要因のない状態を想定して行われる推論が，経済史研究にとっても有益であると考えるようになった。しかし，経済理論で明らかにすべきことをめぐって，カニンガムが独自の見解を示し，論争が続くことになる。問題の焦点は，因果関係の解明を経済理論の主たる課題と考えるかどうかであった。カニンガムの主張は，因果関係ではなく相互依存関係の解明こそが経済理論の課題であるとするものであったが，彼の主張は，イギリス歴史学派のなかでも特殊なものであったといわなければならない。

1)「最も実り多いと考えられる研究方法を，私は歴史的方法と呼びたい。……私が念

頭に置いている方法は，過去であれ現在であれ，事実を直接観察し，そこから一般化する方法である．もし礼儀正しくありたいのであれば，「帰納的」と呼んでもよい．あるいは，軽蔑の気持ちを表したいのであれば，「経験的」と呼ぶこともできる」(Ashley, 1888, 18-19)．

2) ネヴィル・ケインズは，J. S. ミルに倣って(Mill CW4, 324-325/訳 182-183)，具体的な事実の観察に直接適用される帰納法を特殊経験法(method of specific experience)と呼び，最も問題にされる帰納法がこれであることをよく理解していた．「ここで特殊経験法によって意味するものは，特殊なものから中間公理にゆっくり移り，その後科学の最高度の一般化に移り，決してその順序を逆転させることのない方法である」(Keynes 1891, 168-169/訳 129)．これに対して，演繹法は理想化された状況に適用される方法であった．「演繹法の顕著な特徴は，第一に，特定の研究主題と因果的に何ら関係のないすべての修正的諸力の作用を思考的に分離しようと努める点にある」(Keynes 1891, 206/訳 156-157)．

3) パルグレイヴ編『経済学辞典』で「帰納法」の項目を執筆したマッケンジーは，当時の帰納法の用法が多義的であったことを指摘する．「この語句の使用法には，多少あいまいなところがある．それはしばしば，具体的な事実の調査によって結論に到達するどの研究についても用いられる」(Mackenzie 1896b)．例えば，労働者階級の状態はどのようなものか，その状態は悪化しているのか改善しているのか，といった記述・比較を中心とするアプローチも，しばしば帰納法と呼ばれているというのである．

4) レズリーは，ジェヴォンズの『経済学の理論』第2版についての書評でも，同様のことを述べている．「演繹法に関していえば，ジェヴォンズ氏の「私は友人レズリー氏と全く意見を異にする．彼は純然たる排除を主張し，私は全面的改訂と再建を主張する」という発言は，その学派〔歴史・帰納学派〕の見解を必ずしも公正に表すものではない．たしかに，われわれはリカードウの演繹法の排除に賛成する．すなわち，「自然価値，自然賃金，および自然利潤」についての，検証されていない仮定からの演繹を排除することに賛成する．しかしわれわれは，真の一般化および原理からの推論という意味での演繹には反対しない．とはいえ，われわれが現在の喫緊の課題とみなすのは帰納であり，また長く続く演繹にも疑念をもっている」(Leslie 1879d, 72)．

5) ジョーンズやレズリーの方法がベーコンに従うものであるかどうかは，一概にはいえない．予断や偏見をもたずに事実に向き合うべきだとする点は，たしかにベーコンに倣うものといってもよいが(Bacon 1620, 63-64/訳 246-247)，ベーコンは自然を構成部分に分割するという方法も提唱していたからである(Bacon 1620, 58/訳 241)．

6) 「予断(羅 anticipatio)」は，ベーコンによって科学方法論に導入された概念である．ベーコンは，これについて次のように述べている．「私は，自然に対して用いる人間の推論を「自然の予断」(軽率で早まったものであるから)と，正しい仕方で自然から引き出される推論を「自然の解明(羅 interpretatio)」と，説明の便宜から呼ぶことにしている」(Bacon 1620, 51/訳 235)．

7) ロジャーズは後に，労働組合運動の意義を認め，賃金基金説を批判するようになる．

すなわち，1884年刊行の『6世紀間の労働および賃金』では次のように述べている。「私は以下のことを告白する。イギリスにおける労働の歴史，すなわちその驚くべき変転を研究する以前の初期の著作で私が考えていたのは，多少の疑問はあったけれども，労働組合組織は雇い主を貫いて消費者と対立し，(ミル氏の賃金基金説に賛成したことは一度もないけれども)労働が支払いを受ける弾力的ではあるが共通の基金から不当な分け前を着服し，大多数の勤労大衆の利益を排除する労働貴族制を樹立しようとしている，ということであった。労働の歴史に関する研究によって，これらの考えは一掃された」(Rogers 1884, 564-565)。

8) 第2版以降，第2文は次のような遠回しの表現に改められた。「したがって，明白な検証を得る上で困難が存在するという事実にもかかわらず，われわれの結論を信頼し得るからである」(Keynes 1897, 229/訳 166)。

9) シジウィックは，厳密には演繹的でも帰納的でもない思考の行使として，事実の分析(Analysis)あるいは解釈(Interpretation)と呼ばれる過程に言及し，理論経済学における最も重要な進歩をもたらしたのは，これであったと述べる。ここで分析あるいは解釈とは，「事実の最も重要な特徴を確定し，それらの真の関係において変わることなく表象しうるような一般的概念把握を，適切な明晰性と限定性を条件として，具体的な事実に適用すること」(Sidgwick 1879, 308)であるという。

10) この表現が明示的に用いられるのは『領域と方法』第2版以降であるが，初版でも同じ趣旨のことが述べられている。

11) これは，歴史学派によって提起されたような意味での対立図式が後景に退いたという意味である。つまり，所与の事実を対象にする方法が帰納法，理想化された状況を対象にする方法が演繹法であるとされた対立図式が用いられなくなったということであって，経済学方法論から演繹・帰納をめぐる議論がすべて消えてしまったという意味ではない。必然的な推論と蓋然的な推論という本来の論理学的問題については，むしろこのころから議論が本格化することになる。千賀(2010)，原田(2010)を参照されたい。

12) 「帰納とは，一部類のある個別者について真であるところのものが，部類全体について真であると結論する手続きである」(Mill CW7, 288/訳③ 12)。

13) この論文は，「正統派経済学に対するカニンガムの方法論的な戦闘の頂点をなすもの」(Maloney 1991, 102)といってよい。

14) シュンペーターも，カニンガムは理論を否定していたわけではないと解釈する。カニンガムは，「分析的経済学の概念装置は資本主義以前の状態には容易に適用できないという信念を表明した以外には，これが歴史的研究に由来する一般化によって置き換えられるのを見たいという願望を，どこにおいても示してはいない」(Schumpeter 1954, 821)。

15) カニンガムがリカードウ派を批判するのは，用語の意味の性格についてである。リカードウ派は，それを事物の本性における真理であると考えるが，カニンガムは，分類に従事する経済学者が事物に付与するものだとみなす。つまり，前者は実念論者で

あるが，後者は唯名論者だというのである(Cunningham 1887, 9)。しかし，レズリーの場合もそうであったが(第2章第1節)，古典派経済学者を実念論者とすることには無理がある。

16) カニンガムは，「分類学でさえ，それが可能であるためには何らかの普遍的原理が必要である，ということを認識していなかった」(Hodgson 2001, 106)という評価は，当を得ているとはいえない。

第 5 章　歴史に法則はあるのか
―― 経済発展論の可能性

1. 歴史法則の探究

　経済過程の歴史的発展を研究するというとき，その研究の仕方は一つではない。歴史学派のなかにもいくつかの異なる考え方があったが，出発点となったのは歴史法則の議論であった。すなわち，経済発展の過程をいくつかの段階に区分し，その発展段階はどの経済圏にも普遍的に当てはまるとして，歴史法則を主張する議論である。この歴史法則は，「どの経済圏においても，発展段階 X に続いて，発展段階 Y が生じる」というように定式化できる。イギリス歴史学派の初期の展開を担ったレズリーやイングラムは，そのような歴史法則を探究することが経済学の課題であると考えた。これに対して，彼らの後に活躍したトインビーは，歴史法則の可能性は認めながら，あまり性急に一般化しないようにと注意を促した。その弟子であるアシュレーもまた，歴史法則の定式化に積極的ではなかった。そしてカニンガムはといえば，歴史法則の存在をはっきりと否定し，別なかたちで経済発展の問題を考察しようとした。歴史学派というと，歴史法則の発見を課題に掲げていたという印象があるかもしれないが，各論者の間に見解の相違があったことを忘れてはならない。この節では，イギリス歴史学派の展開のなかで，歴史法則に関する見解が変化していったことを明らかにする。

小農地代から農業者地代への移行

　歴史法則をめぐる問題は，イギリス歴史学派の先駆者リチャード・ジョーンズの著作のなかでも，すでに論じられていた。彼は，歴史法則の可能性を認めながら，それを直ちに定式化することについては慎重であった。ジョーンズが問題にしたのは，「小農地代から農業者地代への移行」という歴史的発展に関わる事柄であった。つまり，小農（peasant）が地主から土地を借りて農業を営むという形態から，農業者（farmer）が地主から土地を借り，農業労働者を雇って資本主義的に農業を営むという形態への移行である。ジョーンズ自身は資本主義（capitalism）という言葉を使っているわけではないが，資本家が労働者の賃金を前払いすることが歴史の分岐点になったという認識を示している。彼によれば，資本の使用という点で，イギリスは最も前進している。イギリスでは，非農業労働者の大部分が資本家によって雇用されているだけではなく，耕作者さえもが資本家に雇用されている。そこでジョーンズが直面したのが，他のすべての国も，遅かれ早かれイギリスのような社会状態へと発展するのかどうか，という問題であった。彼によれば，イギリスの経済学者のなかには，自分たちの周囲の事態を，他の諸国民が迅速にあるいは緩慢に接近しつつある見本とみなす人々がいる。しかし，ジョーンズは，そのような見解には同意できないと述べる。われわれの知識は時代に制約されたものであるから，その時代を超える未来について予測することはできない，というのである。

　　人間の共同社会の将来の進歩と状態とについての，われわれの研究と推理とは，かりにそれらが実際的性格をもつとしても，次に述べるような時代の内部に限られなければならない。その時代とは，過去の歴史と人間の本性とについての知識がわれわれに教えるものが，帝国・人民および文明状態の継続性を確かなものとするような時代である。そのような時代の内部においては，世界が全体として，その過去および現在と全く違ったものであるということは，全然見込みのないことであると思われる。わが国のような社会状態への接近は，それが知覚されうるところで

は，多くの場合きわめて緩慢である。そうでない場合にも，まさに接近しつつある国があると確言するのは早計であろう。(Jones 1833, 559/訳 220)

たしかにジョーンズは，ヨーロッパ諸国には部分的に農業者地代の萌芽が見られるとし(Jones 1831, 305/訳 284)，すべての国民がいつかはイギリスの現在の状態に近づくであろう，と述べることもあった(Jones 1833, 559/訳 220)，しかし，われわれが未来に対してもつ関心は，どんなに大きくても，結局第二次的な関心でしかありえないとし，われわれが学ぶべきものは過去であり，われわれが働きかけるべきものは現在である，と述べるのである。そして，この問題についての結論としたのは，「過去の物語を説明し，われわれ自身および他の諸国民の現在の状態を解明する経済学的研究こそ，われわれにとって教訓に満ちたものであり，われわれが尊重し利用すべき最大の任務なのである」(Jones 1833, 559-560/訳 220-221)ということであった。このようにジョーンズは，少なくとも未来を予測しうるような歴史法則の定式化には，懐疑的であったということができる。

歴史法則を探究する帰納法
　歴史法則の探究という課題を強調したのは，レズリーおよびイングラムである。まずレズリーであるが，彼にとって帰納法とは，演繹を補完するだけのものではなかった。一般的にいえば，歴史の実際の行程を探究し，「現在の経済構造と社会の条件とを生み出した継起と共存の諸法則を発見すること」が帰納法の課題であった(Leslie 1875, 167)。つまり，帰納法の課題は，歴史の行程からの一般化にあった。そのような帰納法の成果は，前提の設定と結論の検証というかたちで，演繹の補完にも使うことができるが，演繹の補完が帰納法の主たる目的というわけではない。それはむしろ，社会の歴史的発展過程についての一般化を目指すものであった。レズリーは，アダム・スミスやヘンリー・メーンの著作のなかに，その具体例を見出している。スミスについては，次のように述べている。

アダム・スミスの理解によれば,「法と統治の変革」は確定できる順序に従っており, 実定法の動向さえも含む社会の全運動は規則的で理解可能な系列という科学的な意味における法則に服していて, 歴史の各段階における一国民の経済的状態は, 社会発展全体の特殊な側面にすぎないものであった。これが, 社会の科学が依拠する基本的な考え方である。
(Leslie 1879b, 401)

ここでレズリーが示唆している「規則的で理解可能な系列」というのは, 狩猟・牧畜・農業・商業状態の継起というスミスの四段階にほかならない (Smith 1790, bk. 5, ch. 1)。その発展段階は, 経済状態の発展を意味するだけではなく, それを一部に含む社会の発展段階と考えられている。すなわち,「狩猟・牧畜・農業・商業という状態の継起は, 経済的発展として言及されるのが普通であるが, それは実際には社会の進化なのである。その経済的側面は, その道徳的, 知的, 政治的側面と不可分に結びついている」(Leslie 1876, 228)。同一の制度――例えば, 婚姻, 家族, 土地所有など――が, 道徳的, 法的, 政治的, 経済的観点から同時に考察される。したがってここには, 経済領域を他の社会領域から分離することはできないという「社会生活の統一性」の観点が, 発展の観点とともに示されている。レズリーの理解では, こうした社会発展の諸段階は, 歴史の行程から一般化された継起の法則だったのである。

そして, 各発展段階の内部構造には共存の法則が成り立つと考えられている。すなわち社会生活の諸領域は, たんに密接に結びついているだけではなく, 特定の経済状態にはそれに適合する特定の法的な状態が結びつくというように, 一定の規則性をもって共存している。レズリーによれば, メーンのいう「身分から契約への移行」は, 社会の各側面が規則的に結合していることを示すものであった。初期の社会では, 個人的権利は存在せず, 各人の法的地位は血統や性別によって決定される。これに対応して, 政治的には部族組織があり, 経済的には, 各人の財産を個人的な用途に充てられるものに制

限し，土地所有を認めず，分業は年齢と性別に基づくものだけが存在するという構造があった。道徳的には，個人的責任感が欠如しており，部族や血族集団の責任が重要であった。知的側面も同様であり，個人的な創意，独創性というものがなかった。身分から契約への移行は，個人的合意に基づく権利，個人的所有，個人的な責任，個人的な創意への進化をもたらし，政治的にも，血縁集団の支配に代わって中央政府の成長をもたらした，というのである(Leslie 1876, 229)。

社会学の法則

レズリー以上に歴史法則の探究に固執していたのが，イングラムであった。イングラムは，社会学が経済学を吸収すべきであると主張していたのであるが，彼が社会学の法則という場合に念頭に置いていたのは，なによりもまず社会の一般的状態に関係する大規模な歴史法則であった。この点は，コント主義者としてのイングラムの特徴をなしている。コントの「三段階の法則」，すなわち人間精神は神学的・形而上学的・実証的段階を経て進化し，それに対応して社会の状態も変化するという歴史の発展法則を手本として，歴史の一般的法則の探究を重視したのである。

> 社会学の方法は，たんに帰納的でなければならないだけではなく，歴史的でなければならない。そして，後者の名称によってその特徴が最もよく表されるのである。歴史的方法とは，その研究の素材を人間の歴史の一般的な分野のなかに見出すということを意味するだけではなく，さらに社会系列の諸法則(laws of social filiation)を発見するために，継起する社会状態の比較を行うことも意味するのであり，これは異なった発達段階にある有機体を生物学的に比較する原理に似た過程なのである。
> (Ingram 1878, 60)

イングラムによれば，一つの歴史的段階と他の段階との継起は，決して恣意的なものではなく，それ自身が法則によって規制されているものであった

(Ingram 1885, 390/訳 286)。ところが，歴史学派の経済学者たちがすべて，そのような歴史法則を認めていたわけではなかった。歴史学派の本拠地であるドイツにおいても，クニースが歴史法則を否定する議論を展開していた。そのようなクニースの議論を，イングラムは厳しく批判するのである。

> ドイツ歴史学派のメンバーのなかには，経済科学の相対性を主張しようと切望するあまり，経済法則を全く否定するという誤りに陥った者もいる。……これらの法則は，普遍的なものであり，経済発展の抽象的理論の構築を可能にするものである。ところが，ドイツ歴史学派の一部には，そのような理論をさまざまな国民経済のたんなる記述で置き換える傾向があるとともに，すでに指摘したように，特定の領域的あるいは民族的状態の影響を早まって導入してしまう。この影響というものは，共通の人間的進化の研究から導かれる第一義的な一般法則を，後で具体的な事例に当てはめて修正するときの基礎として，留保しておかなければならないのであるが，彼らはそうはしないのである。(Ingram 1885, 392/訳 294-295)

つまりクニースは，国民経済ごとの相違を強調し，普遍的な歴史法則を否定する。しかし，この考えは正しくない，とイングラムは批判する。イングラムによれば，歴史の発展法則は普遍的なものであり，まず最初にこれを探究しなければならない。各国ごとの相違は，その後で具体的な事例に適用するときに考慮すればよいものなのである(Ingram 1885, 392/訳 293)。イングラムの場合，歴史の発展法則は，社会が次々に経過する諸段階を体系的に比較することによって求められるのであるが，この比較法が歴史的方法と呼ばれた。

> 社会的共存と運動の法則は，個々の有機体の生における共存と運動の現象と同様に，観察の主題となる。とくに発展の研究においては，生物学者が親しんでいる比較法(comparative method)を修正したものが，適

切な研究方法になるであろう。社会の各段階についての継起の法則を発見し，それらの諸特徴の派生関係を決定するためには，社会が次々に経過する段階を体系的に比較しなければならないであろう。(Ingram 1885, 390/訳 283-284)

このような比較法が必要になるのは，アプリオリの方法によっては社会の歴史的発展を研究することができないからである。社会現象は，一般にあまりにも複雑であり，あまりにも多種多様な条件に依存しているので，人間本性と外的世界の諸法則との共同作用によって社会現象がどのようなものになるかを，演繹的に導くことはできない。そこで歴史的方法が必要になるのであるが，歴史的方法によれば，まず与えられた事実の観察から帰納的に社会状態の変化に関する経験的法則を導くことになる。しかし，イングラムの歴史的方法においては，経験的法則を求めた後で，それを検証するために，経験的法則を人間本性および外的世界に関する諸法則から演繹的に導出してみせなければならない。すなわちここには，帰納によって導かれた結論を演繹によって検証する，という関係がある。

> 観察から導かれた結論は，少なくとも世界および人間本性の諸法則についてわれわれが知っているものと矛盾しないことが示される限り，それらの諸法則と関係があるものとみなされうる。この方法においては帰納的研究のほうが重要であり，演繹は検証の手段として副次的な地位にあるが，社会学的研究における真に正常な実り多い方法は，まさにこの方法なのである。(Ingram 1878, 59-60)

つまり，イングラムの歴史的方法は，たんなる帰納法ではなく，その一部に演繹の過程を含むものであった。このような方法は，まさにコントが歴史的方法と呼んだものであり，その強い影響を受けて，J. S. ミルが「逆の演繹法あるいは歴史的方法」と名づけて，『論理学体系』第 6 巻のなかに組み込んだものであった[1]。イングラムによれば，

旧派の経済学者(older economists)の研究において，演繹が過度に幅をきかせていたことは疑いないところであるが，アプリオリな仮定からではなく証明された一般化から出発するのであれば，演繹は正当な過程なのだということを忘れてはならない。経済学の適切な方法は，社会学全体の方法と同様に，帰納というよりも，比較として知られる帰納の特殊な形態，とくに(ミルの用語を用いると)「社会系列(social series)」についての比較研究であり，「歴史的」方法と名づけるのが適当なものなのである。(Ingram 1885, 394/訳 306)

　ここでイングラムが「証明された一般化」といっているのは，帰納的研究によって導かれた歴史の発展過程についての経験的法則のことであり，「演繹は正当な過程」といっているのは，逆の演繹法における演繹のことなのである。
　歴史的方法は，実行できる範囲内においてではあるが，未来を予見し，未来との関係で政策を採用するときにも，指針として役立つ。われわれはその特殊な完成様式や発展の速度を修正することはできるが，その基本的な性質を変更することはできない。現代文明と本質的に相容れない社会的要因を注入しようとする試みは，かりに深刻な攪乱を引き起こさないとしても，少なくとも無駄な努力に終わるであろう。したがって，どのような社会的な働きかけの提案も，人間性の自生的な傾向についての分析に基礎を置かなければならないのであって，このことは歴史的方法によってのみ可能なのである(Ingram 1878, 61)。例えば，ヘンリー・メーンやドゥ・ラヴレーによって明らかにされた，集団的土地所有から個人的土地所有への発展という一般的法則を取り上げてみると，現代に集団的土地所有を復活させようとする企ては，全くの夢想だということが分かる。「社会の初期段階にこのような集団的所有が一般的に見られたということから，それが自̇然̇な体制だと主張されることがある。しかし，歴史的方法の示すところによれば，より進歩した段階でそれが消滅するということも同様に自然なのである」(Ingram 1878, 62)。集団

的所有は，以前の時代には有益な目的に寄与したが，後の時代には農業技術を固定させ，社会進歩の不可欠な条件である個人的誘因を阻害することによって，進歩を妨げるものとなった。ロシアのミールのような集団的所有は消滅するであろう，そして個人の専有が一般的な規則になるであろう，というのが無難な予測なのである。イングラムの歴史的方法は，歴史の発展法則を未来まで適用しようとするものであったから，長期の大規模な予測に向かう傾向があった。このような長期・大規模予測をめぐる問題は，20世紀の社会科学方法論において重大な問題になるのである[2]。

社会学の法則への批判

イングラムのこのような主張に対して，シジウィックは，「社会生活の統一性」の観点を批判したときと同様に，社会学という学問がいまだ存在しないことを論拠として反論を加えた。

> イングラム氏とその同調者は，彼らが証明すべき点を幾分見誤っているように思われる。もしわれわれが人間社会の過去の歴史から全体としての社会進化の基本法則を確かめることができ，それによって，われわれの現在の社会的世界が準備している将来の状態の主要特徴を正確に予知することができるならば，この予見を与える科学は為政者にとって高い価値をもつであろう，およびわれわれの現在の経済学を吸収あるいは支配するであろう，ということを示す必要はない。証明されるべきは，この最高に重要な知識をわれわれが掌握しうるということ，この予見を公言する社会学が現実に確立された科学であるということ，これである。
> (Sidgwick 1885, 45)

社会進化の法則ということになれば，経済現象だけではなく社会現象全体が研究対象となる。イングラムは，全体としての社会有機体とその発展の基本法則を研究する分野が社会学であると主張するのであるが，そのような社会学はいまだ姿を現していない。そうである以上，社会学によって発見され

るという社会進化の法則を云々することは、およそ意味がないというのである。

シジウィックに比べると、ネヴィル・ケインズは歴史法則の探究という課題に理解を示しているように見える。第3章第2節で述べたように、ケインズは、「理論的性格をもつ経済学的真理を直接に獲得する基礎を与えること」、すなわち経済発展の一般的法則を歴史的方法によって獲得することを、経済史の機能の一つとして認めていた(Keynes 1891, 254/訳192)。

> 経済の成長および進歩(economic growth and progress)に関連するいっそう一般的な問題においては、抽象的推論が果たす役割は最小限に縮小され、歴史的一般化への経済学者の依存は最大となる。経済の成長および進歩の理論は、実際、経済史の哲学を構成すると言いうるであろう。というのは、継続的な社会段階の直接的な比較によってのみ、われわれは、諸々の経済状態が互いに継起し、あるいは性格上変化するにあたって従う傾向をもつ法則の発見を、合理的に望むことができるからである。(Keynes 1891, 267-268/訳201)

ケインズはこれに続けて、経済発展の問題については演繹的推論が役に立たないことを例示するために、J. S. ミルが『経済学原理』第4編の動態論で行っていた議論を取り上げる。

> 事実、政治科学または社会科学の部門のなかで、経済発展(economic development)の研究よりもアプリオリな方法が役立たない部門はほとんどない。J. S. ミルは『経済学原理』第4編において、社会の進歩が生産および分配に及ぼす影響を論じている。そして彼の方法は、若干の諸要因が不変であると仮定することから始め、次いで他要素の変化の結果を演繹するものである。有効競争という仮説の下で、地代、利潤および賃金の一般的法則にいくらかの付加的な光明が投げかけられるが、その議論は、経済的進歩の真の理論という点では、ほとんど何物も与えな

い。経済状態の発展の様式を研究するにあたっては，経済学者は普通以上に総合社会学的知識に依存するということがすでに指摘された。そしてまた，彼が普通以上に歴史的探究に依存することは，ほとんどその系とみなし得るであろう。(Keynes 1891, 267-268/訳 201)

たしかにミルの動態論は，資本・人口・生産技術，商品価格，地代・利潤・賃金といった経済的要因のみを取り上げ，いくつかの要因が不変であると仮定することから出発するなど，抽象的な演繹的推論という性格のものであった[3]。ケインズによれば，経済の成長・進歩・発展を研究するためには，このような演繹的推論ではなく，与えられるままの歴史的事実を対象として，そのなかに歴史法則を探究するという方法，すなわち歴史的方法が必要になるというのである。つまり，ケインズは，演繹的な経済理論によっては解明できない分野があることを認め，歴史学派の接近法を容認する。もっとも，ケインズ自身は歴史法則の具体例を挙げておらず，それが実際に発見可能であると考えていたかどうかは明らかではない。次節で見るように，ケインズが著書を準備していたころには，すでに歴史学派の側でも，歴史法則の定式化に慎重な議論が主流になっていたのである。

2. 経済発展論の諸相

レズリー，そしてイングラムは，歴史法則の解明を目指すべきであると主張したのであるが，その後の歴史学派は，歴史法則の定式化に慎重になってゆく。早くも 1880 年代初頭に，トインビーがそうした方向を示していた。歴史法則を探究しようとする志向の背後にあったのは，経済過程を静態的にではなく動態的に捉えようとする観点であった。重要な点は，歴史法則というかたちを取らなくても，経済発展の過程について何らかの一般的な議論を行うことはできるということである。つまりイギリス歴史学派は，しだいに歴史法則の探究に消極的になっていったけれども，経済発展の理論そのものを放棄したわけではなかった。カニンガムやアシュレーは，歴史法則の探究

に代えて，二つの研究方向を示した。その第一は，経済発展の動力を探究するという方向であり，第二は，発展段階論を研究上の道具として整備するという方向であった。

歴史法則への懐疑

トインビーによれば，たしかに歴史的方法は，経済的進歩の一般法則を探究することを一つの課題としている。すなわち，歴史的方法は，「一定の国における経済的発展の諸段階を調べるだけではなく，それらを他の諸国および諸時代から得られたものと比較し，そのような比較によって，普遍的に適用できる諸法則を発見しようと努める」(Toynbee 1884, 30/訳7)。トインビーは，このような比較経済学(Comparative Political Economy)による発見の例として，メーンおよびラヴレーによって指摘された「集団的土地所有から個人的土地所有への移行」や，メーンによって提唱された「身分から契約への移行」，いわゆる「メーンの法則(Maine's Law)」を挙げる。しかしトインビーは，これらの事柄に関して，あまり性急に一般化しないようにと注意を促してもいる。というのは，トインビー自身は，個人的土地所有や契約の自由は，むしろ制限される傾向にあると考えていたからである。ここでトインビーの念頭にあったのは，1881年制定のアイルランド土地法をめぐる議論であった。この土地法は，アイルランドの地主の個人的土地所有権や契約の自由を規制しようとするものであった。これに対して，メーンの法則を論拠として，この法律は経済的進歩の法則に背くものであると批判する者がいた。このような主張に対してトインビーは，なるほど身分から契約への運動は存在しているが，しかし詳しく見てみると，この運動の結果である個人の力を制限するために，国家が再三再四介入しなければならなかったことが分かる，と指摘する。すなわち，「発展の真の過程は，まず身分から契約へであり，次いで契約から法律によって定められる新しい種類の身分関係へ——言い換えると，規制されない契約から規制された契約へ——なのである」(Toynbee 1884, 31/訳8)。レズリーやイングラムが，メーンおよびラヴレーの研究成果を歴史的方法による法則発見の例として肯定的に評価したのに対して，トイ

ンビーは，これらについてかなり懐疑的であったといわなければならない[4]。

トインビーはまた，歴史的方法によって経験的法則を求めるだけでは，経済的進歩の法則を獲得することはできないと述べる。

> 歴史的方法は，それだけでは進歩の法則をわれわれに与えることはできない。なぜならば，進歩の法則が依存する非常に多くの事実が，経済学においては，われわれの目から隠されているからである。われわれが歴史的方法というのは，経済史の行程を実際に観察し，この観察から経済的進歩の法則を導くことを意味する。この方法は，演繹の結果を確認するのには非常に有用であるが，それだけでは，進歩の傾向から不完全な一般化を行う危険性がきわめて大なのである。(Toynbee 1884, 128-129/訳 150)

トインビーは，メーンやラヴレーの研究成果について懐疑的であっただけではなく，そもそも歴史的方法によって経済的進歩の一般法則を解明するということ自体に，疑念をもっていたといわなければならない。レズリーやイングラムのような初期の歴史学派は，経済発展の過程を「歴史法則」として定式化しようとした。すなわち彼らは，どの地域にも当てはまる普遍的な歴史法則を発見することができると考え，これを探究することを自らの課題とした。ところが，トインビーになると，そのような歴史法則の発見は可能であるとしつつも，性急な定式化には慎重な姿勢を示すようになったのである。

歴史法則の探究の放棄

カニンガムの場合には，歴史法則の探究そのものが放棄されることになる。カニンガムによれば，「人間の歴史の行程には，物理的自然の行程に類似した機械的な斉一性は存在しない。過去の一般的経験から，未来の予測に役立つ一般法則に到達することはできない」というのである(Cunningham 1882, 414)。

人間社会の物語は，成長と衰退について語るけれども，機械的な規則性は示さないので，われわれは斉一性を仮定することはできない。ところが，そのような斉一性は物理科学のすべての帰納にとって基礎となるものであり，物的現象に関するすべての説明が依拠する基本的仮定となるものなのである。このようにしてわれわれは，この斉一性の仮定を放棄するけれども，歴史現象を説明するためにはそれは必要ないことが分かるといってよい。物的領域でわれわれがある出来事を他の出来事の原因と呼ぶのは，ただそれが何らかの変化の不変の前件だからにすぎない。それが不変の条件であるということによってのみ，それが因果的に結びついていることを知る。他の多くの事例と比較することによってのみ，一つの出来事の原因を検出するのである。(Cunningham 1882, 414)

　すなわち，物的現象間の因果関係とは，ある種類の出来事 x と，別の種類の出来事 y とがつねに継起して現れることを意味する。つねに継起して現れることを知るためには，多くの事例を比較して，出来事 x と出来事 y との間に斉一的な関係があることを確かめなければならない。ところが，歴史の研究においては，そのような斉一性の探究は必要ないというのである。

　歴史においては，それぞれの変化の作用因は，ある人間，または人間集団，または大衆の決意と渇望であったから，われわれが特殊な出来事の真の原因を検出することができるのは，これらの特殊な人間が，その特殊な時と場所において影響を受ける特別な動機を研究することによってである。他の多くの事例と比較しても真の原因に近づくことにはならない。というのは，歴史においては，真の原因は直接的な証拠によって，それぞれの事例においてわれわれに与えられるからである。(Cunningham 1882, 414)

　カニンガムのこの主張は，ケアンズの議論を彷彿とさせる。ケアンズによれば，経済現象の究極的原因の第一は人間の意識であるから，経済学者は，

われわれの心のなかに生起するものを内省することによって，経済現象の原因についての「直接的知識」を獲得することができる。その点で経済学者は，自然現象の研究者よりも有利な地点から出発する。すなわち，「経済学者は究極的原因に関する知識から出発する。彼は研究の出発点において，自然科学者が何年間もの困難な研究の後にようやく到達する地点に，すでに立っているのである」(Cairnes 1875, 87)[5]。カニンガムもまた，歴史的出来事の主要な原因は人間の意識であるとし，われわれはそれについての「直接的な証拠」をもっていると主張する。つまり，それぞれの歴史的事例において，人々がどのように考えて行為したのかを理解しうるとみなしていたのである。この問題については，次章でもう一度立ち返ることにし，ここではただ，カニンガムが歴史法則の探究を放棄したことを述べるだけにしたい。カニンガムは，各国に共通する歴史法則を探究する方法を否定して，自国を基準に他国を研究する方法を提唱するのである。

> 疑いなく，さまざまな国民の間にあるのはたんなる類似性であって，同一性ではない。……それにもかかわらず，もしわれわれが最初にイギリス国民の産業史に集中し，その物語を他国民の典型(typical of others)とすることができるならば，他国民の産業史を研究するためのよりよい位置を占めることになるであろう。(Cunningham 1882, 10)

経済発展論の二つの方向

歴史法則の探究とは別のかたちで経済発展の過程を研究しようとするアプローチには，二つの方向があった。その第一は，経済発展の動力を探究するという方向である。こうした方向は，すでにレズリーの議論のなかにも見られたものであった。レズリーは，個人的自由と所有権の保護，それらに支えられた勤労への動機が経済の発展をもたらした，とアダム・スミスが論じている点に注目した。『国富論』においては，「富裕の自然的進歩とはいかなるものか」という問いだけではなく，「事物の実際の秩序，富裕の実際の進歩およびその原因はいかなるものであったか」という問いも提出されている。

後者の問いに答えるために,「スミスは,歴史現象と世界の現状とを探究し,さまざまな国の実際の経済的進歩や,相続法および所有権の政治的分配の影響や,立法および産業の作用と反作用などの跡をたどった」(Leslie 1870a, 159)。スミスが歴史を通じて知ったのは,個人的自由と所有権の保護を超えて立法が行われるときには,いつも無秩序と窮乏とが現れるということ,貧困の大部分は国家介入のせいであるのに対して,富と繁栄はつねに勤労への自然な動機がその源泉であったということである(Leslie 1870a, 161)。

　カニンガムの議論は,こうしたスミス‐レズリーの系譜に連なるものということができる。カニンガムは歴史研究を通じて,「技能を伴う活動力(skilful energy)」と「忍耐強い先慮(patient forethought)」を,産業の発展を主導した積極的条件(positive conditions)として取り出した。カニンガムによれば,それらが作用する様式は,時代と環境が異なるのに応じて大きく異なる。後者について述べるならば,「忍耐強い先慮とは,将来の利得のために現在の欠乏を我慢しようとする気持ちのこと」(Cunningham 1882, 12)であり,貯蓄や資本形成を促す性向を意味する。安定した社会システムの下では,将来の財産の安全が保証されているから,貯蓄や資本形成が促進される。また,信用制度を通じて,貯蓄した財産を活動的な事業家に融通し,最も利益が上がる経路へと向かわせることも容易になる。しかし,そうした積極的条件がつねに好都合に準備されるわけではない。人間社会の歴史は,成長と衰退の例をどちらも示しており,けっして斉一的な過程ではない。その意味で,どの国にも共通する一般的な歴史法則を発見することなど,望むべくもない。しかし歴史の研究は,「人間の進歩の法則を推測したり,指針を得るための一般的規則を検出したりするための基礎としては役立ちえないけれども,多くの点で有用である」(Cunningham 1882, 415)。なぜならば,一つの特殊な事例から,それと幾分似ている他の事例へと論を進めるアナロジーが,多くの場合に有効だからである。われわれがとにかく少しでも将来について語りうるのは,「過去と現在を比較して,われわれの社会システムのなかに衰退の徴候をたどることができたり,健全で繁栄しそうな萌芽にどこかで気づくことができるからである」(Cunningham 1882, 414)。このようにしてカニンガムは,

経済発展について一般的に語りうるのは，発展の条件についてであるとする。すなわち，発展の条件が十分に存在する場合には顕著な経済発展が見られ，条件が不足する場合には発展が見られないということである。そして，歴史のなかでそれがどのように現れるのかということについては，斉一性を見出すことはできないとしたのである。

経済発展論の第二の方向は，発展段階論を歴史法則としてではなく，いわば研究上の道具として整備する方向であった。つまり，現実を理解するための基準として，段階区分を用いるというアプローチである。例えばアシュレーは，工業の発展過程を研究する方法について，次のように述べる。

> さて従来，工業の発展に関する諸段階を区別するために多くの努力がなされてきたが，その努力は有益であったと思う。有益であったという理由は，ある特定の状態の本質的特質を深く理解するための最善の方法の一つは，それと比較するための，ある他の状態を知ることだからである。もっともそのさい，その区分をあまりに厳密なものと考えないように注意しなければならない。またそれは扱いにくいものであってはならない。すなわちそこには，過渡的・中間的な状態がありうること，言い換えればそのような可能性，否おそらくその蓋然性を十分に認めなければならない。またもちろんわれわれは，あらゆる国がすべての段階を必ず経過するに違いないなどと考えてはならないし，ましてあらゆる職業がそうであるに違いないなどと考えてはならない。(Ashley 1914, 36/訳 45)

そのような諸段階に対して，誤解のおそれのない簡潔な名称を与えることは困難であるが，それらの各段階の本質的特徴を忘れないようにするならば，その言い表し方はいずれでもよい。このように述べたうえで，アシュレーは，工業の発展段階を四段階に区分し，それぞれに次のような名称を与える。すなわち，(1)家族ないし家計制度(family or household system)，(2)ギルドないし手工業制度(gild or handicraft system)，(3)家内工業制度(domestic system or house industry)，(4)工場制度(factory system)，これである

(Ashley 1914, 36/訳 45)。注意しなければならないのは，この発展段階は，歴史法則を示すものではないということである。すなわち，あらゆる国がすべての段階を必ず経過するというわけではないし，一つの段階から他の段階への移行が必然的であるというわけでもない。そうではなく，経済発展の過程を深く理解するために考案された区分だというのである。

　アシュレーによれば，歴史研究において一般化が必要になるのは，専門的歴史家にとってそれが研究上有益だからというだけではない。教養ある一般大衆は，歴史叙述の細部の厳密さにはほとんど無頓着である。彼らが知りたいと思っているのは，個人や出来事がある大きな全体とどのように関係しているか，その意義はいったい何であるのか，ということである。もし訓練された有能な学者が，この自然で賞賛に値する欲求を満たそうとしないならば，能力のない著作家がそれを試みるであろう。もし歴史家が細部の研究に終始して歴史の大きな流れを示さないならば，また経済学者が仮説的な世界の考察に終始して歴史に目を向けないならば，教養ある一般大衆の要求に応えることはできないというのである (Ashley 1899a, 29-30)。

　研究上の道具としての発展段階論という考え方は，カニンガムにも見られる。カニンガムは，社会組織の発展段階を三つに区分する。すなわち，前資本主義的な社会組織，都市における社会組織，および資本主義的な社会組織がそれである[6]。

　　最初にくるのは，前資本主義的な社会組織であり，そこでは自然経済が支配的である。この段階は，家計に適合すると言ってよい。第二段階の組織は都市におけるものであり，その社会条件においては，自然経済が全体として克服され，貨幣の使用と市場での売買の習慣が，共同社会内で親しみ深いものになっている。しかし，住民相互の人間関係に影響するほど一般的に資本が形成されているわけではない。最後に，資本の所有と取引の習慣が社会のあらゆる制度において支配的になっているために，単なる資本ではなく，資本主義，すなわちすみずみまで資本所有が行き渡っている社会組織に至る。(Cunningham 1916, 24/訳 22)

これらの区分は経済的根拠に基づくものであるが，少なくとも，それらが支配地域の広さに関する重大な地理的相違にも適合するという点で，便利な区分であるといえる。家計的組織の大部分は，狭い地域や，狭い地域の集合体に適合する。都市的組織は，より広い範囲の領域に適合し，高度に複雑な経済生活に適合する。国民的組織は，その領域内のあらゆる地域や都市の経済生活を直接支配することができる。他方でそれは，国際協定によって，全世界の経済的条件に間接的な影響を与えるといってよい。カニンガムによれば，これらの区分は，歴史過程を理解するための典型であった。

> とはいえ，このような区分を行う際に，当然留意しなければならないのは，それらは強固で固定した区分ではないし，一国の経済生活をそのなかにはめ込むことができるわけでもないし，ましてや一方が直ちに消滅して他方に場所を譲るというわけでもない，ということである。それらは，実際の諸制度が一致する傾向がある組織の典型（types of organisation）と考えられなければならない。(Cunningham 1916, 25/訳 23)

一つの段階から次の段階への移行は，その大部分が漸進的であり，制度や習慣のなかには，その本来の目的に寄与することを止めた後になっても長い間残存するものがある。したがって，何か参照する基準がないと，複雑な歴史過程を理解することはできない。歴史家は，諸事実を典型と比較し，そのズレを測ることによって歴史過程を理解する。このようにして発展段階論は，歴史法則としてではなく，研究上の有用な道具として保持されることになったのである。

《論争の総括　5》
初期の歴史学派は社会進化の法則を解明しようとし，理論派の経済学者たちはその実行可能性を問題にした。歴史学派のその後の世代は，歴史法則にこだわることなく，それとは別のかたちで経済発展の問題を論じるように

なった。経済発展をめぐる議論の背後にあったのは，理論派と歴史学派との間を隔てていた問題関心の違いであった。一方は，ある特定の歴史的状況を前提として，その仕組みを研究することが最重要な課題であると考えた。そして他方は，歴史的状況の変化そのものを研究することこそが，優先されなければならないと主張した。つまり両派は，経済学研究において最も優先されるべき課題は何であるのか，という問題をめぐって対立していたのである。

　二つのアプローチの相違は，すでに J. S. ミルの議論のなかに暗示されていた。ミルは，『論理学体系』第 6 編で，「特殊的な社会学的研究」と「社会の一般的科学」とを区別した。前者は「社会事情のある一般的条件が前提された場合に，与えられた原因からどのような結果が生じるか」を研究し，後者は「これらの一般的な事情を決定する原因は何であるか……，一般に社会の状態を生じる原因は何であるか，そしてまたこれを特徴づける現象は何であるか」(Mill CW8, 911／訳⑥ 140) を研究する。これらのうち，経済学は前者の「特殊的な社会学的研究」に含まれるものとされた。経済学にとっては，「社会事情のある一般的条件」が前提とされている。その条件とは，土地と資本の私有，賃金労働者の存在，自由競争などである。つまり，ミルが考える経済学は，ある特定の歴史的な状況を前提として研究を進めるものであった。これに対して「社会の一般的科学」は，そのような歴史的状況が生じてきた事情そのものを研究するものとされた。つまりそれは，経済学にとっては与えられたものである状況を，歴史的な大きな流れのなかに位置づけることを課題とするものであった。いうまでもなく，古典派・新古典派は，ミルが考えるような経済学を目指した。これに対して歴史学派は，古典派・新古典派が前提とする状況が生じてきた歴史的過程そのものを解明しようとした[7]。方法論争は，イギリスの経済思想のなかに潜んでいた対立を顕在化させるかたちで，展開されたのである。

　このようにして，優先すべき課題をどのように考えるかということが方法論争の係争点となったのであるが，両者のアプローチは必ずしも二者択一的なものではなく，同時並行的に進めてもよいものであった。しかし，それぞれの研究者が，自分の取り組んでいる研究こそが最も意義のあるものだと考

えたのも，自然なことであった。異なる関心と適性をもつ両派の研究者が，互いの研究の意義を認め合うまでには，相応の時間がかかった。自分たちとは異なるアプローチに対して寛容な態度を示すことができるようになったのは，方法論争という衝突を潜り抜けてからだったのである。

1) ミルの下で，歴史的方法は演繹法の一種とされた。その論拠について，アシュレーは次のように述べている。まず歴史的証拠からの一般化によって，人類の思弁的能力の進歩が他の社会的要素の変化を支配する，という経験的法則が獲得される。したがって，人類の思弁的能力の進歩の仕方を人間本性という究極の要素から演繹できるならば，この経験的法則を中間原理として，究極の要素と複雑な現象とを結びつけることができる。このようにしてミルは，「なるほど逆の演繹法ではあるけれども，歴史的方法を演繹法と名づけることができるようになった」(Ashley 1909, xvi)。
2) ポパーのいう歴史主義(historicism)は，イングラムには当てはまる。ポパーによれば，「「歴史主義」とは，歴史的な予測が社会諸科学の主要な目的であり，またその目的は歴史の進化の基底に横たわる「律動」や「類型」，あるいは「法則」や「趨勢」を見出すことによって達成しうると仮定するところの，社会諸科学に対する一つの接近法である」(Popper 1961, 3/訳 17-18)。しかし，イギリス歴史学派に一般的に当てはまるとはいえない。
3) ミルの動態論については，佐々木(2001a, 312-316)を参照されたい。
4) アシュレーもまた，19世紀末以降，国家が自由契約の原則に介入することを支持する思想が台頭してきたと述べる(Ashley 1914, 167/訳 212-213)。
5) ケアンズの議論の詳細については，佐々木(2001a, 220-223)を参照されたい。
6) 第三段階は「国民的組織のタイプ」とも呼ばれる(Cunningham 1900, 245/訳 487)。
7)「ミルは経済学を，自由競争の存在を仮定する仮説的科学とみなしている。彼の見解によれば，経済学がいやしくも科学の名に値するのは，この仮定に基づく場合のみである。このゆえに彼は，諸個人の競争のメカニズムを取り扱い続け，社会発展といういっそう大きな問題はあたかも科学の領域外にあって，体系的に論ずることができないものであるかのように語り続けた」(Cunningham 1894b, 319)。

第6章　歴史的事実を説明するには
どうすればよいのか
——説明の個別性

1. 歴史的説明

　説明(explanation)が科学の課題の一つであるということは，広く認められている。説明とは，通常は「なぜ」という問いに対する答えを意味する。しかし，理論的研究の場面と歴史的事実を研究する場面とでは，説明の意味が若干異なっている。経済理論においては，より一般的な法則と任意の限定された状況とを前提として，より特殊な法則を演繹するという仕方で，なぜその法則が成り立つのかを説明する。これに対して，歴史学派が主として関心をもったのは，法則の説明ではなかった。彼らは，特定の時期と場所における個別的な事実に関心をもち，なぜその出来事が起こったのかを説明しようとした。もちろん，経済理論家といえども，法則の説明にのみ関心をもっていたわけではない。理論派の経済学者たちもまた，事実の説明を試みた。しかし理論派は，事実を説明するということは，それを一般法則の一例として示すことであると考えていた。関心の中心にあったのは，あくまでも一般的な経済法則であった。経済法則の例証にならないような事実は，関心の網に捉えられることがないので，研究対象から抜け落ちてしまうのである。歴史学派の接近法は，法則の例証になるかどうかにかかわらず，個性的な事実そのものに注目するという特徴をもつ。「最初に事実を得て，そしてそれらを説明する」という研究方法である。つまり両派は，説明ということについて，異なった接近法を採用していたのである。

事実の説明と法則の説明

すでに J. S. ミルは，事実の説明と法則の説明とを区別して，次のように述べていた。事実の説明とは，その原因を指摘すること，すなわち，その事実の起こることがその一事例であるような，因果法則を指摘することであり，法則の説明とは，他の法則からその法則を演繹することである(Mill CW8, 464/訳 319-320)。例えば，ある特定の時期と場所における地代の増減を説明することは，事実の説明であるが，収穫逓減の法則などから差額地代の法則を導くことは，法則の説明ということになる。後者の場合には，説明するもの(収穫逓減の法則など)だけではなく，説明されるもの(差額地代の法則)も，一般性の程度は異なるとしても，なお一般法則なのである。われわれは先に，リカードウの推論の形式を，「状況 S の下で，原因 C が作用するならば，結果 E が生じる」と表すことができると述べた。例えば，「状況 S の下で，資本蓄積が進行するならば，地代が増加する」などである。この場合の状況 S には，農業において収穫逓減の法則が作用しており，それを凌駕するような農業技術の進歩は起こらない，という条件が含まれている。「状況 S の下で，資本蓄積が進行するならば，地代が増加する」という関係は，ある特定の事実に関するものではなく，一般的に成り立つ経済法則を表している。しかしそれは，収穫逓減の法則などの，より一般的な法則に比べるならば，より特殊な状況の下でのみ成り立つ限定的な法則を表している。つまり経済理論においては，より一般的な法則と任意の限定された状況とを前提として，より特殊な法則を演繹するという仕方で，なぜその法則が成り立つのかを説明している。

しかし，歴史学派の関心は，法則の説明ではなく，事実の説明に向いていた。先駆者リチャード・ジョーンズもまた，個別的な事実の説明を重視していた。『地代論』においては，例えば「フランスにおける分益農地代の成立」といった歴史的事実を説明しようとする試みが随所に見られる。農業者地代を取り上げる場合にも，農業者地代を決定する一般法則そのものよりも，「イギリスにおける地代の増加」という事実の説明のほうに，より強い関心をもっていた。ジョーンズによれば，農業者地代が成立している場合，地代

が増加しうる原因は次の三つであった。

> 第一に、耕作に用いられる資本の蓄積量の増加から生じる生産物の増加、第二に、すでに使用されている資本のより効率的な充用、第三に、（資本および生産物が同一であるとして）その生産物のうちの生産階級の分け前の減少と、これに対応する地主の分け前の増加、これである。これらの諸原因は、さまざまな割合で結合されて、資本家によって耕作される一国の地代の増加をもたらすのである。(Jones 1831, 189-190/訳 181)

　第二の原因は、農業技術の進歩によるものであり、第三の原因は、収穫逓減に基づくものであった。周知のように、第三の原因はリカードウが強調したものであるが、ジョーンズも、他の事情が同じならば、すなわち収穫逓減を凌駕するような農業技術の進歩がないならば、この原因によって地代の増加が起こることを認めていた。しかし、事実を説明する場合には、「他の事情が同じである」と仮定することはできない。ジョーンズは、イギリスにおける地代の増加という事実の原因を探究し、農業技術の進歩がその原因であったという結論を導いた。リカードウ自身も、農業技術の進歩によって収穫逓減の作用が停止される場合があることを認めていた。したがって、ジョーンズのリカードウ批判は、地代の法則という点では、「リカードウ自身によってすでに予知され反駁されていたものであった」(Schumpeter 1954, 822)ということもできるのであるが、ジョーンズがここで問題にしていたのは、個別的事実の説明であった。ジョーンズにとって問題であったのは、他の原因によって妨害されない場合の結果ではなく、個別的事実を成り立たせている原因は何か、作用している諸原因のなかで決定的な影響を及ぼすのはどれか、ということだったのである。

　マルサスがジョーンズによるリカードウ攻撃の行き過ぎを批判したのも、農業技術の進歩をどう評価するかという点に関係していた。マルサスは、1831年5月31日付けのヒューウェル宛の手紙のなかで、次のように述べている。

私はいま，リカードウ氏に対する逆風があまりにも強くなっていることに，危惧の念を抱いています。そして，ジョーンズ氏は正しい方向をやや逸脱している，とさえ思います。リカードウ氏が地代増加の唯一の原因として農業資本の収穫逓減を力説する点は，たしかに全くの誤りなのですが，ジョーンズ氏はそのことを示そうとするあまり，農業や製造業における改良によって阻止されない場合には，ある制限された範囲内で，そのような収穫逓減の自然的傾向が作用するという疑うことのできない真理をも否定しようとしているように思われます。(in de Marchi and Sturges 1973)

つまり，リカードウやマルサスは，他の原因によって阻止されない場合には，収穫逓減の法則が成り立ち，したがって差額地代の法則が成り立つことを強調した。このようなアプローチは，理想化された状況を想定して考察する理論派のアプローチであった。これに対してジョーンズは，あくまでも与えられた事実そのものを説明しようとした。その場合，観察される事実の表面では，収穫逓減の法則は否定されることになる。ジョーンズの観点からすれば，「イギリスにおける地代の増加」という個別的事実を説明するものは農業技術の進歩であった。農業技術の進歩が収穫逓減の傾向を克服していると考えられたからである。

事実の説明についての二つの接近法
しかし経済理論家といえども，法則の説明にのみ関心をもっていたわけではない。理論派の経済学者たちもまた，事実の説明を重視していたというべきである。しかし，方法論争の時期に明らかになったのは，理論派と歴史学派とでは，事実の説明についての接近法が違っているということであった。概して理論派は，事実を説明するということは，それを一般法則の一例として示すことであると考えていた。例えば，特定の物価騰貴という事実を，「流通貨幣量が増加するならば，物価が上昇する」という一般法則，すなわ

ち「貨幣数量説」によって説明する場合を取り上げてみよう．その場合，物価騰貴が貨幣数量説の一例であることが示されるとき，その物価騰貴は説明されたものと考えられる．これについて，ネヴィル・ケインズは次のように述べている．

　　仮説と抽象はある目的に対する手段としてのみ用いられる．この科学の究極目的は，現実の産業世界の諸現象の説明と解釈である．……例えば，流通する貨幣量がある国の一般的物価水準に及ぼす結果は，ヘンリー8世とエドワード6世の治世下での通貨の改悪およびテューダー朝期のアメリカにおける貴金属の大発見から，フランス革命期のアシニャ紙幣の歴史から，イギリスの銀行制限の時期から，そして，19世紀におけるオーストラリアおよびカリフォルニアでの金発見から，例証されるであろう．(Keynes 1891, 255/訳 193)

　ケインズによれば，経済学の究極目的は現実の諸現象の説明と解釈である．その目的が果たされるのは，現実の諸現象が経済法則の例証となることが示されるときである．ここで重要なのは，関心の中心にあるのが，あくまでも法則や理論だということである．

　これに対して歴史学派は，なによりもまず特定の事実そのものに注目する．そして，それを引き起こした諸原因を探究する．歴史家が関心をもつ事実は，複数の原因がからみあって起こる複合的事実である場合が多く，一つの経済法則の例証とされるには複雑すぎるのが普通である．また，それに影響を及ぼした原因は，経済的原因に限られるわけでもない．最後の論点について，レズリーは次のように述べる．

　　演繹的経済学者は，哲学において許される孤立化の方法(method of isolation)を全く誤解している．分野を狭めることが本質的に望ましいとか科学的であるとかいうことではないが，人間の能力が限られているために，分業や国民的富の性質・量・分配といった経済現象を特殊な検討

の主題にすることは，それらに影響を及ぼすすべての原因が考慮されるのであれば，正当であるといえる。力が実在のものであってたんなる抽象ではない場合でさえ，一つの力を孤立化し，それのみから富の法則を演繹することは，ただ誤謬へと導くのみであり，根本的に非科学的なのである。(Leslie 1879b, 404)

つまり，人間の能力は限られているから，社会現象全般ではなく，富の現象のみを主題とするのは正当である。しかし，それに影響を及ぼす原因を一つに絞り込むことは正当ではない。経済現象といえども，それに影響を与える諸原因のなかには，道徳的・知的・政治的・宗教的なものもあるのだから，それらを考察から除外するべきではないというのである。したがって，「説明の個別性」の観点は，「社会生活の統一性」の観点と結びついていることが分かる。

個性的な事実の説明

個性的な事実に関心をもち，それを引き起こした諸原因を探究するという「説明の個別性」の観点は，歴史学派の実質的な研究を導くものでもあった。歴史学派はこの観点に従って，経済史の研究を進めていった。この種の研究の実例として，われわれは，まずトインビーの研究を挙げることができる。トインビーにとって，歴史的方法の課題の一つは，個性的な出来事を説明することであった。古典派の演繹法では，ある前提から結論を推論する。例えば，分配の問題を考える場合には，私有財産制や自由競争などの状況を仮定し，そのような状況において賃金・地代・利潤がどのように決定されるのかということを推論する。これに対して，

歴史的方法は異なった研究方針をとる。それは，経済発展の現実の諸原因を検討し，中世の同職組合，わが国の現行土地法，あるいは一定の国の政治体制といったような制度が，富の分配の決定に対して及ぼす影響を考察する。歴史的方法の助けを借りなければ，例えば連合王国におけ

る土地の半分が，なぜ2512人によって所有されているのかを理解することはできないであろう。(Toynbee 1884, 29-30/訳6)

　例えば，18世紀におけるヨーマン(独立自営農民)階級の没落と大土地所有制の成立という出来事は，どのように説明されるのだろうか。トインビーによれば，これを説明するのは，主として1688年の名誉革命後に現れた特殊な政治的・社会的状況であった。すなわち，名誉革命によって政治権力を握ったのは土地を有するジェントリーであったから，その自然な結果として，政治的権勢の基礎である土地が熱心に求められるようになった。このころ台頭しつつあった富裕な商人階級も，地主となることによって初めて政治権力と社会的地位とを獲得しえた。地主階級は商人階級と婚姻によって結びつき，土地購入の資力を獲得した。このようにして形成された新しい貴族たちは，ヨーマン階級からの土地の買い取りを進めるとともに，政治権力を利用して共有地を解体し，ヨーマンの経営が成り立たないようにしてしまった。要するに，名誉革命後，政治権力と社会的威信の基礎として土地が圧倒的な重要性をもつに至ったこと，および商人階級が大きく成長し，これが地主階級と結びついたことが，土地所有関係の変化を引き起こした(Toynbee 1884, 62-65/訳57-61)。したがって，このような歴史上の出来事を説明するためには，経済的原因だけではなく，政治的原因などの非経済的原因も含めて，その原因を歴史のなかに探し求めなければならないというのである[1]。

　「説明の個別性」の観点を示す研究として次に注目したいのは，ロジャーズの『解釈』である。第1章で述べたように，1879年に出版されたレズリーの論文集『政治・道徳哲学論集』の書評で，ロジャーズは，「諸事実を諸原因にまで遡及すること」が歴史学派の課題であると明言した。しかも，遡及されるべき諸原因のなかには，経済的な原因だけではなく，政治的な原因なども含まれていた。このような歴史学派の観点を自らの方針として，ロジャーズは晩年の代表作『解釈』へと進んだ。ロジャーズのいう「歴史の経済的解釈(economic interpretation of history)」とは，歴史の経済的側面に関する解釈ということであり，その場合の解釈とは因果的説明のことであっ

た。つまり，歴史上の経済的事実を取り上げて，それを生じさせた経済的・非経済的な原因を探究すること，これが「歴史の経済的解釈」の意味である。ロジャーズ自身の言葉を用いるならば，歴史の経済的解釈とは「社会的事実を吟味し説明すること」(Rogers 1888, ix)にほかならなかった。しかし，われわれが「歴史の経済的解釈」という言葉を聞くときに思い浮かべるのは，通常はこのような意味ではないであろう。つまり，歴史上の政治現象などを経済的な下部構造から解釈する，という方法を思い浮かべるほうが普通かもしれない[2]。その意味で，ロジャーズの用法は誤解を招きやすいものではあったが，この言葉が晩年の代表作の標題に掲げられたのである。

『解釈』を形成する諸章は，1887～1888年にオックスフォード大学で行われた講義に基づくものであったが，ロジャーズはその講義のテーマについて次のように述べている。

> 漠然とではあるが，多くの人々は，目の前にある窮乏の大部分は，特定階級の利害に沿って制定され維持されている法律の直接の産物であるという印象をもっている。全体として，彼らは正しい。社会を悩ませている問題の多くは，その歴史的起源をもっている。現在の原因もあるが，相対的に稀である。
> そこで私は，他のところで行ったように，社会的事実を吟味し説明することを，この一連の講義における私の仕事にしようと決心した。
> (Rogers 1888, ix)

1860年代からの研究で，ロジャーズは，15世紀から16世紀初頭と比べて，18世紀後半から19世紀の労働者の生活水準は低下したという結論に達していた。ロジャーズが『解釈』で明らかにしようとしたのは，労働者の貧困という事実の歴史的原因であった。

この問題に関するロジャーズの記述は14世紀から始まる。イギリスでは，1348年から断続的に黒死病(ペスト)が流行し，そのために人口が激減した。この人口減少に伴って働き手の不足という事態が生じ，土地所有者に対する

労働者側の交渉力が著しく強くなった。その結果，農奴の賦役の金納化，地代の低下，賃金の騰貴といった労働者に有利な状況が生まれることになる。ロジャーズによれば，黒死病は，

> 人口のほとんど3分の1を殺した。労働の賃金は即座に倍増し，大土地所有者の破滅が差し迫っているように思われた。資本家的農業の利潤は20パーセントからゼロに減った。ところで，大土地所有者は，彼が売らなければならないものの高価格を損害とはみなさなかったが，彼が買わなければならないものの高価格は耐えがたい悪事であると考えた。そこで彼は，自分の富を保護したり回復したりするために，国政――すなわち，行政と議会――を利用した。(Rogers 1888, 22)

このようにして，エドワード3世23年(1349年)の立法を嚆矢とする一連の「労働者規制法(Statute of Labourers)」が制定される。労働者規制法は，賃金を黒死病流行以前の水準まで引き下げるべきことを定めるなど，総じて旧秩序を回復しようとするものであった。しかし，ロジャーズによれば，これらの労働者規制法は成功しなかった。労働者の抵抗がその企図を挫いたというのである。1381年に起こった「ワット・タイラーの反乱」は，領主層が労働者を強制的に旧来の地位に引き戻そうと企てたことに対する抵抗であった。この反乱以降，農奴解放がしだいに進み，それは領主層の私利私欲から生じた規制法に抵抗する労働者の力をさらに強化することになった。その結果，労働者規制法は失敗し，15世紀から16世紀初頭にかけて，イギリスは「まさに労働者の最良の時代(the very best age of the workman)」を迎えることになった(Rogers 1888, 34)。そしてロジャーズは，「タイラーの反乱の物語は，すべての通常の歴史書で十分詳細に語られている。そして現代の歴史書は，私がその反乱の原因と帰結について20年以上前に出版した証拠を，暗黙のうちに受け入れている」(Rogers 1888, 30)として，自説の普及を誇るのである[3]。

労働者の最良の時代が暗転するのは，テューダー朝のヘンリー8世(在位

1509～47年)以降の時代であるとされる。イギリス国教会を樹立した国王として知られるヘンリー8世は，経済史という観点から見ても，重要な役割を果たした人物であった。ロジャーズによれば，労働者の窮乏化をもたらしたのは，貨幣の悪鋳，それに続く物価騰貴，ギルド財産の没収，治安判事による賃金の決定という四つの原因であった。貨幣の悪鋳は，国王の強欲から生じたとされる。「イギリス史全体のなかで，ヘンリー〔8世〕ほど常軌を逸して，かつきまぐれに浪費した君主はいなかった」(Rogers 1888, 35)。ヘンリー8世は，修道院の土地を没収・売却しただけではなく，さらに人民から財産を奪おうとした。その最も効果的な方法が低品位貨幣の発行であったという。貨幣の悪鋳は，エドワード6世(在位1547～53年)の治世にも行われ，そのために激しい物価騰貴が起こった。ロジャーズによれば，「食料は2と4分の3倍に上昇した。すなわち，変化のあとの16シリング6ペンスは，以前の6シリングにすぎない。そして，賃金はほとんど変わらなかった」(Rogers 1888, 240)。これは労働者の実質賃金が大幅に低下したことを意味する。

　人民の貧困を増大させた第三の原因は，エドワード6世の時代に行われたギルド財産の没収であった。ロジャーズによれば，ギルドは中世の共済組合であり，貧困者を保護するものでもあった。「賞賛に値する見通しを備えた最良の労働者は，共済組合(benefit societies)あるいは労働組合事業(labour partnerships)のいずれかを通じて，自分自身の保険を実現しようとしている。中世においては，労働者は彼らの同業組合(guilds)を通じてそれを行った。同業組合はイギリスのいたるところで，自分たち自身の要求に従って慈善事業のために土地と家屋を購入した」(Rogers 1888, 20)。しかし，9歳で即位したエドワード6世を補佐した廷臣たち，とくにサマセット公が，ギルド財産の横領行為を行ったというのである(Rogers 1888, 240)。

　人民を苦境に陥らせた第四の原因は，エリザベス(在位1558～1603年)の治世に行われた賃金への介入であった。「四季法廷の評価によって，労働者と職人(artizan)の賃金が固定され，治安判事が認めた額以上を受け取った者や支払った者は厳しく罰せられた」(Rogers 1888, 240)。ロジャーズによれば，この政策は，貧民の困窮を頂点にまで高め，貧困状態を不可避にし，窮乏を

普遍的なものにした。「私の判断では、エリザベスのこの法律は、イギリスの法令全書のなかで最もいまわしいものである。というのは、貧者のすべての権利を、生きる権利さえもなぎ倒したからであり、完全に地代の利益に沿うものだったからである」(Rogers 1888, 241)。つまり彼によれば、治安判事による賃金への介入は、農業労働者を雇用する土地所有者の利益のために行われたというのである[4]。

ロジャーズに対するアシュレーの批判

ロジャーズによる歴史の経済的解釈は、他の歴史学派の論者にとっては、高く評価できるものではなかった。これについて、アシュレーは次のように述べる。

> ロジャーズ氏は、選択した事実を適合させる理論を構築するのではなく、「社会的事実の歴史を吟味し説明すること」、すなわち最初に事実を得て、そしてそれらを説明することを、自らの仕事にしようと決意する。彼が語るところによれば、「正しく解された経済学は、すべての社会的条件の解釈なのである」。ここまでは、われわれの多くが彼に同意するであろう。(Ashley 1889b, 392)

この引用文に続けてアシュレーが述べるのは、実質的な説明の内容に関してはロジャーズに賛成できないということである。『解釈』におけるロジャーズは、経済理論を例証するために事実に訴えるのではなく、まず注目すべき事実に目を向けて、それを引き起こした歴史的原因を探究しようとした。こうした姿勢は、われわれが「説明の個別性」と呼ぶ歴史学派の観点を示すものということができる。しかも、経済的事実を説明するさいに、政治がその原因になったことを指摘する点で、「社会生活の統一性」の観点も示唆されている。しかし、貧困状態の起源に関するロジャーズの説明は、かなり単純な図式で構成されているといわなければならない。すなわち、テューダー朝の国王とその廷臣たちの強欲が、貨幣の品位低下、物価騰貴、ギルド

財産の没収，賃金の低下を引き起こし，それらが人民の貧困状態をもたらしたというのである。先の引用文に続けて，アシュレーは次のように述べる。

> 不幸なことにロジャーズ氏は，特定の研究方法を採用するべきだと信じているだけではなく，すでにその助力を得て，現代のイギリスにおけるすべての困難に関する説明を見出したと考えている。現存する「窮乏の大部分は法の直接の産物であり，その法は特定階級の利害に合致するように制定され保持されている」，すなわちその窮乏は，不正義の罪を犯したことを知るべきであった人々の側での永続的な悪行によるものである，というのがその説明である。……そのような結論は，ロジャーズ氏の古い急進主義の残滓あるいは産物のように思われる。彼はその初期の見解をかなり修正したけれども，彼にとってなお自然であり心地よいものであるのは，国王・廷臣・土地所有者の側に，われわれのすべての苦悩の源泉を見出すことなのである。たとえ国王と土地所有者が枯渇した源泉にすぎないものであるとしても，そうなのである。(Ashley 1889b, 392)

歴史学派の観点を示しつつも，単純な反国王・貴族の図式に還元するロジャーズの説明内容は，他の歴史学派の論者には受け入れがたいものであった。アシュレーによれば，たしかに，ヘンリー8世以降の時代に物価騰貴が起こったが，「それは新世界からの貴金属の流入によるものであり，この一原因は，イングランド王とその廷臣の強欲とは少しも関係がない」(Ashley 1889b, 401)。またロジャーズは，多数の農民が土地を失うことになった囲い込みの影響を副次的なものとみなしている。すなわち，「牧羊，地代引き上げ，そして農場統合の企てが，災難を増大させた可能性はある。しかし，私が完全に確信しているのは，上記の4原因がそれを十分に説明するということである」(Rogers 1888, 243)。さらに，産業革命による手工業者の失職や，婦人・児童労働の拡大に伴う弊害にも言及していない。こうしたことを考慮するならば，ロジャーズの『解釈』は，貧困状態を生み出した原因に関する歴

史研究として，けっして十分なものではなかったといわなければならない[5]。

とはいえ，ロジャーズによる歴史の経済的解釈は，その説明の内容について見れば，歴史研究者からの賛同を得られるものではなかったかもしれないが，「説明の個別性」という歴史学派の観点を示していたことは確かである。注目したいのは，「最初に事実を得て，そしてそれらを説明する」という研究方法をアシュレーも支持している点である。この研究方法は，本書第4章第1節で取り上げた従来のロジャーズの方法，つまり経済法則の例証として歴史的事実を取り上げる方法とは，明らかに違っている。ここでロジャーズが関心をもっているのは，一般法則を例証することではなく，個性的な事実を説明することなのである。もちろん，個性的な事実を説明するさいに，その手段として一般法則が利用されることはある。例えば，歴史的事実 x と y との間に因果関係を認めることができるのは，「x が起こるときには，つねに y が起こる」という一般的関係を知っているからである[6]。しかしその場合には，一般法則は歴史的事実を説明するための手段になっていることを忘れてはならない。違いを明らかにするために，リカードウの方法と対比してみよう。リカードウは経済学の原理を解明するために，他の事情によって妨害されない場合を想定して，ある原因が作用するときに，どのような結果が生ずるのかを考察した。つまり，リカードウの場合には，ある一つの原因に注目して，その結果を明らかにするというアプローチが採用されている。これに対して，歴史学派においては，歴史的事実という一つの結果に注目して，それを引き起こすに至った諸原因を明らかにするというアプローチが採用されるのである。歴史的に個性的な事実は諸要素の複合体であるから，それを生み出した原因も複数あると考えられる。したがって，歴史学派のアプローチは，リカードウとは逆に，第一に，結果から原因へと遡及し，第二に，一つではなく複数の原因に行き着く，という特徴をもっている。歴史学派は，経済法則あるいは経済理論を否定するわけではない。そうではなく，歴史研究においては，経済法則あるいは経済理論が主役の座を降りて，個性的な事実を説明するための手段になると考えるのである。

ロジャーズに対するエッジワースの批判

いま述べたことを,さらに明白にするために,エッジワースによる『解釈』の書評を取り上げよう。エッジワースによれば,科学に対するロジャーズの貢献は,四つの項目からなっている。すなわち,(1)過去の経済的事実を新たに発掘したこと,(2)歴史的事実の解釈,すなわち事実間の因果連関を追跡したこと,(3)経済法則を例証したこと,(4)経済学の論理的方法に関する指針を与えたこと,これである[7]。この分類は,おおむね適切であるといえる。われわれにとってとくに問題となるのは,(4)の項目である。当代を代表する経済理論家の一人であったエッジワースは,理論に対するロジャーズの姿勢を批判する。エッジワースによれば,ロジャーズは,リカードウをはじめとする経済理論家を激しく攻撃するけれども,実際には理論の役割を認めているというのである。

> ロジャーズ教授がとくに大胆に経済理論を利用するのは,現在を解釈し未来を予想するために理論を用いるときだけではない。過去を再構成するために理論を用いるときにも,そうするのである。かくして彼は,14世紀初頭の飢饉の後に賃金率が高かったということから,相当な人命の損失があったに違いないと推論するのである。(Edgeworth 1888, 396)

ロジャーズが「需要・供給の法則」に基づいて,賃金率の高騰という事実から労働供給の減少という事態を推論したのは確かであろう。先に述べた通り,歴史学派のアプローチにおいても,個性的な事実を説明するさいに,その手段として一般法則が利用されることを否定するわけではない[8]。とくにロジャーズの経済史研究は,他の歴史学派の研究と比べて,物価や賃金の動向に関心を向ける度合いが強かったから,経済理論の応用にも適していたといってよい。したがって,方法論上の発言はともかく,実際の経済史研究においては経済理論を利用しているのであるから,その限りでは「ロジャーズ教授と,広く受容されている現代の経済学者との間には,真の不和は存在しない」(Edgeworth 1888, 396)ということもできる。しかし,この場合でさえ経

済理論の応用は，過去を再構成する試みの一部でしかないということに注意しなければならない。賃金率の高騰という事実から労働供給の減少という事態を推論しただけでは，飢饉の後の事態を再構成することにはならない。それ以外にも，この事態を生み出した諸原因に関する多くの知識が必要になることはいうまでもない。要するに歴史学派のアプローチの特徴は，歴史的に個性的な事実に注目し，それを引き起こした多様な原因を明らかにするという点にある。それは，一般的な法則を明らかにする，あるいは法則を事実によって例証するという理論派のアプローチとは，関心の向きが違うのである。

2. 説明の性格

　第4章第2節で，経済理論の性格をめぐってカニンガムとマーシャルが対立したことを見た。カニンガムにとって，経済理論とは交換現象を分析するための定義を与えるものであり，時間的継起を含まないものであった。時間を通じた変化は，純粋経済理論ではなく，経験的研究の課題であると考えられていた。時間を通じた変化が問題にならないとすれば，因果関係もまた問題にならない。これに対して，マーシャルの経済理論は時間を通じた変化を問題にするものであり，因果関係という観点を重視していた。カニンガムとマーシャルは，因果関係の考察を純粋理論の課題とみなすのか否かをめぐって対立した。しかし，因果関係をめぐる問題は，純粋理論をどう考えるかということだけではなく，経験的研究の性格にも関係していた。カニンガムは，経験的研究において時間を通じた変化を考察しながら，そこからも因果関係という捉え方を排除しようとした。彼は，ある特定の経済的事実を取り上げて，それを説明することが経験的研究の課題であるとする点で，「説明の個別性」という歴史学派の観点を保持していた。しかし，その説明を因果的説明とはみなさなかった。その意味で，「説明の個別性」の観点を共有しながらも，説明の性格については，他の歴史学派の論者とは異なる独特の見解を示したのである。

事実の孤立化と原因の孤立化

カニンガムは，経験的研究に関する自らの方法とマーシャルの方法との相違について，次のように述べる。

> われわれすべてが同意するのは，現象を研究することが経済学者の目的であり，経済学者は時間とともに一定の変化が生じる理由を理解したいと思っている，ということである。すなわち経済学者は，個人的あるいは国民的な富について知りたいと思っているし，それが増加したり減少したりする仕方を理解したいと思っている。しかし，これに成功するためには，複雑な社会現象を分解し，現象の特定の集まりを孤立化させなければならない。ここまでは，すべての人が同意する。しかし，決定的な問題がここに現れる。われわれは何を孤立化させるべきなのか。われわれは，(1)経済現象を孤立化し，それらを出現させた条件を探求することもできるし，(2)経済的原因を孤立化し，それらの結果をたどろうとすることもできる[9]。(Cunningham 1892a, 33)

カニンガムは，マーシャルの陣営を正常派 (normalists) と呼ぶ。そして，歴史学派と正常派との相違の核心がまさにここにあるというのである (Cunningham 1892a, 34)。カニンガムによれば，歴史学派と正常派との違いは，一方が帰納法を支持し，他方が演繹法を支持するということではない (Cunningham 1892a, 30)。そうではなく，歴史学派が特定の経済現象から出発してそれを説明しようとするのに対して，正常派は経済的原因から出発してその結果をたどろうとする。ここに両者の根本的な相違があるというのである。カニンガムによれば，個性的出来事の説明が歴史的研究の課題である。抽象的なモデルを構築する理論的方法では，経済的原因を孤立化し，他の事情が同じ場合に，その原因がどのような結果をもたらすかを考察する。これに対して，歴史的方法では，現実に起こった経済現象に注目して，それをもたらした諸要因を明らかにする。その要因のなかには，経済的な要因だけではなく，政治的・宗教的その他の要因も含まれる。理論的方法と歴史的方法の相

違は，まさにここにあるというのである．

> 歴史家は一群の事実を孤立化し，それらを説明しようとする．正常派はある動機を孤立化し，これらを測定し，これらの動機が作用する法則を定式化しようとする．マーシャル教授は，経済学は測定可能な動機についての科学であると記している．繰り返すが，両者の扱い方における相違の要点は，まさにここにあると思われる．事実を無視していると非難したり，すべての理論を放棄していると非難したりするのは，根拠のないことである．事実も理論もともに，どちらの見地に立っても必要なのである．しかし，正常派にとっての経済理論は経済的「原因」についての理論であるが，歴史家にとっては，それは経済現象を記述し，分析し，説明するのを助ける道具なのである．(Cunningham 1892a, 34)

いま要素的な出来事を x および y とし，複合的な出来事を X および Y と表記しよう．「x_1 ならば y_1」「x_2 ならば y_2」…「x_n ならば y_n」という要素的な関係があり，$y_1, y_2, \cdots, y_n$ の混合として出来事 Y があるとしよう．カニンガムによれば，経済史家は具体的な経済現象 Y に注目し，それを出現させた諸条件を探究しようとする．経済現象 Y は $y_1, y_2, \cdots, y_n$ の混合であるから，Y を出現させた諸条件というのは $x_1, x_2, \cdots, x_n$ である．そのなかには経済的要因だけではなく，非経済的要因も含まれる．したがって経済史家は，経済現象 Y を孤立化して研究するのであるが，それを出現させた諸条件を探究するさいには，非経済的要因を排除することはしない．これに対して正常派は，経済的原因 x_1 に注目し，その結果である y_1 を探究しようとする．つまり，「状況 S の下で，x_1 ならば y_1」という法則を探究する．そのため，正常派は抽象的な理論の構築に向かうことになり，現実の出来事を説明することはできない．これが，カニンガムの主張であった．ここまでは，歴史学派の多くに共通する「説明の個別性」の観点を示すものということができる．カニンガムの特異な点は，説明から「原因」の概念を排除しようというところにあった．

経済現象を孤立化する方法

　カニンガムは，経済現象 Y を出現させた諸条件 $x_1, x_2, \cdots, x_n$ を「原因」と呼ぶべきではないと主張する。ではなぜ，原因という表現は不適切だというのであろうか。それは，原因という言葉の含意によって，経済現象に斉一性があるかのように誤解される危険性があるからだという。因果関係の法則は斉一性を含意する。したがって，われわれが何らかの現象について因果関係の法則を言明するとき，われわれの言明の形式そのものによって，その法則はすべての既知の現象に当てはまる，ということが含意されるように思われる。しかし，人間社会の諸条件，したがって人間社会における売買契約の諸条件は，つねに修正されている。産業技術は静止していない。政治生活は変化に満ちている。現行の道徳性は高められたり低められたりする傾向がある。法と慣習は変化する。正常派の言明様式が混乱を引き起こしているのは，継続的な変化と再調整があるところで斉一性を仮定しているからである。マーシャルによれば，「経済法則とは，ある産業集団の成員がある条件の下に置かれた場合に，ある一定の行為の方向が期待されるという言明のことである。そして，そのような行為が，この集団の成員の正常な行為である」(Marshall 1890, 87)。つまり，正常な状態というのは条件の変化がないことを含意しているから，条件が変化する場面には当てはまらないというのである。

　それでは，カニンガム自身が支持する方法，すなわち，経済現象を孤立化してそれらを出現させた諸条件を探求する方法とは，どのようなものなのであろうか。これに関して，彼は次のように述べている。

> われわれは，他の出来事と精確には同じでない出来事に注意を払い，これを説明しようと試みる。われわれの取り扱いにおいては，経済現象を一般的に支配するのは，人間の意識的な行為，すなわち人間が感知した必要，人間の目的や渇望であろう。われわれが，何らかの出来事について説明を行うことができるのは，それを帰すべき理由を見つけ出したときである。(Cunningham 1892a, 34)

われわれが望むのはただ，所与の出来事をもたらした諸条件を書きとめる(note)ことだけである。ある一つの条件が多数の事例のなかに長期にわたって存在するならば，その影響は非常に一般的であることが分かるが，その結論を法則として定式化することによって，われわれの言明を強化することはしない。(Cunningham 1892a, 38)

　以上の引用文に含意されているカニンガムの見解は，(1)個性的な出来事に注目し，その出来事をもたらした諸条件を書きとめることによって，その出来事を説明する，しかし，その出来事と条件との間の関係を法則として定式化することはしない，(2)その出来事を説明する条件として決定的なのは，人間の意識的行為であり，人間が行為をする理由である，という2点にまとめることができる。
　まず第一の点についていえば，カニンガムはここで，経済学における経験的研究は，法則定立的なものではないと主張している。つまり，複雑な経済現象間には，「もし出来事 X が生じるならば，つねに出来事 Y が生じる」という因果法則は成立しない。出来事 X は，繰り返される現象ではなく個性的な現象であり，それをもたらす要素的な出来事の組み合わせは，1回限りのものだからである。したがって，個性的な出来事を説明するためには，それをもたらした個性的な出来事の集まりを書きとめるしかない，というのである。しかも，出来事 Y を出現させた諸条件 $x_1, x_2, \cdots, x_n$ も，Y の原因とはいえない。出来事 Y が $y_1, y_2, \cdots, y_n$ の混合物であり，「x_1 ならば y_1」「x_2 ならば y_2」…「x_n ならば y_n」という関係があるとしても，それらの関係は非常に一般的であるかもしれないが，法則というほどの斉一性をもたない。その関係は，原因と結果の斉一的な結合ではなく，変化の可能性をもつ条件というべきである。
　ここで，カニンガムの見解をミルの見解と比較することは興味深い。複雑な経済現象間には精密な因果法則は成立せず，せいぜい大雑把な経験的法則しか発見できないということは，ミルも認めていたことであった。それにもかかわらず，ミルが経済学を法則定立的な科学とみなしたのは，複合的な現

象間ではなく，要素的な現象間に因果法則が成り立つと考えたからであった。ミルの場合には，複合的な現象 X を構成する諸事情 $x_1, x_2, \cdots, x_n$ について，まず「x_1 ならば y_1」「x_2 ならば y_2」…「x_n ならば y_n」という要素的な因果関係を解明した上で，$y_1, y_2, \cdots, y_n$ の混合として出来事 Y を導く。厳密に同じではないが類似している出来事 X′についても，それを構成する諸事情 $x_1, x_2, \cdots, x_m$ について，同じ手続きを取ることができる。いずれにせよ，要素的な因果法則は成り立つのであり，そのなかのいくつかを明らかにするのが経済学であるから，経済学は法則定立的な科学たりうる，というのがミルの見解であった。これに対して，カニンガムがどの程度の要素を考えていたのか明らかではないが，彼は「x_1 ならば y_1」「x_2 ならば y_2」…「x_n ならば y_n」という関係を，因果法則とは考えないのである。

目的論的説明

カニンガムはさらに，「経済法則」を語ることの実践的な弊害を指摘する。カニンガムによれば，現象に関する経済学研究の結論を法則の形式で言明しようとする慣行全体，および正常なものについて論じる習慣は，そこで語られる経済法則を万古不易のものと印象づける役割を果たしたという。その結果，労働組合の活動や工場法の導入は，経済法則を侵害するものであるから全く効果がない，という主張に力を貸すことになった[10]。要するに，「原因」や「法則」という言葉は，経済現象間に厳格な斉一性があるかのような誤解を与えるがゆえに，不適切だというのである。カニンガムの次のような発言が，その主張をよく表しているといえる。

> 私は，法則および正常という言葉の使用を完全に拒絶する。私が言うのは，それが無意味だということではなく，それが混乱を引き起こすということである。(Cunningham 1892a, 41)

> あらゆる学派の経済学者が一致して残念に思っているのは，経済学が一般に誤解され，その権威が誤って引用されている，ということである。

「法則」という言葉，物理科学や物理的「原因」とのアナロジーが，そのような誤解の主たる理由である。(Cunningham 1892a, 48)

第二の引用文に示されているように，カニンガムは物理学のモデルを模倣しようとする態度を批判し，自然科学と社会研究との方法論的二元論を支持する(Cunningham 1892a, 38)。カニンガムによれば，純粋に物理的な領域においては，われわれの最良の方針は，前件となる諸条件を観察し，そのなかの不変のものに注目することである。われわれは，どの物理的変化についても，このようにして与えられるもの以上に完全な説明を手に入れることはできない。つまり，物理的な自然現象を対象にする場合には，観察可能な現象間の不変の継起関係を明らかにすること，その意味での因果法則を明らかにすることが課題となる。これに対して，経済現象は，人間の意識的な行為，すなわち人間が感知した必要，人間の「決意と渇望(resolutions and aspirations)」に基づいて行われる行為によって生じる(Cunningham 1882, 414)[11]。したがって，われわれが，何らかの経済現象について説明を行うことができるのは，それを帰すべき理由(reasons)を見つけ出したときである。カニンガムは，このようなタイプの説明を目的論的説明(teleological explanations)と呼んで，因果法則に基づく物理的現象の説明と区別している(Cunningham 1892a, 34)[12]。科学方法論においては，一般法則の事例として出来事を説明する方法と，精神的なものの表れとして事柄を理解する方法とを区別して，「説明と理解」という対概念が立てられることがあるが，カニンガムの場合には，後者も説明の一種とされている。しかしいずれにせよ，外的な観察によって二つの出来事の不変の継起に注目する方法と，人間の内的な意識を解釈する方法とが対比されていることに違いはないのである。

《論争の総括　6》
ある出来事がなぜ起こったのかを説明するとき，理論派の経済学者たちは，それが一般法則の一つの事例であることを示そうとした。「これこれのことが起こるときには，つねに云々のことが起こる」という一般法則を根拠とし

て,「これこれのことが起こったから, 云々のことが起こった」と述べることが, 説明なのだと主張した。これに対して歴史学派は, 個性的な事実に関心をもち, その生起に関連のある諸条件を指摘しようとした。理論派が経済的原因から出発してその結果をたどろうとしたのに対して, 歴史学派は特定の経済現象から出発してその諸原因を探究しようとした。こうした接近法の相違が方法論争の争点となった。

　ここで注意しなければならないのは, この相違の背景に, 一般法則についての考え方の違いがあったという点である。歴史学派の説明においても, 一般法則が用いられていると考えることもできる。歴史家が関心をもつ事実は, 複数の原因がからみあって起こる複合的事実であるのが普通であるが, 各原因からそれに対応する結果が生じ, それらの諸結果が混合して複合的事実が形成されると考えると, この原因にはこの結果が継起するという因果法則がいくつも前提となっていることが分かるからである。そこで, 一般法則を用いて説明するという点では両派に違いはないのであって, 歴史学派の特徴は, 理論派のように少数の経済法則を用いるのではなく, 多数の経済的・非経済的法則を用いるところにある, と考えられるかもしれない。

　しかし, 両派の相違はむしろ, 歴史学派が, 理論派とは違って一般法則というものをあまり重要視していなかった点にある。アシュレーによれば, 経済法則の知識は歴史家にとっても有用であるといわれるけれども, その言い方は不必要に仰々しい。不作の年に農作物の価格が高くなることは, 需要・供給の法則をもちだすまでもなく, 常識によって理解できる。個性的な事実の説明にとって重要なのは, その事実と関連のある諸条件の知識なのであって, 法則の知識ではない。これが歴史学派の考え方であった。この考え方を極端まで進めたのがカニンガムである。カニンガムは, 歴史的事実の説明において一般法則の知識はあまり重要ではないという主張を超えて, 社会現象には法則は存在しないというところまで論を進めた。社会現象には斉一的な因果関係は成り立たないから, 原因・結果という用語も使うべきではないと論じた。歴史学派の多くは, ここまでの議論はしていない。彼らの多くは, 社会現象間の法則を否定せず, 原因・結果という用語も使用した。しかしそ

れは，積極的に肯定したからではなく，社会現象における法則の性格について，深く吟味する必要をあまり感じなかったからだというべきである。歴史学派にとって重要だったのは，ほとんどが常識に属する「法則」ではなく，説明しようとする現象に関わる諸条件を見つけ出すことだったのである。

　ここで議論されていたのは，経済学方法論に限定されない「科学的説明」をめぐる問題であった。方法論争の争点のなかには，より一般的な科学哲学の領域で論じられることと問題を共有するものがあった。20世紀になると，経済学の展開のなかで生み出される方法論的諸問題は，よりいっそう科学哲学上の議論と結びつくようになる。その結合に根拠があるとすれば，それは問題の共有ということである。方法論争は，その一端を示していたということができるのである。

1) カニンガムも，『成長』初版の序文で，「産業史と政治史は相互依存関係にある」(Cunningham 1882, v)と述べ，全編を通じて政治が経済に及ぼす影響を重視している。イギリス歴史学派のこの側面をとくに評価するのが，コリーニたちである。「当面の課題からすると，歴史学派の主たる面白さは，そのすでによく知られている演繹法批判よりも，彼らが再度，政治的範疇の優位性を主張したことに見出されるであろう」(Collini et al. 1983, 257/訳221)。
2) 事実，シュンペーターは，この言葉をマルクスの歴史理論を表すものとして用いている。シュンペーターによれば，マルクス的な「歴史の経済的解釈」とは，(1)生産形態ないし生産条件は，社会構造の基本的決定要素であり，この社会構造はまた人間の心構えや行動やさらには文明を生み育てるものである，(2)生産形態そのものはそれ自身の論理をもっている，すなわち，生産形態は内的必然性によって変化し，自らの活動自体のなかにその後続形態を形成していく，という二つの命題で要約されるものである(Schumpeter 1952, 12)。要するに，下部構造が上部構造を規定し，下部構造の変化に伴って上部構造も変化してゆく，という歴史解釈である。われわれが「歴史の経済的解釈」という言葉を聞くときに思い浮かべるのは，ロジャーズの意味よりも，通常はシュンペーターの意味であるように思われる。
3) 歴史書ではなく散文詩であるが，ウィリアム・モリスの『ジョン・ボールの夢』(1888年)は，ワット・タイラーの反乱の背景に関して，ロジャーズの主張に依拠して書かれている(Ashley 1889b, 399)。
4) これに対してアシュレーは，テューダー朝時代の賃金規制は「公正価格」の原則に基づくものであったとする。「ある著者たちは，これらの立法は当時の雇主階級が賃金を切り下げようとして行った大がかりな陰謀を示すものであると考えた。しかし私

は，それに賛成することはできない。私は，それらの立法は，すべての被用者に対して妥当と考えられる賃金，しかも生活費に応じて変化する賃金を保証しようとする偽りのない試みであったと考える」(Ashley 1914, 104/訳 131)。

5) もっとも，ロジャーズにしても，彼が列挙した4原因のみが貧困の原因であったと主張したわけではなく，最重要なものがそれら四つであったというのである。「イギリス救貧法の必要性は，明らかに支配者たちおよびその執行官たちの犯罪に遡ることができる。先に列挙した4原因がなかったならば困窮は生じなかったであろう，と言っているのではない。私が確信しているのは，困窮はもっと御しやすいものだったであろうということである」(Rogers 1888, 244)。

6) 歴史的事実の間に精密な法則が成り立つことはほとんどないから，正しくは「多くの場合に」という限定をつけるべきであろう。

7) エッジワースは，(2)に関連して，ロジャーズが「イギリスの初期の人口を細切れの情報から推計する」という演繹的推理(deductive reasoning)を行っていると述べるのであるが，この場合は前提と結論との関係が必然的ではないので，厳密な意味では演繹とはいえないであろう。また(3)に関連して，経済理論に対するロジャーズの貢献は，法則の例証だけではないとし，法則の提起もあったとする。そして，「労働組合と株式会社との間の類推(analogy)は，独創的かつ重要である」と述べるのであるが，それ以上の説明はなく，法則と類推の関係は明らかではない。なお，エッジワース自身の方法論については上宮(2010)を参照されたい。

8) とはいえ，アシュレーによれば，歴史家にとっての経済理論の実際的効用に関する限り，使用される言語の大半が不必要に仰々しいと感じないわけにはいかないという。たしかに歴史家も，需給の変化による価格の変化について語るけれども，「現象間の結合をそのように明白に追跡する力は，平凡な常識以上のものを必要とはしない。われわれは，ソロルド・ロジャーズの愉快な言葉遣いさえ用いて，「それくらいは，エジプトやバビロニアの諸王の時代にも知られていた」と言ってもよい」(Ashley 1893, 12-13)。

9) 引用文に見られるように，カニンガムは，孤立化という手続きに反対していない。この点について，別の論文では次のように述べている。「すべての科学は多かれ少なかれ抽象的である。なぜなら，注意が向けられる一群の現象は，事実および実際の経験においては他の現象と共存しているが，それらから思考において(in thought)分離されなければならないからである。それはすなわち，光は熱と共存しているが，熱の研究から分離して研究されうるのと同様である」(Cunningham 1893, 189)。経済史の研究もまた，歴史の「物質的条件，および物質的富の増進と衰退」という特別な一側面に注目するという点で，課題の限定を必要とする(Cunningham 1899, 67)。

10) カニンガムによれば，そもそも競争という制度が成立したのは，自由放任を唱える経済学が国家の政策に影響を与えたからであった。1795年から1815年にかけての期間は，「わが国の諸制度が意識的かつ故意に変更されることになった決定的な期間」であり，この時期に，賃金公定制度や徒弟制度といった「無謀な競争の害悪に対する

第 6 章　歴史的事実を説明するにはどうすればよいのか　183

　　　保護手段」が一掃されることになったというのである(Cunningham 1894a, 5-6)。
11) カニンガムによれば，「人間行為の各部分には動機があり，その行為者は一般に，彼がなぜそうしたのかということを，直接に，すなわち他の事例との入念な比較なしに，説明することができる」。その意味で経済現象は，物理現象とは違って，自己解釈的(self-interpreting)であるという(Cunningham 1885, 11)。
12) ケインズの考えでは，もし経済史が一般法則に頼らないのであれば，それは説明を行うものではなく，たんに事実を記述するだけに止まる。経済史は「過去のある一定時期に存在する経済現象を記述し，継続的な時期にわたるこのような現象の現実の進行を追跡する。……経済史の命題は特殊な具体的事実についての言明であり，これに対して，経済理論は一般法則の樹立に関わる」(Keynes 1891, 252/訳 191)。経済史が説明に関わるのは，一般法則の例証を提供する場合に限られるというのである。

第7章　いつでもどこでも通用する 経済理論はあるのか
――学説の相対性

1. 時代と地域の制約

　そもそも古典派経済学は，世界に先駆けて資本主義が発展したイギリスを研究対象とするものであった。しかし，古典派の経済学説を他の時代や地域にも拡大適用しようとする試みが現れ，「学説の相対性」をめぐる方法論的問題が浮上することになった。すなわち，古典派の諸学説は同時代のドイツやアイルランドには当てはまるのか，あるいはイギリスの中世にも適用できるのか，こういった問題である。この問題は，すでにJ. S. ミルの議論にも現れていた。ミルは，仮説的・抽象的科学としての経済学は普遍的に適用可能であるが，国民的性格の影響を考慮しなければならない場合には，それを直ちに適用することはできないと述べていた[1]。ここでも，イギリス経済学に伏在していた問題が方法論争で顕在化した。歴史学派は，経済学説が特定の時代・地域に制約されていて，普遍的に適用できるものではないと主張した。これに対して理論派の論者たちは，その主張を一部受け入れながら，経済学説には普遍性を有する部分があるという考えを保持し続けた。以下われわれは，第1節では主として歴史学派の主張を取り上げ，第2節で理論派からの反論を検討するという手順で，この論点の内容を明らかにする。

経済理論の普遍的適用可能性

　ネヴィル・ケインズは，経済学説の絶対性を主張した論者の例として，

シーニアとド・クィンシーを挙げている (Keynes 1891, 281/訳 210)。シーニアによれば，経済学の理論的部門はごく少数の一般的命題から演繹的に展開され，その結論は前提と同じく一般的であり，とくに富の性質と生産とに関する結論は，普遍的に真であるとされる。他方，富の分配は，特定の国の特定の制度，例えば奴隷制・穀物法・救貧法などの制度によって影響を受けがちであるが，概して事物の自然状態 (natural state of things) を定めることは可能であり，特定の攪乱原因によって生み出される例外は後で説明すればよい，とされている (Senior 1827, 7-8)。他方でド・クィンシーは，リカードウ経済学をカント哲学の観点から基礎づけようとした。

> リカードウ氏は，素材の暗澹たるカオスの中に，初めて矢のような光を打ち込む法則を，悟性 (understanding) そのものからアプリオリに演繹した。そうして，今日まで試験的な議論の集合にすぎなかったものを，正規の命題からなる科学に作り上げ，初めて恒久的基礎の上に打ち立てた。(De Quincey 1822, 152/訳 102)

もし経済学が，すべての人間に先天的に備わる悟性の産物であるならば，それは時代や地域に制約されることなく，普遍的に成り立つはずである。このような要求，すなわち，「すべての時代，土地および国民性に対して，同じように無条件かつ真であるものを提供しようとする要求は，クニースによって理論の絶対主義 (absolutism of theory) と名づけられた」(Keynes 1891, 281-282/訳 210)。クニースはまた，絶対主義の2形態を区別して，一つの理論をすべての国に当てはめようとする態度を世界主義 (cosmopolitanism)，一国民またはすべての国民における時代の差異を無視する態度を永久主義 (perpetualism) と呼んだ。これに対して，ドイツでもイギリスでも，歴史学派の論者たちはほとんど例外なしに経済学説の相対性を主張した (Keynes 1891, 282/訳 210)。理論派の論者たちの多くは，学説の相対性の観点に理解を示しつつも，学説の絶対性の主張を完全に放棄することはなかった。少なくとも経済理論の一部は，普遍的に適用可能であると考えていたのである。

この問題をめぐって，方法論争ではどのような議論が行われたのか。われわれは，本章の議論を始めるにあたって，学説の相対性の観点を明快に示しているアシュレーの定式を取り上げることにする。アシュレーは，オックスフォード時代にトインビーと共同研究を行い，経済思想は進化するものであり，環境の変化に関係するものだという結論を得た。彼はそれを，最初の著書である『英国経済史及び学説』(1888年)の序文で明示した(Clapham 1927, 679)。そこでアシュレーは，二つの原因が経済科学の性格を変化させたと述べる。「その二つの原因とは，歴史的研究の重要性が増してきたこと，進化の観念が社会に適用されるに至ったことである」(Ashley 1888, ix/訳1)とし，経済的思考は人間の思索と同じくらい長い歴史をもつとしたうえで，学説の相対性の観点を次のように定式化した。

> (4)現代の経済学者が，現代になって初めて存在するようになった条件を，その仮定として用いているように，初期の経済理論もまた，意識的にせよ無意識的にせよ，当時存在した条件に基づいている。したがって，過去の理論は，過去の事実と関係させて判断しなければならず，現代の事実と関係させて判断してはならない。(5)重要な制度はどれも，しばらくの間は有用であったこと，したがって相対的な正当性を有すること，これは歴史が証明しているように思われる。同様に，重要な概念把握はどれも，すなわち，長い間社会に現実的な影響を及ぼした重要な学説群はどれも，同時代の諸事情との関係で一定の真理と価値を有している，ということも明らかになりつつある。(6)したがって，現代の経済理論は，普遍的に真であるわけではない。それらが公準とする条件が存在しない過去について真ではないし，社会が停滞的でない限りその条件は変化するから，未来についても真ではない。(Ashley 1888, x/訳2-3)

アシュレーはこの観点を，生涯を通じて保持し強調した。晩年の講演「進化経済学」(1924年)においても，経済過程の変化と学説の変化とが対応していることを多数の事例を取り上げながら論じている[2]。そこでは，マーシャ

ル経済学の歴史的相対性も指摘されている。

> マルサスの時代からジョン・ステュアート・ミルの時代まで，イギリスの経済学者は，人口増加という妖怪に完全に取り憑かれていた。……ところが，1890年のマーシャルまでくると，人口がこの中心的地位を全く失っていることが分かる。なるほど，人口に関する章はあるけれども，その「増大」という考えにつきまとわれることはもはやない。われわれは，消えかかっている妖怪さえも思い浮かべることなしに，マーシャルの「分配」論の大部分を読むことができる。(Ashley 1924, 53)

 なぜそうなったのかというと，マルサスの『人口論』に示唆を与え，そのなかに反映していた事実が消滅したからである。第一に，イギリスの人口は，なお急速に増加し続けていたけれども，リカードウが執筆していた10年間と同じくらい急速に増加することはもはやなかった。そして第二に，19世紀後半における交通手段の発達によって，19世紀前半の著作家が夢想だにしなかったほどの食料が，その間に増加率を低下させていた人口に供給されたのである(Ashley 1924, 54)。アシュレーにとって経済学説の相対性の観点は，歴史学派の諸観点のなかでも枢要な位置を占めるものであった[3]。では，他の論者はどのような議論をしていたのか。ジョーンズに遡って，その内容を見ることにしたい。

諸国民の経済学

 特定の経済学説が適用できる領域は限られているという観点は，ジョーンズがリカードウを批判するさいに，最も重視したものであった。ジョーンズは，リカードウが普遍的に適用可能な地代論を提唱しているものと解釈したうえで，その歴史的・地理的な相対性を主張した。すなわち，

> リカードウ氏は，これらの原理が実際に適用可能な領域の限定された範囲を完全に見落とし，すべての場所で，かつすべての事情の下で，土地

から引き出される収入の性質と大きさとを規定する諸法則を，これらの原理だけから演繹しようと企てた。(Jones 1831, vii/訳 35-36)

ジョーンズによれば，リカードウが考察しているような「農業者地代」は，地球上の全耕地の 100 分の 1 にも満たない地域でしか見ることができない(Jones 1831, 13-14/訳 13-14)。そのような農業者地代についてのみ成り立つリカードウ地代論を，他の農業制度にも適用しようとするのは誤りだというのである。リカードウ自身が自分の地代論を普遍的に適用可能なものと考えていたかどうかは別として，ジョーンズは，アイルランド・ヨーロッパ大陸・インドなどの農業制度を取り上げて，リカードウの地代論が歴史的・地理的に限定されたものであることを，明確に指摘したのである。

ジョーンズの友人であったヒューウェルは，このようなジョーンズの接近法こそ帰納法であるとした。ヒューウェルはジョーンズの『遺稿集』に付した「序文」で，イギリスの経済学が演繹的科学として成長してきたことを指摘した後で，次のように述べた。

> ジョーンズ氏は，経済学に関する彼の推理において，帰納的方針(*inductive* course)に従った。彼は，土地所有権および現在・過去の耕作条件を調査し，すべての国・すべての時代の報告書を収集して検討した。そして，この調査の結果として分かったのは，土地の地代──耕作者が土地を使用するために支払うもの──は，どの単一の定義によっても記述することはできず，どの単一の定義からも地代の大きさは演繹されえないのであって，土地の地代は，その支払いを一定の大括りの部類に分割することによってのみ理解されうる，ということであった。(Whewell 1859, x-xi)

このようにして彼は，地代を，さまざまな諸国民の間に存在する様式に応じて，農奴地代，分益農地代，ライアット地代，コッティアー地代，および農業者地代に分割するように導かれた。この分類はきわめて独創

的なものである，と私は確信している。(Whewell 1859, xi)

　ここでヒューウェルは，地代をいくつかの部類に分類することを，帰納と呼んでいる。ヒューウェルがこのように述べたのは，ジョーンズによる分類の手続きが，ヒューウェル自身の帰納概念に近かったからだと思われる。ヒューウェルは，カントの影響を受けて，イギリスの哲学者としては珍しく，認識における主観的要素をも重視し，われわれの知識は理念(ideas)と感覚(sensations)との結合によって成り立つと考えた。理念によってわれわれの感覚が結合され秩序づけられて，知識が成立するというのである。理念が特殊な場合に限定されたものが概念(conceptions)と呼ばれ，そのような概念による事実の統括(colligation of facts)が帰納とされた(Ducasse 1951)。つまり，ヒューウェルの場合には，観察事実に概念を付加することが帰納であった。したがって，ロシアや東ヨーロッパの農民が支払っている地代に「農奴地代」という概念を付加し，概念によって事実を統括することは，帰納の手続きということになるのである。しかし，このようなヒューウェルの帰納概念は，経験論の伝統に反するということもあって，必ずしも広範な支持を集めたわけではなかった。

　ジョーンズ自身も，概念による事実の統括を帰納とする考え方を支持してはいなかった(de Marchi and Sturges 1973, 381)。ジョーンズにとって，分類は帰納のための準備作業であり，例えば農奴地代として分類される制度が，労働生産性などの現象とどのような恒常的関係をもっているのかを解明するのが，帰納の手続きだったのである。しかし，分類の手続きを帰納と呼ぶかどうかに関わりなく，地代の分類がジョーンズの主要な功績の一つとして評価されたことは間違いない。ミルは『経済学原理』において，「ジョーンズ教授の『富の分配に関する試論』(というよりもむしろ地代に関する試論である)には，さまざまな国における借地について，貴重な事実が非常に多く集められている」(Mill CW2, 247-248/訳106)と述べ，ジョーンズの分類を利用している。ミルは，たんに貴重な事実の収集として評価しただけであったが，やがてジョーンズによる地代の分類は，「学説の相対性」の観点を示すもの

として，歴史学派によって高く評価されるようになった。例えばイングラムは，ジョーンズの功績について次のように述べる。

> 彼が研究すると明言した世界は，抽象的な「経済人」が住んでいる想像上の世界ではなく，時と場所とが異なるのに応じて，土地の所有と耕作とがさまざまな形態をとり，そして一般に生産と分配の状態がさまざまな形態をとっている，現実の世界であった。文明の進歩の異なった段階にある共同社会には，そのようなさまざまな生活システムがあるということを認識した結果，ジョーンズは，彼が「諸国民の経済学」と呼ぶものを提唱するに至った。(Ingram 1885, 378/訳 204)[4]

ジョーンズは，リカードウ地代論では前資本主義的地代を説明できないし，また世界の大多数で現に行われている地代を説明できないと批判したのであるが，これらの批判は，学説の絶対性に対して学説の相対性を対置するものであり，永久主義・世界主義に対する批判の先駆けであった。

しかし，ジョーンズは，学説の相対性を徹底して追求したわけではなかった。経済学説の相対性という場合，経済分析の相対性と経済政策の相対性とを区別しなければならない。リカードウの地代論が歴史的・地理的に限定されたものであるというのは，経済分析の相対性である。その意味で，ジョーンズが分析の相対性を主張していたことは確かなのであるが，政策の相対性については，必ずしもそうではなかった。ジョーンズは，論文「イギリスの幼稚な経済学」(1847年)において，商業の体系，すなわち重商主義体系が，取引差額体系(balance-of-bargain system)と貿易差額体系(balance-of-trade system)とに分かれることを指摘した。両者とも，貨幣である貴金属を富とみなし，それを獲得することを目指す体系であったが，その目的を達成するための手段が異なっていたというのである。ここで問題なのは，ジョーンズが貨幣を富とみなす考え方を，一貫して「幻想」であり「誤り」であると語っている点である。この点を捉えて，シュンペーターは，ジョーンズが「学説の歴史的相対性に関するいかなるセンスをも示すことなく，自

分の時代の意見の立場から論議している」(Schumpeter 1954, 822)と評価した。もし経済政策の相対性を認めようとするのであれば，戦時体制下にあって，軍資金として国際通貨を獲得する必要があった，という実践的意義を強調することもできたはずである(Schumpeter 1954, 346)。しかし，ジョーンズはそうすることなく，スミス以後の政策論の見地から，商業の体系を誤りとして切り捨てたのである。

歴史学派の例外

「学説の相対性」の観点，すなわち特定の経済学説は特定の時代状況を反映しており，他の時代状況には適用できないという観点は，歴史学派のほとんどの論者に共有されていたものであった。しかしロジャーズは，この点でも多くの歴史学派の論者と立場を異にしていた[5]。『農業と価格』の第1巻・第2巻で取り上げられたのは，1259年から1400年のデータであった。注意しなければならないのは，これが中世のデータだということである。第4章第1節で論じたように，この時期のロジャーズの経済史研究は，経済理論を例証するためのものであった。このことは，中世のデータもまた，19世紀の経済学説を検証するのに有効なものであるとロジャーズが考えていたことを意味する。ではロジャーズは，なぜ中世のデータによって近代の経済理論を検証することが可能だと考えたのか。この問題を検討すると，歴史学派の大勢とロジャーズとの相違がよりいっそう明らかになる。すなわち，ロジャーズの場合には，「行為の多元性」および「社会現象の統一性」という歴史学派の観点も乏しかったことが分かるのである。

> 歴史の行程において，少なくとも経済学者が受け入れている衝動と感情に関して，人類が同じままであるとすれば，妨害されない交換という単純な事例に限定される事実の解釈は，きわめて信頼できるものであるだろう。概して中世の政府は，後世の政府活動を特徴づける保護システム，すなわち交易の自由への絶え間のない干渉を進展させはしなかった。私が言っているのは，国内および港湾の両方で，制限しようとする欲求が

なかった，つまり価格を公定にしようとはしなかった，ということではない。そうではなく，そうした制約を効力のあるものにしうる仕組みがなかったのである。したがって，あえて言うのだが，経済学の問題のなかには，現代のより広範な情報よりも，私が読者に示すことができる，しばしば断片的である事実に基づいて，いっそう容易に識別し確定しうるものがあるのだ。かくして，例えば価格を支配する法則は，現代の価格表よりも，これらの中世の記録のなかに，よりいっそう明白に表れる，と私には思われるのである。(Rogers 1866, I, ix-x)

引用文の最初の一文にある「経済学者が受け入れている衝動と感情に関して，人類が同じままであるとすれば」という文言が意味するのは，経済的行為者の動機が現在も過去も同じであるとすれば，ということにほかならない。仮定の書き方になってはいるが，ロジャーズがそのような動機の不変性を肯定していることは明らかである。イギリス古典派の経済理論は，富を獲得しようとする動機に基づいて行為する人間を前提として，その理論を構築した。これに対して歴史学派は，時代や地域が違えば，そのような富の動機が変化することを強調した。すなわち，過去の時代においては，政治的・宗教的な動機，あるいは慣習の作用によって，19世紀中頃のイギリスとは異なるタイプの経済的行為が支配的であったことを強調した。しかしロジャーズの場合には，そのような「行為の多元性」の視点が，歴史研究を導くものとはならなかったのである。

引用文の第二文以下で述べられているのは，中世の市場は政府からの干渉を受けなかったということである。政府が価格を規制するならば，その価格は市場の自由な作用によって決まる価格とは違うものとなる。したがって，中世において価格規制が行われているのであれば，その時代のデータは経済理論を検証するのには不適切なものとなる。しかしロジャーズは，中世の政府には価格を規制する力がなかったとして，中世のデータを経済理論の検証に使用することを正当化するのである。ロジャーズにとっては，価格の動向こそが経済史研究の主要なテーマであり，その価格の動向は政治から独立し

ているものであった。こうした態度にも表れているように，ロジャーズの議論においては，「社会現象の統一性」という観点は重要な意味をもたなかった。価格の動向は，他の社会現象から切り離して，それ自体として研究することができるものとみなされたのである。ロジャーズのこうした考え方は，アシュレーやカニンガムの批判を招くことになった。アシュレーによれば，経済理論家が市場の作用に夢中になっているために，またロジャーズがこの種の史料の収集に全注意を集中したために，経済史家が最も切望しているのは過去数世紀における一日の労働と一日の食料の価格を知ることだ，という考えが増大してきた。しかし，この種の事実が貴重なのは，それらを適切な場所に置くことができる場合のみである。経済史家が第一に求めるのは，それぞれの時代に社会の制度的枠組みになっていたもの，さまざまな社会階級を構成してきたもの，および社会階級間の相互関係なのだというのである。そして，中世史家シーボームの研究と対比して，次のように述べる。

> イギリス農業史に重大な関心をもっている者すべてが抱かないわけにはいかない印象——シーボーム氏の著作[6]の冒頭 100 ページのほうが，ソロルド・ロジャーズの浩瀚な収集物よりもはるかに大きな重要性をもつという印象を説明するのは，これなのである。しかも，前者はたぶん，後者が費やした時間と労働の 4 分の 1 を，この主題に費やしただけである。そのような印象がもたれるのは，シーボーム氏がわれわれに，農業人口の日々の生活について生き生きとした描写を与えるからであって，それによって初めて，ロジャーズ氏の事実にも真の意義が分け与えられるのである。(Ashley 1893, 16)

カニンガムもまた，次のように述べている。

> ソロルド・ロジャーズ教授は多くの点でその態度を修正したけれども，彼の著作の主要な方向を決定したのは古典派経済学(classical political economy)であった。彼は実際に，特定の研究の方向——価格の記録に

示されている諸個人の取引――に，自分自身の仕事を限定した。彼は，異なった時代における産業生活の一般的条件との関係で，利用可能な証拠を検討するということはなかった。……この故に，ロジャーズ教授によって行われた経済史研究は，あれほどの功績がありながら，イギリスで流布している経済学の領域と課題についての考え方を修正するということについては，ほとんど効果がなかった。(Cunningham 1894b, 320)

このようにロジャーズは，交換行為に関わる人間の動機は19世紀も中世も同じであるとみなし，歴史学派の特徴である「行為の多元性」の観点をもたない経済史研究を推進した。さらに，中世の政府には価格を規制する力がなかったとして，市場や価格という経済現象を他の社会現象とは独立に研究できるものとし，歴史学派に特有の「社会生活の統一性」の観点も取り入れることがなかった。そうした認識の下で，「経済学説の相対性」も無視され，19世紀の経済学説は中世の時代状況にも適用できるものとされたのである。これらの点を考慮するならば，アシュレーやカニンガムがロジャーズの経済史研究を批判したのも当然のことであった。

さらに，「学説の相対性」の観点については，もう一つ重要な問題があった。ジョーンズについて述べたように，この場合の「学説」には，経済分析だけではなく経済政策の提言も含まれるのであるが，ロジャーズは，時代状況によって適切な経済政策が変わるという意味での「学説の相対性」も採用しなかった。彼は，国内の経済活動についても，外国貿易についても，自由主義こそが普遍的に適切な政策であるという立場をとり，生涯を通じてこの立場を変えることがなかった。第6章第1節で述べたように，ロジャーズ晩年の著作『解釈』は，いくつかの点で歴史学派の観点を示すようになった重要な著作であるが，そこにおいてさえ自由主義の立場は堅持されている。ロジャーズは，『解釈』の巻頭で次のように述べる。

真理であると同時にその応用において普遍的である経済的通則(economical generalities)が存在することを否定しない点で，私は人後に落

ちないだろう。それは，例えば次のようなものである。個人は，自分の貨幣と自分の労働の生産物とを最も有利な用途に使うことができるという，譲り渡すことのできない権利をもっている。そして，この権利に対する介入はどれも権力の濫用にほかならない。これについては，何にせよ妥当な弁明はなされなかったし，またなされえない。言い換えると，自由交換の要求に対する反論は存在しないのである。(Rogers 1888, v)

保護貿易を非難する論調は激しいものであり，まさに「保護主義のなかに嫌悪をもよおす荒廃以外のものを見出すことを，コブデンの弟子に期待するのは難しい」(Ashley 1889b, 394)という印象を与えるものであった。ロジャーズにとって，自由貿易とは大衆が利益を得ることであり，保護主義とは一部の事業家が大衆を犠牲にして利益を得ることにほかならなかった。たしかにロジャーズ自身も，19世紀半ばのイギリスで採用されたような自由放任政策が，すべての社会的災厄を解決する万能薬ではなかったということは認めていた。しかし，彼にとって社会を苦しめる害悪の多くは，自由放任政策のせいではなく，過去の政府が行った政策に帰せられるものであった。

> 社会を苦しめる害悪の多くは，結果が後まで残るような原因，つまり原因がずっと前に作用しなくなり，忘れられたときでさえ，その結果が大いに有害であるような原因に帰せられるのである。……賃金を規制する法律，治安判事の査定，そして教区定住，旧救貧法，新救貧法，穀物法が労働に痕跡を残しているのであって，自由放任の学説および慣行は，今日の石鹸と同じくらい大量に宣伝されたとしても，それを洗い流すものではない。(Rogers 1888, 350)

そして，「自由放任はその最盛期においてさえ，今まさに耳にする立法・行政府と同じく，観念的にのみ存在する理想なのである」(Rogers 1888, 351)とし，真の自由放任政策は現実の世界においては実行されておらず，したがって，過去の問題をすべて解決するほどの効果を発揮するには至っていないと

主張する。

　さらに，19世紀末になって，自由競争についての懐疑的な考え方が台頭してきたことをロジャーズも認めていた。「もはや競争の恵み豊かな作用は終わりを告げたように見える。そこで，もし生産者たちが生存を続けてゆこうとするならば，国民的産業が公正な利潤を獲得しうるような何か他の手段が採用されなければならない，というように見える」(Rogers 1892, 377)[7]。すなわち，1870年代半ばからの不況のなかで供給が需要を超過し，価格が生産者に報酬をもたらさないところまで下がっているため，事業家が協調して生産調整を行い，公正な利潤を獲得しうるように価格を引き上げる必要がある，という意見が提出されるようになってきた。これに対してロジャーズは，事業家のそうした連合は長続きせず，結局は失敗すると主張する。

　　生産者に対して価格を保証しようとする反競争的な試みが，絶えず繰り返され，絶えず失敗してきた。従来から知られていて，実際に用いられてきた最も利益が得られる過程は，強者あるいは強者の結合体が，低価格あるいは報酬が得られない価格で弱者を破滅させ，独占を形成して公衆からの略奪を始めることである。しかし，その方策は諸個人を富ませるかもしれないが，一時的なものである。遅かれ早かれ競争が再び行われるようになり，特別利潤は阻止される。(Rogers 1892, 378)

　ロジャーズによれば，自由放任の目的は，個人主義と呼ばれるものを支持することであって，結合体を支持することではない。ましてや，消費者に対する陰謀であると考えられる理由が多少ともあるものを支持することではない(Rogers 1892, 381)。「過度で破滅的な競争に対する自然なチェックは，より弱い戦闘員が闘争の中で倒れ，概して最適者が生存するという結果がもたらされ，その産業が究極的にそれ自身を正す見込みがある，ということである」(Rogers 1892, 382)。これがロジャーズの考えであった。ロジャーズの自由主義は，歴史的に相対的なものではなく，普遍的に通用する原理だったのである。

バジョットによる相対性の容認

　1870年に発表した論文「アダム・スミスの経済学」において，レズリーは，経済学説の相対性の観点をはっきりと打ち出した。この論文の冒頭で，レズリーは，ロバート・ローが同年の議会で行った演説の一節を引用する[8]。すなわち，ローによれば，「経済学はどの国にも属さない。それは特定の国とは関係がない。経済学は，富の生産，蓄積，分配，および消費の諸規則についての科学である。それは，好むと好まざるとにかかわらず，貫徹するであろう。それは人間の心の諸属性に基づいており，どのような力を用いても，それを変えることはできないのである」(Leslie 1870a, 148)。つまりローは，経済学を，人間の自然(本性)から演繹された，必然的で普遍的な真理の集まりであると主張する。このような経済学説の普遍性の主張に対して，レズリーが対置したのが，経済学説の相対性という主張であった。すなわち，「経済学は真の意味での自然法，あるいは普遍的で変わることのない真理の集まりではなく，特殊な歴史の産物である思索と教義の集成である」(Leslie 1870a, 148)。経済学説は，国や時代が異なるのに応じて変化する。ある経済学説がイギリスに適合するからといって，他の地域にも適合するとはいえない，というのである。

　さらに，「ドイツ経済学の歴史」(1875年)では，時代や地域によって社会構造が異なることを根拠に，実例を挙げて経済学説の相対性を主張した。

> ドイツにおける中世社会の構造と諸現象は，他の場所でと同様に，個人的利益と交換に基礎を置く経済理論をとうてい示唆するものではなかった。土地の共同所有権，単独保有された土地に対する共同権，ある種類の富が乏しく，その相当な部分が永代所有その他の仕方で譲渡できないこと，労働が土地同様にほとんど移動可能でないこと，生産が市場向けではなく主として自家消費向けであること，分業がほんの初期状態にあり，ほとんど貨幣の流通がないこと，個人ではなく，家族，自治団体，自治体，階級が社会の構成単位であること。このようなものが中世経済の主要な特徴のいくつかである。(Leslie 1875, 168)

レズリーのこの叙述は，近代的経済理論が中世社会には適用できないという主張をよく表すものとして，ケインズの著書でも引用されている(Keynes 1891, 285/訳 213)。

1870 年代半ばには，理論派の内部にも，経済学説の相対性を容認する論者が現れた。ウォルター・バジョットの論文「イギリス経済学の公準」(1876 年)は，古典派理論の前提を明らかにすることによって，これに対する批判を回避しようとするものであった。バジョットは，イギリスの経済学を「実業の科学(science of business)」と規定する。「実業の科学は，多くのイギリス人には親しみ深い世界，すなわちイギリスを豊かにした「巨大な商業」を分析するものである」(Bagehot 1876, 6)。しかも抽象的科学の流儀として，実業の科学は与えられた事実を孤立化・単純化して，その推論の前提としている。したがって，実業の科学が前提とする人間本性の種類は，われわれの周囲のどこでも気づくものであるが，ここでもまた，単純化が行われている。つまり，実業の科学は人間本性の一部にのみ注目する。人間は実業の動機によってのみ活動するものとされ，何かを作る人間は誰もが，貨幣を得るために作るということ，しかもつねに最小の費用で作るということが前提とされる。比較的能力がある人たちは，イギリスの経済学者が語っているのは現実の人間ではなく，想像上の人間だということ，われわれが目にする通りの人間ではなく，そのように仮定するのがわれわれにとって便利であるような人間である，ということを理解していた。

ここまでは，J. S. ミルやケアンズが力説していたことであった。バジョットの独自性は，先行する議論に次の点を付け加えようとしたことにある。

> しかし，そうした人たちでさえ，わが経済学者たちが取り扱う世界は非常に限定された特殊な世界でもあるということを，しばしば理解していない。彼らはしばしば，書かれていることが，すべての社会状態に適用可能であり，しかも等しく適用可能であると考えている。しかるに，そ

れが真であるのは，——そして真であると証明されているのは——商業が大いに発展している社会状態，しかもイギリスに見られるような商業の発展形態，あるいはそれに近い形態をもつ社会状態においてのみである。(Bagehot 1876, 7)

バジョットによれば，この事情こそ，イギリスの経済学が外国でよく理解されなかった理由を説明するものであった。「イギリスで行われているような商業は，イギリス以外のどこでも，少なくともアングロサクソン民族が居住する土地以外では，十分に成長してはいない」というのである(Bagehot 1876, 7)。イギリスの商業を特徴づけるものは，バジョットの考えでは，労働（男性の労働を意味する）と資本が，報酬の少ない職業から報酬の多い職業へと，一国内を容易に動き回ることであった。イギリスにおいてもなお，労働と資本の双方について，この傾向に対する多くの制限があるけれども，それは「摩擦(friction)」にすぎず，その抵抗力はかなり弱まっているので，考察の最初においては考慮する必要がない(Bagehot 1876, 28-30)。このような社会状態に対応して，イギリスの経済学は労働と資本がより多くの報酬を求めて自由に移動することを前提としている。しかし，現在および過去の世界全体を取り上げるならば，全く逆のことが真である。たいていの時代および国では，この傾向が勝利することはなかった。したがって，前提となる社会状態が異なるところに，イギリスの経済学を適用することはできないというのである。この論文の末尾に置かれた次の言葉が，バジョットの考えをよく示している。

　この論文の目的は，わがイギリス経済学の建造物(edifice)を吟味することではなく，その基礎(basis)を明確にすることにある。この経済学の第一の主張が，実際にいつ，またどの範囲において真であり，そしていつ，どの範囲において真でないかをわれわれが知るまでは，この経済学は非現実以外の何物でもない。(Bagehot 1876, 94)

郵便はがき

0608788

料金受取人払郵便

札幌支店承認

1045

差出有効期間
H26年10月31日
まで

札幌市北区北九条西八丁目

北海道大学構内

北海道大学出版会 行

ご氏名 (ふりがな)		年齢　　歳	男・女
ご住所	〒		
ご職業	①会社員　②公務員　③教職員　④農林漁業 ⑤自営業　⑥自由業　⑦学生　⑧主婦　⑨無職 ⑩学校・団体・図書館施設　⑪その他（　　　　）		
お買上書店名	市・町　　　　　　　　　　　　書店		
ご購読 新聞・雑誌名			

書　名

本書についてのご感想・ご意見

今後の企画についてのご意見

ご購入の動機
1 書店でみて　　　　2 新刊案内をみて　　　　3 友人知人の紹介   　4 書評を読んで　　5 新聞広告をみて　　　　6 DMをみて   　7 ホームページをみて　　8 その他（　　　　　　　　　）
値段・装幀について
A　値　段（安　い　　　　普　通　　　　高　い）   　B　装　幀（良　い　　　　普　通　　　　良くない）

HPを開いております。ご利用下さい。http://www.hup.gr.jp

バジョットは，イギリスの経済学が前提とする条件を明らかにすることによって，その適用可能な範囲を限定しようとした。この論文は，歴史学派にも理論派にも取り上げられ，さまざまな角度から論評されることになる。彼の見解は，経済学説の相対性を支持する点で，歴史学派と共通する面をもっていたが，古典派理論に対する態度は違っていた。歴史学派は，古典派理論が適用できない時代や地域を取り上げて批判したのであるが，バジョットは，古典派理論が当時のイギリス経済を分析するうえで有用であることを強調したのである。

バジョットの主張に対する反応

こうしたバジョットの主張に対して，直ちに反応したのがレズリーであった。レズリーによれば，バジョットは「経済学的推理のアプリオリで抽象的な方法を支持する最近の弁護論者」にほかならず，従来とは違った角度から既成の経済理論を擁護しようとする者であった。かつてロバート・ローは，経済学は人間の自然（本性）から演繹された必然的で普遍的な真理の集まりであり，どの国にも適用可能であると主張した。ところがバジョットは，経済学説の相対性を容認し，経済学の適用範囲をイギリスのような商業社会の最も進んだ段階に限定しようとする。そのような最近の弁護論者によれば，身分から契約への移行に示されるような社会進歩が，抽象的理論の仮定と演繹的推理に適した経済を出現させた。その結果，現代のイギリスでは商業的な利得追求が行われるようになり，リカードウの分配理論が適用されうる状況が存在するようになったのだという。このようにして，経済学は不易の自然法則に基づく普遍的科学であるという主張は放棄されるに至った。適用範囲を限定することによって「アプリオリで抽象的な方法」を擁護しようとするのが，最近の弁護論者の特徴だというのである(Leslie 1876, 231-232)。

レズリーによれば，バジョットの誤りは，既存の経済理論がそのまま当時のイギリスの状況に適用できると考えた点にあった。バジョットの考えでは，抽象的な経済学が依拠する仮定は，なによりもまず，労働と資本とが報酬の少ない仕事から報酬の多い仕事へと一国内を自由に移動することであり，当

時のイギリスについていえば，これ以上に確かな根拠のある仮定はないのであった。しかし，レズリーの事実認識は違っていた。レズリーによれば，賃金の地方的な格差を解消するほどの労働移動は起こっていなかったし，利潤については，そもそも利潤の大きさを知ることができないために，利潤を指標とした資本移動も起こってはいない，というのである (Leslie 1873, 378-379)。一個の商品の価格に影響を及ぼす諸原因がいかに複雑であるか，その商品の販売によって獲得される利潤を評価することがいかに困難であるかということを考えると，そして利潤の大きさが人的な関係や偶然に依存することを考えると，資本移動を仲介する金融業者といえども，さまざまな取引の現在の利潤を計測することは困難であるし，ましてや，将来の利潤を予見できるとは考えられない (Leslie 1876, 234-236)。つまり，当時のイギリスのような発展した商業社会においてさえ古典派理論は有効ではない，というのがバジョットに対するレズリーの反論であった。発達した商業社会を説明しうる理論はいまだ存在しないのであり，その完成は今後の帰納的研究の積み重ねにかかっている，というのである。

イングラムもまた，バジョットの見解を取り上げて論評した。イングラムは，バジョットの論文が古典派経済学の前提を明らかにするという点で，ミルやケアンズの議論に新たな知見を付け加えたことを認め，これについては肯定的に評価した。

　　ミルとケアンズとは，彼らが考える社会は現実の人間ではなく想像上の人間，すなわち，たんに「貨幣を追求する動物」とみなされる「経済人」を取り扱うという意味で，仮説的な社会であるということをすでに示していた。しかし，バジョットはさらに一歩を進めて，ミルとケアンズとがはっきりとは述べなかったが示唆していたこと，すなわち経済人が活動するものと想定される世界は，「非常に局限された特殊な世界」でもあるということを示した。バジョットがわれわれに語るところによれば，この特殊な世界を特徴づけるものは，各種職業の報酬の差異によって決定される，一つの職業から他の職業への資本と労働の迅速な移

動ということである。現代のイギリス社会にそのような迅速な移動が実際に存在するのかどうかについて，バジョットはかなり逡巡しているが，総じて実質的に実現されているものとみなしている。(Ingram 1885, 396/訳 324-325)

　イングラムによれば，バジョットは自分自身が経済学を学んだのはリカードウからであると述べ，リカードウを最後まではなはだしく過大評価していた。しかしバジョットは，存命中に歴史的方法を知ることになり，それについては「異議よりもむしろ共感」をもつに至った。彼の述べるところによれば，「正しく考えられた歴史的方法は，正しく考えられた抽象的方法の競争相手になるものではない」のである。この二つの方法を調停するバジョットの見地は，大部分の「正統派」経済学者のそれとは全く違っている。「正統派」経済学者は普通，一種の上位者ぶった寛容さをもって，彼らの定理についての有用な例示や例証を与えるものとして，歴史的方法を扱っている。しかし，バジョットによれば，二つの方法は全く異なった分野に適用される。彼が抽象的方法と呼ぶものには，現代の先進的な産業生活を留保し，歴史的方法には，過去の人間についてのいっさいの経済的現象と現在の人間についてのいっさいの非経済的現象とを引き渡す。バジョット自身はそのような歴史的研究にかなりの能力を示し，とくに，貨幣制度のあまり注意されていなかった経済的・社会的効果や，社会の初期段階における資本形成について光明を投じた。しかしバジョットの主要な功績は，アプリオリの方法がなしうることについての考え方を縮小したという点にある。これによって彼は，「限定的ではあるが最も直接的な興味をかきたてる」分野を，抽象的方法のために確保しようとしたのである。もちろん，イングラムにとって，そのような方向は歓迎すべきものではなかった。第3章で取り上げたように，イングラムが最も重視していたのは総合社会学の構築ということであったが，バジョットは，先進的な産業生活に関しては，経済的現象と非経済的現象とを分離し，抽象的経済学が後者を無視するのは正当であると考えていたからである(Ingram 1885, 396-397/訳 325-326)。

歴史学派のなかで，バジョットの見解に最も近い考えを示したのは，トインビーである。トインビーによれば，

> 抽象的経済学の地位に関するもっともよい説明は，バジョットの『経済学研究』のなかに見出される。バジョットの指摘によれば，この抽象的科学はある前提に基づいてのみ正しいのであるが，この前提はしばしば完全には正確でないけれども，その結論はやはり近似的には真である。かくして経済学者たちは，第一に，人間本性の一部分のみを観察して，人間をもっぱら金儲けをする動物として取り扱い，第二に，慣習の影響を無視して競争のみを考慮に入れるのである。(Toynbee 1884, 28-29/訳 5)

抽象的経済学においては，これらの前提に基づいて経済法則が推論される。例えば，賃金率はつねに均等化する傾向があり，さまざまな職業の間に引き続き存在する賃金格差は，それぞれの職業に伴う有利な事情あるいは不利な事情を相殺するのに十分なだけのものである，という法則などがそれである。すなわち，人々が職業を選択する場合には，金銭的・非金銭的な利益の全体を最大化するように職業を選ぶので，そのような純利益はどの職業においても均等化する，という経済法則である。そして，このような経済法則は，その前提に適合する特定の時代・地域にのみ応用可能なのである。すなわち，

> この法則は，文明の一定の段階の後で，そして富の獲得が人間の唯一の目標となっている限りにおいて真である。このような仮説的法則からは大雑把な結論しか導かれないけれども，しかしこれらの法則は，強い圧倒的な諸傾向の存在を観察し指摘する一つの観点を与えるという点で有益なのである。(Toynbee 1884, 29/訳 5)

トインビーによれば，学説の相対性を教えることもまた歴史的方法の任務の一つであった。「歴史的方法は，経済学上の法則および指令(laws and precepts)の相対性がどこに存するかをわれわれに教える点でも価値がある。

旧派の経済学者(old economists)は，これらの法則や指令があたかも普遍的なものであるかのように語る傾向があった」(Toynbee 1884, 31/訳 8)。経済法則は，社会一般に関する法則ではなく，所与の社会の特殊な要素あるいは与件によって決定されるものである。「歴史的方法は，経済学の諸法則が虚偽であることを示すことによってではなく，それらは大部分特定の文明の段階に関連するものであることを証明することによって，経済学に革命的変化をもたらした」(Toynbee 1884, 25/訳 217)。また，指令すなわち経済政策もまた，時代状況によって適切であったり適切でなかったりする。例えば自由貿易は，イギリスにとって，また一定の発展段階にあるすべての国民にとって，疑いなく健全な政策であるが，自由貿易が一定の条件の下でのみよい政策であることは何人にも明らかである。また，政府干渉の適度な限界は，それぞれの国の性質およびその文明の段階に従って相対的なものであるから，今日のイギリスにおいてこの限界がどこにあるかを見出すことは，きわめて重要なことである。というのは，これからは行政の役割が大きくなるものと思われるからだというのである。

2. 普遍的に適用できる原理

　トインビーは，学説の相対性を強調したけれども，すべてを相対化したわけではなかった。「収穫逓減の法則のような，普遍的に真である若干の法則の存在までも否定しようとは思っていない」(Toynbee 1884, 31/訳 8-9)と述べるように，経済学的推論の全体が歴史的に相対的なのではなく，一部分は普遍的なものだと考えていた。この場合の収穫逓減の法則とは，技術進歩などの他の原因によって妨害されない場合の法則であり，経験的法則のことではない。収穫逓減の法則そのものは，経済法則というよりも，経済学的推論の前提となる法則というべきものであるが，それにしても，経済学の道具立ての一部分は普遍的に利用可能なものだという主張は，注目すべきものである。実は，経済学には普遍的に適用可能な部分とそうではない部分とがあるという主張は，理論派の経済学者たちに多く見られたものであった。ジェヴォン

ズ，マーシャル，ネヴィル・ケインズなどが，方法論争の時期に，この主張を展開した。経済学説の相対性という歴史学派の観点は，理論派の経済学者によって一部は受け入れられたが，一部は拒否された。経済学には普遍的に適用可能な部分があるのかどうか，この論点をめぐって，歴史学派と理論派との間に衝突が起こる。それが，方法論争の最終局面を飾るカニンガム－マーシャル論争であった。

抽象的経済学と具体的経済学

バジョットやレズリーの議論を承けて，経済学説の相対性をめぐる問題について興味深い見解を示したのがジェヴォンズである。ジェヴォンズは，経済学のなかには特定の時代や地域にしか適用できない部分もあるが，普遍的に応用できる部分もあると主張した。ジェヴォンズによれば，「経済学の諸法則が扱うのは，人間の欲望と，それを満足させうる利用可能な自然対象および人間労働との関係である。これらの諸法則は，その基礎が単純なので，われわれが知っているすべての人間に多かれ少なかれ適用できるであろう」というのである(Jevons 1876, 196)。彼は次のような例を挙げて説明する。エスキモーの慣習では，一人が二隻の舟をもっていて，もう一人が全くもっていないならば，後者は二隻のうちの一隻を借りる権利がある。しかも，エスキモーの間では借りた物品を返却する慣習がないという。これはもちろん，先進的な経済社会の事態とは非常に異なっている。それにもかかわらず，この借りた舟の取引のなかに，経済の基礎にある単純な原理が潜んでいるというのである。

> 最も基本的な経済法則は，シーニアとバンフィールドの法則，すなわち人間欲望の範囲には限度があるというものである。一隻の舟は一人のエスキモーにとって，必要不可欠ではないとしても，非常に有用である。すでに一隻の舟をもっている者にとっての二隻目の舟の有用性は，かなり減少する。しかし，もしそれが舟をもたない隣人の手に渡るならば，非常に有用である。価値の基本原理(elements of value)は，われわれ

の穀物や株式の交換における非常に複雑な操作の場合と同様に，ここにも現存しているのである。(Jevons 1876, 196-197)

　つまり，ある財の所有量が増加するにつれて，その限界効用が逓減する。したがって，たくさん所有している者から全く所有していない者に財が移転されるならば，両者の効用の合計量が増大する。人間の欲望を満足させるべく，利用可能な資源を効率的に利用しうるように取引が行われる，というのが価値の基本原理である。市場であれ慣習であれ，さまざまな制度に，この基本原理に沿う取引を行わせるような仕組みが備わっている。かくして，価値の基本原理は特定の時代や地域に限定されるものではない，というのがジェヴォンズの考えであった。「経済学の第一原理は，広い範囲で真であり，広範に適用可能なので，人間本性に関して普遍的に真とみなされうる。歴史的経済学は，経済理論に取って代わるどころか，経済法則の長期的な作用を，大いに異なる社会状態において提示し検証するだけであろう」(Jevons 1876, 197)というのである。

　ジェヴォンズは，経済学を単一不可分の科学とみなすのではなく，諸科学の集合体と考えなければならないと述べる。学説の相対性との関連でいえば，経済学は抽象的であるか具体的であるかに応じて区分される。この科学の理論は，単純な性質のものであり，人間構造と外的世界のなかに深い基盤をもつものであるから，われわれの考察範囲に入るすべての時代を通して同じままである。しかし，諸法則は同じであるけれども，それらを具体的なものに応用する仕方は大いに異なっている(Jevons 1876, 198)。応用経済学には，通貨，銀行業，労資関係，地主・借地人関係，貧民，課税，金融などが含まれるが，それらはすべて，非常にさまざまな事情のなかに顕現している同一の究極的法則に関係している(Jevons 1876, 200)。例えば，通貨の問題においては，貴金属などの貨幣素材に需要・供給の法則などが応用されているというのである。

　ネヴィル・ケインズもまた，抽象的経済学と具体的経済学とを区別することによって，学説の相対性をめぐる歴史学派の批判に対処しようとした。具

体的経済学については学説の相対性を認めるけれども，抽象的経済学については，普遍的に適用可能なものであると主張したのである。まず具体的経済学について見ると，「最近の経済学者たちがこのような相対性についてほとんど普遍的に認識していることは，とにかく具体的な経済学説に関する限り，歴史学派の最も顕著な，かつ正当な勝利の一つであるとみなし得るだろう」(Keynes 1891, 262/訳 197)と述べて，歴史学派の批判の一部を受け入れる。ケインズによれば，J. S. ミルが論じたように，生産要件の純粋に物理的な分析が時代や地域を超えて普遍的に適用できるものであることに疑いはない。抽象的経済学と具体的経済学の区別が問題になるのは，それ以外の分配や交換を考察する部分である。一方の抽象的経済学は，「いずれにせよ普遍的に適用できる道具(instrument)とみなし得るだろう。それはすべての経済学的推理に浸透しているという意味で普遍的な原理を論ずる」(Keynes 1891, 284/訳 212)。これに対して具体的経済学は，「社会の法律的形態，国民的性格(national character)および制度とともに変化する」(Keynes 1891, 284/訳 212)。富の分配および交換を決定するのは，法，慣習，競争，結合(combination)という四つの要素であるが，時代や地域によって，各々の力に帰せられるべき相対的な強さが異なっている。競争が支配的な力である近代の産業社会において，価格が法あるいは慣習によって規制されることがあるのと同様に，慣習が最も強力に影響する比較的原始的な社会においても，競争によって価格が決定される事例があるというのである。さらに，経済政策の相対性，すなわち時代や地域によって適切な経済政策が異なるという歴史学派の主張も認めた。「概して言えば，経済的指令(precepts)に関する限り，相対性の原理は，ほとんど無条件に承認してもよい」(Keynes 1891, 288/訳 216)とされたのである。

　しかし，抽象的経済学は普遍性を主張できるものだという。ケインズによれば，抽象的経済学は三つの部分から構成される。「第一に，抽象的経済学は，効用，富，価値，価値尺度，資本のような，この科学の基本的概念(fundamental conceptions)を分析する」(Keynes 1891, 293/訳 219)。「次いで抽象的経済学は，すべての経済学的推理に浸透しているという意味で普遍的な，

ある基本的原理(fundamental principles)を論ずる」(Keynes 1891, 294/訳220)。ここでケインズが基本的原理として挙げているのは，限界効用逓減の法則，限界生産力逓減の法則および「他の事情が等しいならば，より大きな利得はより小さな利得よりも選好される」という原理である(Keynes 1891, 294/訳220)。第三に抽象的経済学は，そのような基本的概念と基本的原理とに基づいて形式的推論を行い，経済現象に関する一般的諸理論を獲得する。例えば，価値の一般的上昇は不可能であるとか，二種類の商品が同一の効用法則をもつならば，より稀少であるものはより大きな価値があるだろうとか，一定の結果を獲得するために用いることができる異なった生産方法のうち，最も低廉にその仕事をすることができる方法が早晩他の方法に取って代わるであろう，といった諸理論がそれである。これらの諸理論は，仮説的な性格のものとされる。つまり，「もし……ならば，……である」という仮言命題(hypothetical proposition)のかたちで表現され，ある条件が満たされる場合に結論が成り立つことを主張している[9]。「もし条件Cであり，かつ反対に作用する諸要因がないならば，結論Eである」といった形式で表すことができる。現実の経済現象においては，前件の部分で仮定されている条件がそのまま実現されることはないから，理論を現実に応用するさいには，それぞれの状況に特有な事情を考慮しなければならない。ケインズによれば，「これらの法則は異なった条件下では異なって作用し，とりわけそれらが作用する速度に差異が存在する。しかしながら，それらの作用は，慣習が最も強力な支配を及ぼす社会状態においてさえ，表面下に看破されるだろう」(Keynes 1891, 296/訳222)。したがって，それぞれの状況に特有な事情を考慮するならば，現実に応用できるのだから，抽象的理論は普遍性を有するというのである。

競争の原理

　ここで問題になるのは，それぞれの状況に特有な事情を考慮するならば現実に適用できるようになるという理論の性格である。そのような理論は普遍性を有するといえるのかどうか，これがカニンガム－マーシャル論争の争点になった。慣習と競争を対比し，「経済学は競争の原理を通してのみ科学の

性格を備える」と述べたのは J. S. ミルであった(Mill CW2, 239/訳 90)。これに対してマーシャルは，競争の原理に基づく経済科学の成果は，慣習が支配していると考えられた後進諸国にも拡大適用できると主張した。マーシャルは，「経済学の現状」(1885 年)において，次のように述べている。

> 経済学者は，後進的な国々に対して競争が(私はむしろ可測性をもつ動機の均衡という呼び方を選ぶのだが)大きな影響を及ぼすように考えすぎると，しばしば言われるけれども，私は，多くの場合に競争に対してあまりにも少ない力しか認めてこなかった，という見解に徐々に変わってきた。しかしそれが，われわれの場合と同一の外的な形式(outward form)を取ると仮定したり，競争を取り扱うわれわれ自身の方法が，後進諸国にそのまま適用できると仮定する点では，誤りを犯している。
> (Marshall 1885, 170)

マーシャルによれば，インドにおいても，地代がリカードウ的水準から長い期間にわたって遠く離れることは稀であるという。つまり，インドの地主と借地人との間でも，各借地人の手元に収穫の差額が残らないように慣習的地代が決まる傾向がある。慣習の変化には長い時間がかかる場合もあるが，緩慢ではあっても競争の作用が，地代のリカードウ的水準からの乖離を修正するというのである。この乖離が長く続いているように見えることもあるけれども，しかし研究を進めてみると，準封建的な貢納であるアブワブの調整によって，実際にはその近くに連れ戻されることが一般に見出される。したがって，競争の作用はさまざまな社会状態において貫徹しているのであるから，競争を仮定する経済理論の適用範囲は，歴史学派が主張するよりもはるかに広い，というのがマーシャルの考えであった[10]。

ケインズの用語を援用するならば，抽象的経済学は普遍性を有するけれども，それを現実に応用する具体的経済学は，時代や地域によって異なっている。先進国における具体的経済学を，そのまま後進諸国に当てはめようとするのは誤りである，ということになる。抽象的経済学が普遍的に適用可能で

あるという主張は，主著『経済学原理』においても繰り返されている。土地の地代を論じた章で，マーシャルは次のように述べる。

> 本章のこれまでの議論は，何らかの形での私的所有を認める土地保有のあらゆる体制に適用可能である。なぜなら，それは，土地所有者が自分自身で土地を耕作すれば，土地所有者に帰属し，そうでなければ，耕作の仕事に従事している企業と認められる，彼と彼の借地人に帰属する，生産者余剰に関する議論だからである。したがって，上述したことは，一方においては耕作費用に関して，また他方においては耕作果実のそれぞれの分担に関して，慣習，法ないし契約が取り決める分割がどのようなものであっても当てはまる。(Marshall 1890, 670-671)

このようなマーシャルに対して，カニンガムは経済学説の相対性という歴史学派の観点を対置した。両者の論争を検討する前に，学説の相対性に関するカニンガムの主張を見ておくことにしたい。カニンガムは，(1)研究対象の変化，(2)研究方法の要請という二つの根拠に基づいて，経済学説の相対性を主張した。カニンガムによれば，まず第一に，人間の行為の仕方は歴史的に変化する。すなわち，「個人の習慣・観念・希望は，彼が生活している社会によって形成される。それぞれの時代および場所における経済人は，彼がその一部をなす経済組織に対して相対的である」(Cunningham 1889, 103)。例えば，現代の生活において個人が望むのは，インドや中世の都市とは違って，自分が属する階級内で評判がよいことではなく，その階級を脱して，より上の社会的階梯へと上昇することである。富がその野心を満たす手段となるから，たいていの人の心のなかで富の欲望が支配的要因となったけれども，このような行為類型は社会環境に対して相対的なものであって，必ずしも普遍的なものではない。第4章で述べたように，カニンガムの考えでは，交換の純粋理論は交換が行われている限り適用可能であるが，これさえも「交換の観念を欠いているように思われる部族」には適用できない(Cunningham 1892b, 3)。第二に，経済学的推理を行うための仮説は，時間的・空間的に限定され

た範囲内でのみ通用する。「われわれが取り扱う事例の性質，つまりそれが複雑な主題であるという性質があるために，経済学上の研究は一般に仮説の使用を伴うが，そのなかには，実際の生活との関係が非常に乏しいものもあるといってよい」(Cunningham 1892b, 2)。ある経済現象を検討するためには，それらを他の事情から切り離し，いわば人為的に孤立化しなければならない。われわれは，一定の社会習慣，例えば労働と資本の流れが自由であることを仮定し，また，その集団を構成する個人を支配する力として，一定の動機を仮定する。われわれは，これらの仮定から結論を導くことはできるが，その結論は，われわれの仮定が真である限りでのみ有効なのであり，それを超えるものではない。「自由競争という条件の下で起こる傾向がある事柄についての言明は，現代社会を科学的に研究するための実にみごとな道具である」(Cunningham 1889, 110)。しかし，人間社会一般についての立証された真理であると主張してはならない，というのである[11]。

このような考えをもっていたカニンガムがマーシャルと衝突したのは，当然といえば当然であった。カニンガムは，『エコノミック・ジャーナル』誌上に発表した論文「経済史の曲解」(1892年)において，事実を詳細に研究することなく経済史について語っているとして，マーシャルを厳しく非難した。マーシャルの『経済学原理』には，歴史的な記述が豊富に含まれていたが，カニンガムにとってそのような記述は，「歴史的証拠を考量することなく，不適切に選ばれた2・3冊の書物を用いて，最も困難な諸問題を直ちに決定しようとしたり，安易な確信の下に世界の歴史の概略を述べようとする」ものに見えた(Cunningham 1892c, 491-492)。カニンガムによれば，マーシャルはそもそも基本仮定において誤っていた。マーシャルの基本仮定とは，「同じ動機がすべての時代において作用し，同様な結果を生み出していて，すべての時代すべての場所で作用する経済的原因を記述する経済法則を定式化することが可能である」というものであった(Cunningham 1892c, 493)。経済法則に関するこのような見解は，カニンガムには受け入れられないものであった。現代の経済学説はどの時代どの場所にも適用可能であるという，学説の絶対性をマーシャルが主張しているように思われたからである。

カニンガムのこのような批判に対して，マーシャルも『エコノミック・ジャーナル』の同じ号に「返答」を掲載し，この非難は誤解に基づくものであると反論した。すなわち，『経済学原理』の「自由産業と自由企業の成長」に関する章は序論にすぎず，歴史であると主張するつもりはない。しかし，それは長年にわたって収集した史料に基づくものであり，けっして実際の事実を無視しているわけではない。さらに，「経済科学の成長」に関する章では，「科学の対象が異なった発展段階を経過するならば，一つの段階の法則を修正することなしに他の段階に適用することはできない」と明言しており，カニンガムの批判には根拠がない，というのである(Marshall 1892, 507)[12]。

リカードウ地代論の普遍性

カニンガムによれば，マーシャルが事実を無視しているのは，次のような点についてであった。すなわち，リカードウ地代論の適用可能性，古代ギリシア・ローマについての記述，中世の都市についての記述，イギリス工場制度の起源についての記述，中世の経済思想についての典拠，中世の同業組合についての典拠，といった事柄がそれである。これらのなかで最も重要な係争点となったのが，リカードウ地代論の適用可能性であった。カニンガムの批判は，マーシャルがリカードウ地代論をインドやイギリス中世にも適用可能であるとした点に向けられた。とくにイギリス中世への適用は，カニンガムにとっては認めがたいものであった。彼によれば，リカードウの学説で中世の地代の諸事実を説明することはできない。「リカードウの地代学説は，すべての穀物が一つの市場に運ばれるということを含意している。生活のための農業においては剰余だけが運ばれるのであるから，リカードウの学説はこれには全く適用できない」(Cunningham 1892c, 494)。われわれも，リカードウ地代論の適用可能性という問題に焦点を合わせて，両者の対立点を検討することにしたい。

マーシャルはまず，カニンガムの誤読を指摘する。「経済学の現状」で述べたのは，リカードウ地代論の観点からインドの事実を研究するならば，経済学は「中世の経済史において今日不可解とされている多くの事柄を説明す

る解答を，徐々に生み出すであろう」ということであった。つまり，リカードウ地代論とイギリス中世史とを直接つないだのではなく，インドの研究が媒介項になると主張したのだというのである。マーシャルがこのように主張したのは，情報が限られている過去の事例よりも，新たな情報を獲得できる現代の事例のほうが，研究が容易だからである。その場合，マーシャルの議論は，慣習を所与として受け取るのではなく，それを説明することが重要であるという主張と関係していた。すなわち，中世の気風が最も根強く残っているイギリスの農業地域やインドの農業地帯でも，非常に平穏な表面の背後で，私的利得を抜け目なく追求するささやかな営みが数多く行われている。土地保有者のなかの幾人かは，既存の習慣に照らして借地人が余剰を残しているかどうか注視しており，耕作者に圧力を加えて，その余剰を吸い上げるかもしれない。これが当てはまるときにはいつも，土地保有者は地代の法則についての無意識的な例証を提供するのである (Marshall 1892, 510-511)。つまり，分け前についての従来の慣習が破られる機会があれば，土地保有者は，耕作者の手元に余剰を残さないような仕方で新しい取り決めを行おうとする。インドにおいてそのような機会を与えるのは，飢饉，疫病，戦争，騒乱，遷都，有力な家族の興隆・没落あるいは居住地の変更，産業の変遷，氾濫や河床の変化といった，社会的・経済的条件を強力に攪乱するものである。このようにして，「リカードウの教説は，適正な修正を加えれば (with proper modifications)，ほとんどすべての種類の生産上の差額優位 (Differential Advantage) から派生する所得に適用可能な，そしてまた，法によって支持されたものであれ慣習によって支持されたものであれ，ほとんどすべての種類の所有，貢納，および行為の自由に関する権利の下で適用可能な，生き生きとした原理を含んでいる」というのである (Marshall 1892, 512)。

　ここで注意すべきことは，「適正な修正を加えれば」という条件が付されていることである。実際に，リカードウ地代論をインドに適用する場合にも，階級，市場，契約といったことについて，大幅な修正が行われている。また，経済理論には「他の事情が同じならば」という条件がついているが，理論を現実に適用する場合には，他の事情の変化も考慮しなければならない。リ

カードウ地代論をテューダー朝時代に適用する場合に考慮すべき事情として，マーシャルは，新大陸産の銀の流入，羊毛需要に対応する土地の転用等々が穀物価格に与えた影響などを挙げている。さらに，リカードウの時代においてさえ，その地代論がそのまま適用できたわけではないことも認めている。つまり，リカードウのころにも，すべての穀物が単一の市場に運ばれるということはなく，穀物は地方の製粉所に運ばれるのが普通であった。

> しかし，この特殊な事例がリカードウの眼前に現存したとしても，彼がその推理をこの事例に限定することはけっしてなかった，ということは全く確実であるように思われる。(唯一可能な方針というわけではないが，最も単純で容易な方針であったために)彼が行ったのは，もし作物がすべて同一の市場に送られたならば，売値となったであろう価値を推定することであった。しかし，この推定方法は，カニンガム博士によって言及された事例を一つの特殊な例とする一般原理の，非常に広範で弾力的な応用と一致する。(Marshall 1892, 512)

このように述べて，マーシャルは，リカードウ地代論は一般原理であって，特定の時代・地域の事情をそのまま反映するものではない，と主張する[13]。そのような一般原理は，適正な修正を加え，かつ他の事情を考慮するならば，その適用可能性はかなり広いものになるというのである。

こうした返答は，カニンガムを満足させるものではなかった。カニンガムにとって，このような大幅な修正を加えたうえでの「適用」は，理論の適用とはいえないものであった。リカードウが述べたものであれ彼の追随者が述べたものであれ，その地代論はテューダー朝時代には適用できない。「そして，私がさらに力説するのは，それを適用しようとする人々が，存在する実際の事実を研究する代わりに，自分たちの原理から事実についての言明を演繹する危険を犯しているということである」(Cunningham 1892d, 288)。第6章で述べたように，カニンガムにとって歴史の研究とは，個性的な出来事を説明するために，それをもたらした諸条件を書きとめることであった。つまり，

「事実に関する確かなデータから少しずつ歴史を築き上げる」(Cunningham 1892c, 498) ことが重要なのであった。これに対して，リカードウの地代論は，それが基づいている仮定を変更し，「他の事情が同じならば」という条件を緩和して，大幅に修正しなければ，過去の事実には適合しないものだった。カニンガムとマーシャルとの間には，理論の適用ということについて，大きな認識のズレがあったのである。

《論争の総括　7》

　歴史学派の経済学者たちは，時代や地域に応じて経済学説が違ったものになると主張した。これに対して理論派の論者たちは，たしかに具体的経済学は歴史的に相対的であるが，抽象的経済学は普遍的に適用可能であると論じた。それぞれの状況に特有な事情を考慮するならば現実に応用できるのだから，抽象的経済学は普遍性を有するというのである。

　この問題をめぐる理論派と歴史学派との対立の背景にあったのは，両派の関心の相違であった。理論派は一般的なものに関心をもち，現実世界のなかに，それらの事例を見出そうとした。「歴史的経済学は，経済理論に取って代わるどころか，経済法則の長期的な作用を，大いに異なる社会状態において提示し検証するだけであろう」(Jevons 1876, 197) というジェヴォンズの発言は，理論派の考え方をよく表している。マーシャルは，リカードウの地代論が，イギリスの中世やインドにも適用可能であると考えた。マーシャルによれば，非常に平穏な表面の背後で，私的利得を抜け目なく追求するささやかな営みが数多く行われており，機会があれば土地保有者は耕作者の手元に余剰を残さないような仕方で新しい契約を結ぼうとするから，長期的には，そうした余剰は土地保有者のものになる。私的利得を追求しようとする諸動機が均衡するところに，慣習的地代が変化してゆくというのである。歴史学派にとっては，このような議論はあまりにも一面的であり，およそ歴史とはいえないものであった。リカードウ地代論で想定されている階級構成，資本・労働の移動可能性，市場のあり方などは，イギリスの中世やインドのそれとは大きく異なっている。歴史学派が問題にしたのは，まさにそのような制度

的な特殊性であり，時代や地域の差異を消し去ってしまう経済法則の一般性ではなかった。「普遍的に適用できる道具」を用いた分析は，歴史的状況の一面を明らかにするかもしれないが，あくまでも一面に止まる。先のジェヴォンズの表現を借りるならば，「経済理論は，歴史的経済学に取って代わるどころか，その分析には限界があることを，大いに異なる社会状態において提示し検証するだけであろう」，これが歴史学派の考え方であった。

「普遍的に適用できる道具」の有効性と限界をめぐる問題は，未解決のまま，その後の経済学方法論に引き継がれる。というよりも，方法論争における衝突は，後に本格化する議論の萌芽というべきものだった。

1) 詳細については佐々木(2001a，第 8 章)を参照されたい。
2) この講演の題目「進化経済学(evolutionary economics)」が意味するのは，経済過程の進化を説明する経済学ということではなく，経済過程の進化に伴って変わってゆく経済学ということである。「進化」そのものについては次のように述べている。「進化という言葉を，私はたんなる変化の事実以上のものを意味する言葉として用いる。すなわち，各々の新しい現象が，それに先行して存在する諸条件から生じるとともに，その新現象が次には，将来のさらに新しい現象を生成させる土壌になるような変化を，進化と呼ぶ。そのため，運動のなかで，先行する段階を精密に再生産する段階は一つもないが，各段階は先行する段階に由来する要素を保持している。しかし，そのような進化は，進歩(improvement)であるかもしれないし，そうでないかもしれない」(Ashley 1924, 37)。
3) パルグレイヴ編『経済学辞典』の一項目「経済学者の歴史学派」のなかで，アシュレーは次のように述べている。「すでに指摘したような相違はあるが，新しい運動はどこでも，(1)経済理論の相対性，(2)現在に関する経験的・統計的観察を含む経済史研究の望ましさ，を強調するという特徴をもっていた」(Ashley 1896)。
4) 「諸国民の経済学」とは，ジョーンズが東インド・カレッジで行った講義のテーマである(Jones 1852, 339/訳 1)。
5) 「ジェームズ・エドウィン・ロジャーズの経歴は，他の多くの者の経歴にもまして，歴史派経済学は，一人の指導者，一団の追随者，および共通の研究計画をもつ緊密な学派を構成しているわけではない，ということをよく示している。歴史派経済学者を自称するにもかかわらず，彼は特定の時代と場所における経済理論の相対性を強調してはいなかった」(Koot 1987, 64-65)。
6) アシュレーは，パルグレイヴ編『経済学辞典』の一項目「経済学者の歴史学派」のなかで，イギリスにおける経済史の詳細な研究と体系的な教育に刺激を与えた著作として，シーボームの *English Village Communities* (1883) と *Tribal System* (1895) を

挙げている。上記の引用文で言及されているのは，出版年から考えて前者であると思われる。

7) 『イギリスにおける産業および商業の歴史』(1892年刊)は，ロジャーズが1888年から1889年にかけてオックスフォード大学で行った連続講義の原稿をもとに，息子のアーサー・G・L・ロジャーズが出版したものである。それは，まだ未完成な原稿であり，本来であれば修正の後で刊行されるはずのものであった(Hewins 1892a)。

8) ムーア(Moore 1996a)によれば，レズリーによるロー批判の背後にはアイルランド問題があった。つまりローは，契約の自由が両当事者はもちろんのこと，社会全体に利益をもたらすという経済学説を援用して，アイルランドの地主と小作人の間の契約にイギリス政府が介入することに反対した。ローは，既成秩序を弁護するために経済学を利用し，社会改良を求める動きに反対したのであった。これに対してレズリーは，アイルランドの現実を直視して土地制度の改革を唱えていた。

9) 「すべての因果関係の法則は，反対に作用する諸要因がないならば，一定の諸原因がある結果を生み出すだろうと単に主張するにすぎない限り，仮説的であるといえるであろう」(Keynes 1891, 205/訳156)。

10) マーシャルのこの議論について，ケインズは次のように簡単な注釈を加えている。「経済的諸条件が非常にゆっくりと変化しつつあるところでは，賃金と物価は，競争とは全く無関係に，法あるいは慣習によって規制されるように思われるが，ところが実際には，法あるいは慣習それ自体が代々引き続いて漸次的に修正され，したがって，それらが容認する賃金率はある一定の時期には，需要と供給の自由な作用がそれ自体もたらすであろう正常率と著しくは相違しないということが，示唆されてきた」(Keynes 1891, 259-260/訳196)。

11) 後の論文では，学説の相対性の根拠として，個人の動機の相違だけではなく，個人の役割の相違も挙げている。すなわち，「古代および中世においては，個人は経済生活の器官としてそれほど重要ではない。熟練を育成し，将来への深慮を示し，そして企業を支配するのは，集団であって個人ではないのである」(Cunningham 1894b, 332)。また，地球上のあらゆるところで，激しい競争が経済生活を支配するようになったとしても，それによって，すべての人間が「われわれが国内の実業界で見慣れているタイプの人間」になるわけではない。「社会環境の力がどのようなものであっても，現代文明は別の種類の人間も生み出す」ということを指摘している(Cunningham 1905, 467)。

12) 「自由産業と自由企業の成長」に関する章は，初版から第4版までは第2〜3章に配されていたが，第5版(1907年)以降は付録に回された。

13) 穀物がすべて同一の市場に送られるかどうかは問題ではないという反論は，『経済学原理』でも明示されるようになる。第3版(1895年)以降，「土地の地代」章から引用した前掲の文章に続けて，次の文言が追加された。「その大部分は，到達された経済の発展段階とも独立である。また，農産物が市場に全然送られることがないか，ほとんど送られることがないとしても，また徴課が現物で行われるとしても，それらの

こととは関わりなく当てはまる」(Marshall 1961, 635)。

第 8 章　方法論と政策論はつながっているのか
　　──実践的観点をめぐる問題

1. 理論と実践

　ここで実践的観点というのは，経済政策の目的と手段をめぐる観点という意味である。目的の設定には，「望ましいもの」「あるべきもの」についての価値判断が伴う。古典派経済学の方法論を定式化した論者たち，すなわちシーニア，J. S. ミル，ケアンズなどは，経済学が価値判断に対して中立であることを強調していた。経済学は事実について語る科学であって，理想や目的を語るものではない。目指すべき目的は経済学の外部から与えられるのであり，経済学にできることは，その目的を実現するための手段を教えることだけである，というのである。これに対して歴史学派は，与えられた目的を実現するための手段を示すだけではなく，目的の設定そのものを目指していると受け取られることが多かった。歴史学派の経済学者は，望ましい社会状態について積極的に語り，価値判断に踏み込むことを躊躇しない。そして自らが信奉する社会改良の観点から自由放任政策の弊害を批判し，政府が経済過程に介入することを支持する。歴史学派とは，社会政策の拡大を通じて社会改良をなそうとする学派である。というように，その政策的主張によって学派が規定されることも稀ではなかった。はたして，イギリス歴史学派の実践的態度は，このような理解に一致するものであったのか。理論派は実証と規範の分離を主張し，歴史学派はそれらの統合を求めたということが，両派の対立点であったのか。われわれが本章第 1 節で検討しなければならない

のは，この問題である。

(1) 事実と価値

経済主体の倫理と経済学者の倫理

ネヴィル・ケインズは，ロッシャー，ヒルデブラント，クニースに代表される学派をドイツ学派と呼び，その特徴の一つとして，経済学の倫理的課題を強調することを挙げた。つまり経済学は，何であるか(what is)だけではなく，何であるべきか(what ought to be)をも問題とするのであって，これらの研究の間には明確な分離線を引くことができないと主張している，というのである。

> この学派は明白に自らを倫理的と呼ぶ。それは経済学を，高度な倫理的課題をもち，人間生活の最も重要な諸問題に関わりをもつものとみなす。この科学は，単に経済活動を促す諸動機を分類するだけでなく，また，それらの道徳的価値を秤量し，比較する。それは，正義と道徳性の要求を満たすような富の正しい生産と分配の基準を決定しなければならない。それは，単なる物質的な生活だけではなく，知的かつ道徳的な生活を考慮に入れて，経済発展の理想を示さなければならない。そして，それは──正しい諸動機の鼓舞，産業生活上の健全な慣習と習慣の流布，ならびに国家の直接的な干渉のような──その理想を達成すべき進路と手段とを議論しなければならない。(Keynes 1891, 23/訳 17)

これに対して，スミス，リカードウ，マルサスなどによって形成されたイギリスの経済学は，別な考え方を示しているという。イギリス経済学の方法を定式化したシーニア，J. S. ミル，ケアンズ，バジョットが一致して主張するのは，経済学の役割は事実を研究することであって実践的な規則を定めることではない。すなわち，「経済学は一つの科学であって，一つのアートあるいは倫理的研究の一部門ではない」(Keynes 1891, 13/訳 10)ということであった。つまり，イギリス学派は実証と規範の峻別を主張し，ドイツ学派は

それらの統合を主張しているというのである。

しかし，問題はそれほど単純ではない。本来のドイツ歴史学派はシュモラーを中心とする集団であると考えるシュンペーターは，シュモラーたちが価値判断と事実判断の混同に批判的であったと指摘する[1]。

> われわれはシュモラー自身および彼の弟子の大部分が，最大の熱意をもって自分たちの個人的な価値判断を主張しながら，社会改良のための闘争に没頭したことに注目してきた。このことは，彼らの科学的信条が，経済学者たちの価値判断に対しても，また経済学者たちが自らを政党と同一視して諸施策を勧告する実践に対しても，極めて批判的であったという事実を抹殺してきた。シュモラーが「スミス主義(Smithianism)」と呼んでいたものに反対した一つの理由は，まさにこれらのスミス主義者たちが，政治的「処方箋」を生み出すことに傾倒していたということであった。(Schumpeter 1954, 811)

つまりシュモラーたちは，その科学的信条としては，事実判断と価値判断とを区別するべきであると考えていた。それらを区別したうえで，一方では事実の研究に向かい，他方では自らの価値判断を主張した。これに対して，利己心と自由競争が見えざる手に導かれて一般的富裕を実現するという学説の支持者は，事実についての主張であるかのように装いながら，その背後に，政府介入の排除，自由競争の拡張といった実践的主張を隠し持っている。事実判断と価値判断とを混合しているのは，むしろイギリス経済学のほうだ，と考えたのである。

シュンペーターによれば，たしかにシュモラーは自らの学派に「歴史的‐倫理的(historico-ethical)」というラベルを付したが，この場合の倫理的という言葉の使い方には注意が必要であるという。この言葉は一方では，イギリス古典派が私的利潤を漁る行為を擁護しているとして，それに対する抗議の姿勢を表すものであった。つまり，もっぱら私的利益のみを追求する行為を道徳的に非難するという価値判断を表していた。ところが，この俗受けす

る表面的な意味の背後に,もう一つの意味があった。それは経済学者の倫理ではなく,経済主体の倫理に関わるものである。すなわち,倫理的という言葉に託して,「この学派は,一経済現象のあらゆる側面,したがって経済行動のたんなる経済的論理だけではなく,そのあらゆる側面の研究,したがって歴史的に展示されてきた人間の動機づけ全体の研究をするのだと公言した」(Schumpeter 1954, 812)。経済主体は,さまざまな社会的拘束のなかで行動せざるをえない。倫理的という用語は,そうした超個人的な要素を強調する言葉として選ばれている。それは,通常考えられるような倫理的動機だけではなく,すべての動機を研究しようとする方針を表している。すなわち,上記のケインズの一文「この科学は,単に経済活動を促す諸動機を分類するだけでなく,また,それらの道徳的価値を秤量し,比較する」に即していえば,ケインズが「道徳的価値を秤量し,比較する」という点を歴史学派の特徴としたのに対して,シュンペーターは,「経済活動を促す諸動機を分類する」という点こそが重要なのだ,と主張しているのである。

　シュンペーターによるこのようなシュモラー解釈は,われわれがイギリス歴史学派の倫理的観点を考察するさいにも,非常に有益な示唆を与える。すなわち,歴史学派の倫理的観点というとき,その二つの意味を区別しなければならない。一つは,経済主体に関わるものである。経済主体のさまざまな動機を表す用語として,ドイツ歴史学派は「倫理(的)」という言葉を用いた[2]。しかし,イギリス歴史学派の場合には,この意味で「倫理(的)」という言葉が使われることはほとんどない。経済主体の多様な動機を重視したレズリーは,端的に「富の多様性」を問題にし,経済的行為が社会的な拘束を受けることを指摘するときには,慣習あるいは制度に言及する。したがって,レズリーの用語法のほうが,誤解を招くことが少なかったということができる。いずれにせよ,経済主体の多様な動機や倫理観を分析することは,「何であるか」の研究であって,「何であるべきか」の研究ではない。経済主体の動機の多様性に関するイギリス歴史学派の考え方は第2章で取り上げたので,ここで繰り返す必要はない。本章で考察しなければならないのは,倫理的観点のもう一つの意味,すなわち経済学者の倫理である。イギリス歴史学

派の論者たちも，強い実践的関心をもって当時の社会問題に臨んでいた。しかし，シュンペーターがシュモラーの学派について述べたことは，ここにも当てはまる。つまり，イギリス歴史学派の経済学者たちも，その科学的信条においては，実証と規範との区別を支持していた。彼らはむしろ，イギリスで開発された経済理論の背後には自由主義の思想が隠されており，実証と規範とを混同しているのは既成の経済理論を支持する者たちであると考えたのである。まずレズリーの主張を聞くことにしよう。

経済理論の規範的性格

　レズリーが抽象的な経済理論を批判したのは，経済学者がそれによって恣意的な世界を構成し，また規範的な意味を帯びた世界を作り上げることになるからであった。レズリーによれば，アダム・スミスの『国富論』には歴史的方法とアプリオリの方法とが同居しているのであるが，アプリオリの方法には三つの源泉があった。すなわち，古代の自然法，キリスト教の神学，自由主義の思想がそれである。第一に，アプリオリの方法の起源は，古代ギリシア人の思索に始まり，古代ローマの法哲学を経由して伝えられた「自然の理論(theory of Nature)」にある。それによれば，人為的な制度の根底に調和的で恵み深い事物の自然的秩序があり，もし人為によって攪乱されないならば，そのような秩序が実際に現れるものとされた。「18世紀には，この理論はさまざまな形態と外観をもつに至ったが，それらのすべてが，自然を審問することなしに，たんなる予断に基づいて仮説を形成し，そこからアプリオリに推理するという根本的な誤謬を伴っていた。自然と考えられたものは，実際はその構成と配置とに関する推測にすぎなかった」(Leslie 1870a, 151)。自然の理論は「自然仮説(Nature　Hypothesis)」とも言い換えられているが (Leslie 1870a, 156)，推測された自然状態・自然の傾向・人間の自然(本性)などが，そのような仮説ということになる。すなわち，古典派理論のなかにも現れる「自然(本性)」なるものは，実は恣意的な推測にすぎないというのである。第二に，自然の理論は，キリスト教と結びついて規範的な性格を強めるようになった。「自然法は，スミスの場合，宗教的信仰箇条の一つになっ

た。すなわち，人間本性の諸原理は造物主の本性と一致しており，必然的に人間の能力と資源とを最も有益に使用する傾向がある，というのである」(Leslie 1870a, 153)。スミスおよび重農学派の経済学が自然法思想の影響を強く受けたものであったということは，ロッシャーなどドイツの経済学者によっても指摘されていたが，レズリーによれば，彼らはスミスや重農学派の自然法が神学的な形態をとっていたという点を見落としていた。スミスと重農学派においては，単純で，調和的で，恵み深い自然の秩序は，神の制度であり摂理であるとみなされていた。私益の追求が恵み深い経済をもたらすという信念の基礎には，摂理の導きに対する信仰があったというのである(Leslie 1875, 173)。第三に，スミスの自然仮説は，神学だけではなく，自由主義の思想とも結びついていた。市民的・宗教的自由の観念，恣意的な政府や不平等な法に対する抵抗は，17世紀にはすでに，宗教や政治の世界だけではなく，日常的な実業の世界にも姿を現していた。18世紀半ばになると，交易の分野での個人的な活動を抑圧的な統制や不平等な税制から解き放つことを求める思想が優勢になっていった。レズリーによれば，そのような思想に「準哲学的な基礎」を与える役割を果たしたのが自然法思想だったのである(Leslie 1870a, 156)。

　レズリーの批判はスミスに向けられていたが，より一般的なかたちで理論と実践との混同を批判したのがトインビーであった。トインビーは，報道界，政界そして経済学者の間に，理論と実践との混同が広くはびこっていることを指摘する。彼によれば，本来の経済学は純粋科学(pure science)であり，その目的は知識である。しかし，「報道界や政界における経済学は実践的科学(practical science)，すなわち行為を導く規則および格率である。ジャーナリストや議員たちは，純粋科学の法則を実践的科学の格率と混同している」(Toynbee 1884, 29/訳 6)。経済学の純粋科学は，経済現象の「何であるか」を示し，実践的科学は，「何であるべきか」を示す。実践的科学という言葉を使うかどうかは別として，この両者を峻別しなければならないということは，1830年代以降，J. S. ミルやケアンズなどによって強力に主張されてきた。しかしトインビーによれば，報道界・政界では相変わらず両者が混同さ

れ，純粋科学の法則が実践的な指令であるかのように語られている。さらに，両者を混同しているのは政治家やジャーナリストだけではなかった。一部の方法論的な自覚をもつ経済学者を除いて，経済学的な著述を行う者の多くが，この種の誤りを犯しているというのである。

> 経済学は存在しない法則の存在を主張しただけではなかった。これ以上に人を誤らせたのは，経済学の普通の水準の著者たちが，法則と指令，すなわち事実の一般的言明と，それに基づく実践的格率とを区別することができなかったことであった。なるほど，ケアンズのような著者たちは，経済学の法則は行為の規則とは非常に異なっているということ，経済学は「中立的」であるということを明らかにしようと努力した。しかし彼らは，経済学の法則は必要という力ずくによって規則に変えられるのだということ，したがってこの中立性の維持は実際には不可能であるということを忘れていた。その時代の差し迫った問題に対して，なんらかの回答が与えられなければならない。もし経済学が規則を与えず，実践的科学とならないならば，ジャーナリズムがそれをするであろう。そして実際には，控えめな学者のふりをしながら，経済学者たちはたえず市場で声高に争ってきたのである。(Toynbee 1884, 22-23/訳 213-214)

トインビーは，このような理論と実践との混同は，経済学に深く根ざすものであると考えていた。ミルやケアンズが両者の峻別を主張するようになる以前には，そもそもスミスやリカードウのような指導的経済学者でさえも，この種の混同を免れてはいなかった。スミスやリカードウは，個人の自由な経済活動を仮定し，その仮定に基づいて経済理論を構築していたのであるが，個人の自由な経済活動は，理論上の仮定であるだけではなく，実践的にも望ましいものと考えられていた。トインビーによれば，スミスの場合，「二つの概念が『国富論』のあらゆる議論に織り込まれている。すなわち，個人的自由の最高価値に対する信仰と，人間の自愛心は神の摂理であり，自分自身の利益を追求する個人は全体の福祉を増進しているという確信とである」

(Toynbee 1884, 11/訳 199)。つまり，スミスの経済学の根底には，(1)個人の自由は最高の価値である，(2)私益の追求は公益を導く，という二つの「哲学的仮定」が置かれていた。スミスのこのような考え方は，以後の経済学に大きな影響を与えることになった。リカードウは，スミスの知的立場をだいたいにおいて何らの疑いもなく受け入れた。たしかにリカードウは，これらの仮定を神の摂理とみなすような神学的熱情はもっていなかったが，それでも二つの仮定が学説の全体に浸透していることに変わりはない。これら二つの哲学的仮定が根底にあったために，個人の自由な経済活動という理論上の仮定は，同時に，個人の自由を侵害してはならないという実践的な含意をもつことになった，というのである。

　個人的自由は最高の価値であるという第一の仮定は，私益の追求は公益を導くという第二の仮定と密接に結びついている。スミスのなかでは，自由そのものに価値があるという思想と，自由は社会的富裕をもたらすがゆえに価値があるという思想とが，深刻な対立を生むことなしに同居していた。「アダム・スミスにおいては，個人の自由という概念は，われわれがすでに知っているように，単なる消極的な概念ではなかった。それは積極的な面をもち，すでに述べた第二の観念――自己の状態を改善しようとする個人の欲求は進歩の主因であるという観念，すなわち個人的利益と社会的利益との一致という観念から，実質的内容と現実性とを受け取っていた」(Toynbee 1884, 20/訳 211)。つまり，強制からの自由は，それ自体望ましいことであるが，それだけに止まらず，結果的に社会の進歩をもたらすがゆえに価値がある，というのである。スミスがとくに重視したのは，「労働の自由」であった(Toynbee 1884, 16/訳 206)。当時は，居住制限法や徒弟法などによって労働者の自由な移住や職業の選択が妨げられていた。そこで，これらの規制を撤廃することによって，人類の神聖な権利を確保するとともに，経済的進歩を実現することもできる，とスミスは主張したのである。

　トインビーの批判は，二つの哲学的仮定は必ずしも整合的ではない，というものであった。つまり，個人の経済的自由と社会的利益とは必ずしも一致しない。スミスの考えでは，居住制限法や徒弟法などが撤廃されれば，規制

によって守られている独占的商工業者の特権が排除され，どの労働者も賃金の高い地域や職業を自由に選択できるようになり，その生活を改善できるはずであった。つまり，「この学説は，最初は労働者の状態のあらゆる害悪の真の解決策として，彼らに同情を寄せている一擁護者によって広められたものであった」(Toynbee 1884, 16/訳205)。ところがスミスは，人間の自然的な経済的平等を仮定し，必要なのは権利の法律的平等だけであると仮定した点で誤っていた。「なるほどアダム・スミスは，労働者は契約を交わすさいに雇用者と対等ではないということ，彼はより貧しく，弱く，かつ法律によって圧迫されているということを知っていた。しかし，彼はそのために結合(combination)の必要を認めなかった」(Toynbee 1884, 17/訳206)。産業に対するあらゆる障害は連合(association)に由来し，産業に対するあらゆる進歩は個人に由来したように思われるという観察に誤り導かれて，スミスはあらゆる形態の連合を非難した。つまり，個人の経済的自由が社会的利益をもたらすとする考え方が，労働組合の意義を認めることを妨げたというのである。しかしながら，

> 工場制度が確立されるやいなや，雇用者との闘争における女性と子供の不平等が，もっとも不注意な観察者の注意をも引くに至った。そして，ひとたびこの状態に注意が向けられるや，まもなく成年男子の不平等もまた目立つようになっていった。第一の認識の結果は工場法であった。第二の認識の結果は，団結禁止法の廃止と賃金決定における労働組合の真の機能の承認であった。(Toynbee 1884, 17/訳207)

労働市場と商品市場とが同一の性質のものであるという仮定は誤っており，商人ないし製造業者間での商品取引とは違って，個々の労働者は雇用者との間の取引において不利な立場にある。第一に，労働者は雇用者と比べて労働需要に関する知識が不足しているため，満足できる契約が結べない場合には他の職場へ移る，という選択ができない。第二に，労働者は雇用者との交渉期間中の生活を支える資金をもっていないため，同意できる最低限の賃金を

確保するまで交渉を続けるということができない。このような不利な立場を補うのが労働組合だというのである(Toynbee 1884, 169-170/訳 240-241)。すべての経済当事者の対等な競争を仮定する理論は，自由な経済活動が社会的利益をもたらすという実践的含意をもつ。その結果，労働の自由の学説は，労働者が労働組合を結成し自らの状態を改善しようとすることに反対する主要な武器となってしまった。しかし，トインビーによれば，現実には雇用者と労働者とは対等ではないのであって，そのような実践的含意は，誤った仮定から生ずる誤った指針だということになる。

　理論と実践との混同は，経済理論を支持し，これと自由放任政策とを同一視した論者たちの側でのみ起こったのではなかった。経済理論のなかに嫌悪すべき実践的含意を読み取り，これを否定しようとした論者たちも，逆の意味で理論と実践との混同という誤りを犯した。とくに混同されたのは，理論上の個人主義と実践上の個人主義とであった。「家族，連合，国民の一員としてではなく，金銭的利害によってのみ結びつけられた孤立した個人という人間の概念は，本質的に経済科学に遍く浸透している人間の概念である。この概念は，理論的科学としての経済学の特徴であっただけではなく，実践的科学としての経済学の全態度をも決定した」(Toynbee 1884, 23/訳 214)。哲学者，道徳家，さらには政治家までもがいっしょになって，このような人間の概念に対抗した。これらの人々はすべて，個人主義の学説に，家庭的，政治的および国民的結合を弱める溶剤，すなわち社会生活の重大な分解要素を見た。彼らはみな，利己心の支配の宣言のなかに，親切と感謝の感情，子の親に対する尊敬と親の配慮，政治的誠実と愛国心，要するに社会を一体に結合させるあらゆる感情の廃棄を見たのである(Toynbee 1884, 23-24/訳 215)。しかし，これは誤解であった。すなわち，「論理的考案物が現実世界の画像として受け入れられるに至った。といってもこのことは，情け深く親切な人間であったリカードウ自身が，かりにこの問題を自ら問うたならば，自分の論著の世界が実際に自分が住んでいる世界であるようにと望んだり，考えたりしたであろう，ということを言っているのではない」(Toynbee 1884, 7/訳 193)。リカードウの議論は経済的な側面以外の人間生活のあらゆる側面を考慮の外に

置き，経済的な側面だけを孤立させて論じているにもかかわらず，それが社会生活および産業生活の完全な哲学とみなされ，引用されるに至った。そして，リカードウ自身は彼の理論的世界を望ましい世界だと考えていたわけではないが，両者が混同されて，リカードウに対する絶えざる批判の源泉になってしまった，というのである。

このように，トインビーによれば，当時の政策論争の場面でも事実判断と価値判断の混同が確かにあった。しかしそれは，政治家やジャーナリスト，方法論的な自覚のない経済学者の問題であった。方法論争の時期には，理論派であれ歴史学派であれ，方法論的な素養のある指導的な経済学者は，通説に従って事実判断と価値判断は分離すべきであると考えていた。事実判断と価値判断は分離すべきなのか，それとも一体のものとみなすべきなのかということは，イギリスの方法論争では争点にならなかった[3]。カニンガムの次のような発言は，ほとんどJ.S.ミルの言葉を繰り返すものであり，正統派となんら変わるところがないのである。

> およそ経済学にできることは，所与の目的に対する手段を規定することである。もし一国民が栄光を欲するならば，軍事力を維持し，争って優位を得る最良の手段を示唆しうるといってよい。もし一国民が，安定した慰安と産業的成功を欲するならば，どのようにしてこれが獲得されるのかを示しうるといってよい。しかし，経済学は追求されるべき目的についての規準を設定することはできない。それは権威をもって語ることはできない。宗教ないしは倫理が，実現が望まれる人間社会についての何らかの理想を提供し，その後で経済学が，この目的を達成するための手段のいくつかを指摘したり，その途上に立ちはだかる障害のいくつかを指摘したりすることはできる，といってよい。しかし，実践的な学説としても，それは相対的である。すなわち，われわれが提示する倫理的目的・目標に対して相対的である。それは，われわれがなすべき義務を指摘することはできないのであって，それが唯一われわれを援助することができるのは，その実現がわれわれの義務であると信ずるものを成就

するための仕方を知らせることなのである。(Cunningham 1892b, 15)

　後述するように，カニンガム自身が掲げる目的は国家の力を増大させることであったから，そのために何が適切な経済政策であるかを教えることが経済学の任務であった。ある経済学者が政治家あるいは市民の立場から，規範的判断を行うことは差支えない。しかしそれは，経済学者としてではなく，それとは別の立場から発言しているのである。もちろん，同じ人間の発言であるから，経済学者としての発言なのか，政治家あるいは市民としての発言なのかが不明瞭になることがあるのは避けられない。読者・聴衆が区別できないのはもちろん，本人自身もつねに意識しているわけではない。しかし，方法論的自覚をもつ経済学者たちは，経済学と実践的な主張とは区別されなければならない，という通説を支持していた。彼らにとって，「何をなすべきか」という規範的判断は経済学の外部で行われるのであって，経済学の任務は，その目的を達成するための手段を教えることに止まるのであった。ここまでは，両陣営に違いはなかった。

(2)　経済と政治

部分学としての経済学

　ところが理論派には，経済学は規範的判断に対して中立であるという主張に加えて，実践的提案に対して禁欲的な態度をとらなければならない理由がもう一つあった。それは，経済学が取り扱うのは社会現象の一部にすぎないから，全体的な考察を必要とする政治に対して提言を行うことはできない，ということであった。こうした理由づけは，シーニアの次のような発言によく示されている。

　　経済学者の結論がいかに一般的でいかに真理であろうとも，そのために，一言でも助言を行う資格が与えられるわけではない。そのような特権は，人々の一般的福祉を促進したり妨害したりするかもしれない全ての原因を考察する著者あるいは為政者に属するのであって，たとえ最重要なもの

であっても，そのなかの一つだけを考察する理論家に属すものではない。経済学者の任務は，一般的原理を述べることであって，これを推奨したり諫止したりすることではないのである。(Senior 1836, 3/訳 7)

　例えば，「国富の増大を目指すべきである」というような，経済領域に限定された目的が与えられる場合には，経済学者は自分の専門的知見に基づいて，この目的を実現するための手段を提示することができるかもしれない。しかし為政者が達成しようとするのは，経済的福祉だけではなく，一般的福祉であるといわなければならない。富の増加がもたらす経済的福祉の向上は，人々の一般的福祉の向上とは必ずしも一致しないかもしれない。人々の一般的福祉を促進するためには，経済的福祉以外のさまざまな事情も考慮に入れなければならない。政策提言を行うことができるのは，経済問題だけを考察する経済学者ではなく，すべての社会問題を考慮に入れる政治家あるいは常識ある市民ということになる。シーニアが主張していたのは，経済学は部分学であるから政策提言を控えなければならないということであった。

　このような主張は，マーシャルにも見られる。マーシャルの場合，経済学の領域に入るのは貨幣によって測定できる事柄である。したがって，それを超える配慮が必要になる領域では，経済学者が権威をもって発言することはできない。マーシャルは，「経済学の現状」において，経済学者がなしうるのは経済学のオルガノンがなしうることだけであると述べる。そのような仕事を為し終えた後は，背後に退き，最終的な決定の責任を常識に委ねる。他の種類の知識の邪魔をしたり，押し除けたりすることはしない。常識が他の利用可能な知識を活用するのを阻むことをせず，いかなる仕方にもせよ妨害することはしない。経済学者は，助けることのできる場所で助け，残りのことに関しては沈黙を守る，というのである (Marshall 1885, 164-165)。

　経済学者が，他の任意の市民と同じように，さまざまな実際上の問題について，最良の解決法について自らの判断を述べることは，あり得ることである。技術者が，パナマ運河のための資金調達の正しい方法につい

て，自らの意見を述べることがあり得るのと同じである。しかし，そのような場合には，彼の観点は，彼の科学の名において語られているわけではない。そして，経済学者はこのことを明らかにしておくことに特別に注意深くなければならない。なぜなら，経済学の領域について多くの誤解が存在し，また実際問題において，経済学に対して不当な権威を主張することが，しばしば行われているからである。(Marshall 1885, 165)

マーシャルによれば，実際に政策を決定するためには，経済学者の専門領域を超える諸事情を考慮しなければならない。しかし，そうした諸事情を考慮するときには，もはや専門的経済学者としてではなく，常識ある市民としてそれを行うことになる。

実はこの問題は，われわれが第3章で検討した「社会生活の統一性」をめぐる問題の実践的な側面であるといってよい。マーシャルによれば，社会問題のような複雑な問題を考察するためには，問題をいくつかの部分に分解し，「それからそれらの部分を一組ずつ議論し，最後に総計して結論を出す。コントが無視したと思われる事実は，人間の精神はそれ以外の研究の方法をもたないということである」(Marshall 1885, 164)。マーシャルはここでコントの名前を挙げているが，彼が対峙していたのは，むしろ同時代のコント主義者であったと思われる。例えばイングラムは，社会現象を統一的に研究することを主張しただけではなく，実践面においても経済学の部分性を批判していたからである。すなわち，経済学者が純粋に経済的なものの領域に閉じこもることは，政策を論じる場合にも有害な影響を及ぼす，というのである。

経済学者たちが，通常自分たちの一面的な態度を正当化するさいに根拠とするのは，次のものである。彼らが公言するところによれば，各問題についての彼らの取り扱い方は部分的であり不完全であるから，真の解決のためには，関係する他のすべての要素が考慮されなければならない。ケアンズ教授が語るところによれば，経済学は，社会生活あるいは産業生活のすべての特殊な計画や体制について，絶対的に中立的である。彼

によれば，経済学は，しっかりした見解を形成するための一定のデータを提供するものであって，どの社会問題についても，われわれの最終判断を決定することはできない，というのである．ところで，このように意図的な無関心主義を採ることは，最も重要なすべての主題について，共同社会の大衆の確信を作り出したり裏づけたりすることができる社会的力として，経済学が完全に無力なものになることに等しいのである．(Ingram 1878, 53)

例えば，貿易政策をめぐる問題を考える場合，純粋に経済的な観点から，自由貿易と保護貿易との優劣を論じるだけでは十分ではない．それぞれの政策がもたらすであろう政治的・社会的帰結をも考慮に入れるのでなければ，実践的な政策論として有効ではない．保護貿易論者の不平はつねに，彼らの敵が保護の非経済的な結果をすべて一貫して無視するということにあるのだから，自由貿易論者も，保護貿易は経済的損失よりもはるかに有害な社会的および政治的帰結をもたらすということを論証するのでなければ説得力をもちえない．「私の信じるところによれば，あれこれの経済学的誤謬に対抗するための最も有効な武器は，物質的利害に基づく論拠にではなく，社会のより高級な目的についての考察，および国民集団の生活理想についての考察から導かれる論拠のなかに，しばしば見出されるであろう」(Ingram 1878, 54)．後述するように，実際にイングラムは1903年の関税改革論争に臨んで，道徳的・宗教的な観点から自由貿易(保護貿易ではない)を支持した．つまり，ある社会的目的を実現するための手段を教える科学は，部分学としての経済学ではなく，社会問題を総合的に考察する社会学でなければならない．そうでなければ社会の期待に応えられないであろう，というのがイングラムの批判の眼目だったのである．

2. 経済政策の目的と手段

本章の題目にある実践的観点とは，目的そのものに関する議論と，目的を

実現するための手段に関する議論の両方を意味する。このうち,価値判断を伴う目的の設定は経済学の課題ではないという点については,両陣営の間に違いはなかった。したがって,価値判断の内容,つまり経済政策の目的は「何であるべきか」ということも,方法論争の争点ではなかった。方法論争は,なによりもまず,事実研究の方法をめぐる論争であったということを忘れてはならない。しかし,事実を研究する方法と実践的な主張との間に,何のつながりもなかったというわけではない。事実を研究する方法の差異を実践的な主張の対立に還元してしまうのは誤りであるが,両者を完全に切り離して理解するのも適切ではない。では,方法論争を闘った両陣営について見るとき,事実研究の方法と実践的な主張との間には,どのような関係があったのか。この点についての通常の理解は,理論的方法は経済的自由主義と結びつき,歴史的方法は社会改良主義と結びついた,というものであろう。しかし,われわれは事例に即して,両者の関係を具体的に考察しなければならない。その具体的な考察を通して,これらの結合は必然的なものではなく,経済思想史の特定の局面で現れたものであったことを明らかにする。

(1) 社 会 政 策

経済的自由主義の衰退

1870年代から20世紀初頭にかけて,それまで支配的であった経済的自由主義(economic liberalism)[4]の思想がしだいに衰退してゆく。シュンペーターによれば,経済的自由主義は,貿易政策,社会政策,財政政策,貨幣政策などについて,独自の原則をもっていた。この時代には,それらの原則がしだいに崩れるのであるが,注意しなければならないのは,それらが一斉に崩れたわけではないということである。変化を先導したのは社会政策の分野であった。経済的自由主義の諸原則が一斉に崩れたわけではないということは,個々の思想家の立場を考えるうえで重要である。つまり,貿易政策では自由主義を支持しながら,社会政策の分野では国家介入の拡大を主張した論者は,けっして珍しくないのである。逆にいえば,こうした論者が多数いたからこそ,諸原則の崩壊に時間差が生じたということもできる。

1870年代から80年代にかけて興隆したイギリス歴史学派の運動は，実践的な側面から見るならば，まさに自由貿易を支持しながら社会政策の拡大を主張するものであった。この点は，意外な印象を与えるかもしれない。というのは，「イギリス歴史派経済学者の著作は，全体として，新重商主義（neo-mercantilist）として特徴づけることができる」(Koot 1987, 4)という有力な解釈があるからである。しかし，クートのこの解釈は適切ではない。新重商主義は，イギリス歴史学派の展開のなかで，20世紀初頭に現れた一つの局面を表すものにすぎないからである。イギリス歴史学派が台頭し，方法論争が闘わされることになった時期についていえば，歴史学派は貿易政策の転換を求めたわけではなかった。すでに述べたように，ロジャーズはコブデンの支持者であり，コブデン・クラブの創設メンバーでもあった。レズリーもまたコブデン・クラブの一員であり，自由貿易論の普及を目指す立場にあった(熊谷 1991, 93-95)。後述するように，トインビーは，穀物法の廃止によって食料価格が下落し労働者の生活が向上したことを評価していた。トインビーもまた，自由貿易主義者だった(Ashley 1904, 273)。イギリスにおける方法論争の背景に，貿易政策をめぐる対立があったとはいえないのである[5]。

1903年に始まる関税改革論争において，カニンガムやアシュレーが保護貿易論に与したことが，イギリス歴史学派は保護貿易主義者の集団であるという印象を与えることになった[6]。ところが，われわれが方法論争における歴史学派側の論者として取り上げた6名のうち，チェンバレンに与したのはカニンガムとアシュレーの2名だけなのである。ロジャーズ，レズリー，トインビーは，1903年以前に没していたが，上で述べたように彼らは自由貿易主義者だった。もう一人のイングラムは，1904年の時点でも，自由貿易の維持を主張してチェンバレンを批判している(Ingram 1904)。カニンガムとアシュレーにしても，後述するように，一貫して保護貿易を支持していたわけではなく，ある時点から保護貿易論者になったのである。したがって，イギリス歴史学派を特定の貿易政策によって特徴づけることはできないのであって，彼らは時と場合に応じて，自由貿易を支持することも保護貿易を支持することもあった，というべきなのである。

イギリス歴史学派の実践的な主張という点については，貿易政策よりもむしろ社会政策に注目しなければならない。社会政策の拡大を通して社会改良を進めようとする動きは，この時代を特徴づけるものであった。19世紀末のイギリスでは，「全体として，世論はますます社会的苦難と社会的必要に敏感になっていった」(Foxwell 1887, 100)。フォックスウェルは，19世紀中頃に支配的であった経済学・経済思想に代わって，三つの勢力が台頭してきたことを指摘する。理論的批判，歴史的方法，人道主義的感情(humanistic feeling)が，それら各勢力の特徴であった。第三の勢力は，しばしば歴史学派と混同されるけれども，はっきり区別されなければならないという。フォックスウェルが挙げるのは，キングズリーやジョン・モーリスなどのキリスト教社会主義者，ヘンリー・ジョージやマルクスの社会主義に同調する者，ラスキンやウィリアム・モリスなどの芸術家である[7]。こうした時代にあって，歴史学派の論者たちも，程度の差はあったが，社会政策の拡大を支持する立場をとった。ここで社会政策とは，労働者階級を中心とする貧しい階級を対象として，その生活向上を図るための政策全体を意味する。シュンペーターによれば，社会政策は，労働組合・労働条件・生活保障という三つの方面で拡大されて，経済的自由主義の原則を掘り崩していった(Schumpeter 1954, 768)。しかも，実際になされた立法以上に重要であったのは，これらの施策が取り上げられた新しい精神，すなわち社会政策の拡大を通して社会改良を進めようとする思想の台頭であった。実際の改革は，社会政策の敵味方の両者から，さらに広範な社会改造の企画の最初の片鱗であると理解されたのである[8]。これらの施策は，諸個人がそれぞれ自由に契約を結ぶという原則，また諸個人が自立して自らの生活を支えるという原則に，国家が介入することを意味した。

　経済理論では通常，「自由交換の利益」が仮定される。すなわち，自由な契約に基づく交換においては，交換当事者双方が利益を得るものと仮定され，それを妨げるような要因は捨象される。理想化された状況を仮定して推論する経済理論において，それを妨げるような要因を排除して分析を行うことは当然の手続きといってよい。しかし，理想化された状況を仮定する理論が，

現実にそのまま適用できるわけではない。現実においては，交換当事者は必ずしも対等ではなく，両者ともに等しく利益を得るわけでもない。イギリス歴史学派の論者たちが，抽象的な経済理論に不信感をもった理由の一つは，これであった。すなわち経済理論は，私有財産制，契約の自由，自由競争などを保証すれば，契約の当事者はもちろんのこと，結果的に社会全体の利益を実現することになると教えるが，それがあたかも現実の姿であるかのように説いて，現実世界の実質的な不平等を覆い隠す役割を果たしているという不信感である。なかでも，経済理論の権威を借りて，国家が自由な契約に介入することは，当事者の利益を損なうだけではなく，公共の利益も妨害することになると主張する論者に対する嫌悪感があった。抽象的な経済理論は，社会改良の試みを妨害している。そこでイギリス歴史学派の論者たちは，抽象的な理論に複雑な現実を対置し，かくして，方法をめぐる批判と実践をめぐる批判とが結びつくことになった。われわれはすでに，理論と現実との混同，実証と規範との混同が，トインビーによって批判されていたことを見た。イギリス歴史学派のなかで，経済的自由主義から社会改良主義への転換という視点を最も鮮明に打ち出したのが，まさにトインビーだった[9]。トインビーは，歴史学派の方法と社会改良主義との関係を考察するうえで，最も適した人物であるといえるのである。

歴史的方法と社会改良主義

　トインビーの名前は「産業革命」という言葉と結びついている，といっても過言ではない。その産業革命によって引き起こされた変化の本質について，彼は次のように述べている。「産業革命の本質は，競争が，以前富の生産と分配とを統制していた中世的規制に代わったことである」(Toynbee 1884, 85/訳 88)。トインビーによれば，産業革命前夜の1760年頃，イギリスは，なお著しい程度において中世的な微細かつ多様な産業規制の制度の下にあった。産業革命が始まったころに，これらの中世的諸規制の撤廃を主張し，産業自由の原理のために論陣を張ったのがアダム・スミスであった。スミスは，富の生産という観点から，産業自由の原理の有効性を論じた。ところがやがて，

産業革命の進行とともに，自由競争が分配に及ぼす悪影響が注目されるようになった(Toynbee 1884, 87/訳 90-91)。生産における競争が社会にとって有益であるのは，それが最適な地方での生産を促し，最低費用での供給を可能にするからである。これに対して，分配における競争は必ずしも社会にとって有益ではない。というのは，雇用者階級と労働者階級とが分配をめぐって敵対し，しばしば後者に不利な結果がもたらされたからである。トインビーの評価によれば，産業革命によって支配的な制度となった自由競争は，少なくとも分配に関する限り，労働者大衆の福祉に貢献したとはいえないものだった。

　トインビーの研究の最も顕著な特徴は，歴史的方法によって社会改良の指針を得るという点にあった。これは，実際に社会改良に寄与した諸要因を歴史的に探究するということを意味する。歴史的方法のこのような側面は，穀物法が廃止された 1846 年以降，とくに重要なものになったという。1846 年までは演繹法が実践的に有益な方法であった。というのは，古典派の演繹法とは，主として自由競争の帰結を考察する方法だったからである。国内外で経済活動が制限されていた時代に，諸制限が撤廃され貿易が自由化されたならばどのような帰結がもたらされるのか，ということを推論する方法は，政策的判断を行ううえで非常に有益な助言を与えることができた。たしかに，1846 年以降，労働者階級の生活水準は向上した。自由貿易によって，労働に対する需要の増加，より規則正しい雇用，パンの価格の安定がもたらされた(Toynbee 1884, 144/訳 172)。しかし，自由貿易は労働問題を解決したわけではなかった。「1846 年以後は，演繹法の使命は終わった。そのときまでは，経済学者は，諸制限が撤廃されればあらゆる社会的困難が解決されると考えていた。そのとき以後は，なお残存している諸困難の救済策を提示することはできなかった」(Toynbee 1884, 10/訳 197)[10]。観察という方法を復活させたのは，あらゆる演繹的経済学が提唱した諸制限の撤廃によっても解決されなかった困難，すなわち労働問題であった。経済学は労働者階級によって変形された。抽象的科学が実際上解決しえないものとして取り扱っていた諸問題の解決策を見出そうとする差し迫った欲求から，経済学者は，従来無視され

ていた事実に注意を向けた(Toynbee 1884, 10-11/訳 197-198)。このように，労働問題が時代の課題として浮上し，演繹法がそれに対処することができなかったときに，歴史的方法が代替的な方法として採用されるに至ったというのである[11]。

そこでトインビーは，労働者階級の状態の改善に寄与した自由貿易以外の諸事情を調べ，それを将来のための指針にしようとした。その事情というのが，労働組合・協同組合といった組織の形成，工場法その他の国家介入であった。労働組合と協同組合とは，ともに産業革命の産物であったという。産業革命以前には，雇用者と労働者との間に「保護と従属」の関係があったが，これは小さな作業場で両者がともに働くという状況の下で存続したものであり，この密接な関係は機械の導入による工場規模の拡大によって粉砕されてしまった。雇用者は労働者をたんなる道具とみなし，労働者は雇用者を憎んだ。その結果，労働者は自衛のために団結して行動しなければならなくなり，労働組合が結成されることになった(Toynbee 1884, 147-148/訳 177-178)。協同組合もまた，同じ状況のなかから生まれてきた。その開拓者はロバート・オーウェンであったが，「この混乱の時代に広まった数多くの弊害の中で，オーウェンは二つのこと――孤立と競争――に注目した。そして彼は，足下に踏み砕かれてしまった同胞的および市民的共同性という観念を復活させるために，共有財産を有し，平等な連合の原理と道徳的生活とに基づいた，自己完結的な共同体を形成しようとした」(Toynbee 1884, 226/訳 320-321)。オーウェンは，小さな独立社会のなかに同胞的共同性を取り戻そうとし，個人の孤立を集団の孤立に代えようとしたのであるが，現代の協同組合員たちは一集団の孤立を避けて，イギリス国民という大きな社会のよき市民であろうと努めている。

トインビーはさらに，労働者階級の生活状態を改善するうえで国家が果たす役割に注目する。例えば，1880 年制定の雇用者責任法(Employer's Liability Act)は，雇用者の過失によって労働者が負傷または死亡した場合には，労働者またはその家族が雇用者から補償を受ける権利があると規定したものであった。これは国家が補償的正義を実行することを意味していた。すなわ

ちこの法律は,「労働者はたとえ労働組合に加入しているときでも, ほかの援助なしには, 十分な正義を確保しえないことを認めており, そしてそれは明らかに, 正義の名において雇用者の富の一定部分を労働者に手渡したのであった」(Toynbee 1884, 151/訳 181)。しかし, このような規制的干渉以上に重要な国家干渉の方法は, 課税改革, 鉄道・ガス・水道などの重要産業の国有化, 労働者住宅などへの公共支出の拡大などである, というのである。

　労働者階級の状態を改善するために労働組合・協同組合・国家干渉といった方策に頼ることは, そもそも社会主義者の綱領の一部に含まれていたものであった。トインビーにとって, 社会主義の基本的原理とは,「物質的富において不平等な人々の間には契約の自由はありえない」ということであった (Toynbee 1884, 216/訳 304)。この不平等が存在することを認め, それを補正する仕組みを支持するという意味で, トインビーもまた社会主義を支持していた[12]。しかし, 生産手段を国有化して国家が全国の産業を管理するという「共産主義的解決」には, 克服不可能な実行上の困難があるとして, これに反対した。トインビーが支持したのは, 上記のような国家干渉, すなわち規制的干渉, 重要産業の国有化, 財政政策といった形での干渉であり, 彼はこれを「修正された形の社会主義(Socialism in a more modified shape)」と呼んだ(Toynbee 1884, 151/訳 181)。そしてまた, 革命による急激な変革にも反対した。トインビーによれば, 革命方式を支持するドイツの社会主義者たちは, 私有財産制と競争という既存の社会制度の下では労働者階級の生活状態の向上はありえないので, 革命によってこの制度を倒さなければならないと考えている。しかし彼は, イギリスにおける社会主義革命ははるかかなたにあるものだとする。「もし革命がはるかに遠いものであるとするなら, それはわれわれイギリス人が革命を差し迫ったものにする諸条件を修正する処置をとってきたからである」(Toynbee 1884, 213/訳 300)。社会主義革命につながる諸条件を修正する処置というのが, 協同組合・労働組合であり, さまざまな形態の国家干渉なのであった。トインビーはまた, 大陸の社会主義者の「唯物的理想」を批判し,「義務に対する燃えるような信念と, 生活についての深い精神的理想」とによって, 国家干渉の必要性を正当化する。つまり,

労働者階級の物質的状態の改良は，それ自身が目的なのではなく，「より高潔で，より高尚な生活」を実現するための基礎として必要だというのである (Toynbee 1884, 220/訳 309-310)[13]。

トインビーは，経済的自由主義の成果を継承しつつ社会主義を導入しようとした。経済的自由主義の主張のなかで，トインビーが最も高く評価したのは，個人の自立に大きな価値を認めるという点であった。多くの哲学者・道徳家・政治家が，過去の道徳を規準として個人主義的人間関係を批判していた。しかし，トインビーによれば，そのような批判は誤っている。なぜならば，

> 彼らが維持しようとした道徳的関係は，労働者の従属に基づいていたが，そのような従属が破壊されるまでは，新しい生活は決して達成されなかったからである。旧派経済学の大敵である歴史的方法は，この点においては，旧派経済学者を攻撃する者に反対して，旧派経済学に味方している。というのは，歴史的方法は，旧派経済学の攻撃者がきわめて烈しく非難した「金銭関係」が，いかに労働者の独立にとって不可欠なものであるかを示しているからである。そしてこの独立は，自由人の自発的協同に基づく，新しい，より高度な社会的結合の必要条件なのである。
> (Toynbee 1884, 25/訳 216)

したがって，国家干渉が行われる場合にも，それは個人の自立を損なうようなものであってはならない。「国家干渉は独立独行の気運を減退させてはならない。たとえ一つの大きな社会的弊害を除去する機会が生じたとしても，イギリス国民の偉大さを築き上げてきた個人の独立独行と自主的協同との習慣を弱めるような，いかなることもしてはならない」(Toynbee 1884, 219/訳 308-309)。具体的な社会像は必ずしも明らかではないが，このような一連の歴史的発展は，トインビーのヴィジョンを表しているということができる。すなわち，産業革命以前の雇用者と労働者との関係は，保護と従属という関係であり，個人は自立していなかったが，産業革命によって孤立と競争が支

配的になるとともに，個人の自立も促進された。しかし，そのような状態は，個人の自立を維持しながら共同性を回復するような社会状態へと至る過渡期であり，社会改良の途上にあるものなのであって，終着点ではない。トインビーの歴史的発展のヴィジョンは，「自然的集団から個人主義へ，個人主義から道徳的集団へ」(Toynbee 1884, 250/訳 357)という発言に端的に示されていた。

　このように，トインビーの場合，歴史的方法と社会改良主義とは，社会改良に寄与した諸要因を歴史的に探究するというかたちで結びついていた。とはいえ，歴史的方法と社会改良主義との結合は，二重の意味で必然的ではなかったといわなければならない。第一に，歴史的方法が必ず社会改良主義と結びつくとはいえない。トインビー自身，歴史的方法が保守的な思想と結びつき，既存の秩序を正当化するものになる場合があることを認めていた(Toynbee 1884, 58/訳 51-52)。第二に，社会改良主義が必ず歴史的方法と結びつくともいえない。当時の経済学の状況においては，演繹法は社会改良の主張に適合的ではなかった。労働問題が時代の課題として浮上したにもかかわらず，演繹的経済理論はそれに対処することができなかった。トインビーにとっては，私有財産制と競争とを枠組みとする経済理論は，分配問題に対処するための道具立てを欠いているように思われた。たしかに，そのような枠組みを変更して理論を構築する可能性は，J. S. ミルによって示唆されていた。しかし，社会改良のための経済理論を実際に構築するという作業は，いまだ行われてはいなかった。そこで，社会改良を支持する論者たちは，既存の経済理論に依拠することなしに，政策を論じるようになった[14]。経済思想史のこのような局面で，トインビーは，社会改良に寄与した諸要因を歴史的に探究するという方針を採用することになったのである。

社会改良主義の歴史的意義

　19世紀末に社会改良政策を提唱した論者は数多くいたが，イギリス歴史学派の独自性は，「学説の相対性」という観点に導かれて，自分たちの主張の歴史的意義を明らかにしようとした点にあった。この点をよく表している

第8章　方法論と政策論はつながっているのか　245

のが，イングラムである。イングラムによれば，経済学説は時代の影響を免れることができない。経済学説の興隆および形成は，対応する時代の実際の状況，必要，および傾向によって大きく制約される。重要な社会的変化が起こるごとに，新しい経済問題が姿を現す。そこで，それぞれの時代に行われている理論が影響力をもつのは，多くの場合，その理論が時代の差し迫った問題に対する解決策を提供するように見える，という事実があるからである。それぞれの思想家は，いかに同時代人に優越し先行しているとしても，やはり時代の子なのであり，その人物が生活し活動している環境から切り離すことはできない(Ingram 1885, 347/訳 3-4)。イングラムは，経済学説は「時代精神」の影響を受けるというようにも表現している。すなわち，「経済思想の推移は，社会問題一般について行われている思考様式によって，さらに感情の習慣的な調子によってさえも，つねに強力に影響される。どの時代においても，人間の問題をめぐる知的な表現はすべて類似した性格のものであり，同質の刻印をもっている。それは，われわれが時代精神について語るときに漠然と表象するものにほかならない」(Ingram 1885, 347/訳 4)。そして，19世紀末という時代は，なによりもまず歴史的精神が普遍的に優越していることによって特徴づけられる。この歴史的精神がすべての思考様式に浸透し，各制度および人間活動の各形態についてだけではなく，すべての知識分野について，われわれはほとんど本能的に，現在の状況を問題にするだけではなく，その起源と発展過程をも問題にするようになっている，というのである(Ingram 1885, 346/訳 2)。

　経済学説の相対性の観点からいうと，「イギリス学派によって宣言された定理のほとんどは，現代のイギリスに近似する社会発展の状態と社会条件の一般的な歴史とを，暗黙のうちに想定している。したがって，この想定が実現されていない場合には，それらの諸定理はしばしば適用できないことが分かる」(Ingram 1878, 67)。経済政策もまた，歴史的に相対的なものとみなされなければならない。ところが，そのような歴史的条件を無視して，経済政策が絶対的なものとして主張されることがある。イングラムによれば，「理論と実践の両面で，原理に関する過度に絶対的な考え方および表明として，こ

れまでに経済学者が提示してきたもののなかで最も目立つ例は，自由 ̇放 ̇任 ̇学 ̇説 ̇のなかに見出される」(Ingram 1878, 68)。個人の経済的地位は，それ自身歴史の産物である同時代の法体系に制約されるのであるが，自由放任学説は，経済的自由を自然権に基づく絶対的なものとして主張した。この学説は，かつてはヨーロッパの産業をいたるところで束縛していた誤った政策と戦うための武器として有益なものであったが，この学説が絶対的なものとして理解され表明されたために，私的利益の無制限な作用から生ずる社会的災厄を防止するために政府が干渉することさえも，阻害される傾向があった。しかし，経験と反省とが，この理論の誇張をしだいに克服していった。「共同社会全体が自由放任に耐えられなくなり，有害で厄介なものとみなすようになった。為政者はこれを退け，経済学者も長い間それを神聖な定式として繰り返した後で，ついに自らこれに反対するに至った」(Ingram 1878, 68)。すなわち，社会の経済的現象はつねに共通善を最もよく促進するような仕方で自生的に自らを調整する，という意味での自由放任学説は偽りの詭弁であって，科学的根拠を欠いており，自然や事実に基礎をもつものではない。このことに経済学者も同意するようになったというのである。実践的な面で，19世紀末に自由放任学説に代わって登場してきたのが，社会改良のために国家が積極的な役割を果たすべきである，という考え方であった。

　イギリスにおいて自由放任学説に対する逆風が吹き始めたのはなぜなのか。イングラムは，ドイツ歴史学派の影響があったことを否定しない。しかし，イギリスで歴史学派運動が興隆したのは，たんに海外から影響を受けたからではなく，その興隆を促す内在的な事情があったからである。その内在的事情とは，古典派経済学の方法と政策とに対する疑念が，人々の間でしだいに強くなっていたということであった。すなわち，

> イギリスでは，海外の思潮に対する島国的無関心が支配的な学派の著しい特徴となっていて，そのために遅れをとることになったけれども，ドイツの影響は着実に及んでいる。このような影響に加えて，一部は「正統派」の方法が堅実ではないという疑念から，また一部はそれが鼓吹す

る実践への深い失望と，たんなる自由放任政策の空虚さが見破られたことから，「正統派」の体系に対する一般的な嫌悪が自生的に成長してきた。したがって，いたるところで歴史派経済学者の体系的な考え方と調和する思考様式と研究方針とが姿を現し，支持されるようになってきたのである。(Ingram 1885, 394/訳 310)

　正統派の方法についてのイングラムの批判は前章までの考察で取り上げたので，ここでは繰り返さない。ここで取り上げなければならないのは，第二の理由である自由放任政策への嫌悪ということである。それはとくに，労働者階級が経済学に対する不信感を強めていったことを意味している。イングラムは，労働者階級が経済学に対して不信感を強めていったのは，経済学の実践的含意が労働者階級の要求に反するものと解されたためだった，と述べる。すなわち，「労働者階級が経済学説に対して表明した不信は，全く根拠がないわけではない信念に基づくものであった。その信念とは，経済学説は既存の社会秩序をあまりにも絶対的に正当化する傾向があるし，その学習がしばしば推奨される——偽装されてはいるが——真の目的は，よりよい秩序を求める大衆の渇望を抑圧することにある，というものである」(Ingram 1878, 46)。経済学者は習慣的に，労働を抽象的な観点から考察し，労働者の個性を無視しているために，勤労者の状態に最も深刻な影響を及ぼす問題のいくつかを，考慮に入れないまま放置してしまう。労働者は，一つの動力として，いわば生産用具といってもよいものとしてのみ，考慮される。労働はまた，他の商品と同じように，販売される商品とみなされる。労働が商品と呼ばれるのが正しいとしても，労働は他の商品と違って場所の移動が困難であるし，市場で待機していることがしばしば不可能であるといった特殊性がある。したがって，労働を抽象的な観点から考察するのではなく，現実的な生活実態に即して考察することが必要である。イングラムによれば，「あいまいな一般化のなかに現実を隠してしまわずに事実に密着し続けるだけで，産業生活の本当の状態についての，より真であるとともに，より人道にかなった考え方に，われわれは導かれるであろう」(Ingram 1878, 58)。このようにして，歴

史学派の特徴の一つをなす，改良主義的な志向と具体的な事実調査との結合が現れることになる。

(2) 貿易政策

関税改革論争

社会政策以外の政策領域について見るならば，貿易政策をめぐる議論に注目しなければならない。1903年に，当時の植民地相ジョゼフ・チェンバレンが従来の自由貿易政策を批判し，帝国特恵関税の創設を主張したことを契機として，関税改革論争が始まることになった。この論争には経済学者も加わるのであるが，チェンバレンを支持したのは，カニンガム，アシュレーのほかに，フォックスウェル，ヒュインズ，メイヴァー，プライスといった歴史的方法に親近感をもつ経済史家たちであった[15]。これに対して，1903年8月15日の『タイムズ』紙に掲載された反チェンバレン宣言に名を連ねたのは，エッジワース，ボーレイ，キャナン，マーシャル，ニコルソン，ピグーなどの理論家たちであった。したがってこの論争では，概して経済史家は保護貿易を支持し，経済理論家は自由貿易を支持したといわれる[16]。しかし，すでに述べたように，イギリス歴史学派の論者たちは，一貫して保護貿易主義者であったわけではない。ロジャーズ，レズリー，トインビーは自由貿易主義者であった。とはいえ，彼らは1903年にはすでに没していたので，この時点での見解を確認することはできない。そこでわれわれは，方法論争において歴史学派の立場から論陣を張った人物のうち，イングラム，カニンガム，アシュレーの見解を考察することで満足しなければならない。それを通して，歴史学派の方法論と貿易政策をめぐる主張との関係を検討することにしたい。

イングラム

まずイングラムであるが，彼は『実証主義者評論』の1904年3月1日号に「実証主義者とチェンバレン氏の計画」を発表し，チェンバレンの関税改革案を批判した。第3章で述べたように，イングラムはコントに従って，経

済学を社会学に統合すべきことを主張していた。既成の経済学そのものは真正の科学ではないけれども，そのなかには，「科学的社会学の真の体系のなかに統合することができる永続的な価値のある学説」(Ingram 1904, 51-52)も含まれている。その最たるものが自由貿易学説だというのである。「自由貿易が有益な結果をもたらすという予測は，イギリス商業の計り知れない拡大と労働階級の物質的福利の増大によって，現実のものとなった」(Ingram 1904, 52)。これに対してチェンバレンは，いまやイギリスは衰退の危機に瀕しているとして，保護貿易政策への転換を主張している。この関税改革運動に臨んで，イングラムは次のような立場をとった。「私は，チェンバレン氏がこの問題について公の場で語ったことを一字一句注意深く読んで考えた。そのうえで私は，彼がその主張を立証することに完全に失敗している，ということを確信するに至った」(Ingram 1904, 53)。そして，事実と経済学上の論理による批判は，すでに他の者が行っているので，自分がなすべきことは道徳上の問題を取り上げることであるとして，コントによって樹立された人類教を信奉する「実証主義者」の立場から，次のように論じたのである。

貿易政策のような実践的施策を判断するさいに従うべき原理は，それが特定の国に利益をもたらすかどうかではなく，それが人類の福祉に貢献するかどうかである。イギリス本国および植民地の外にも，その内側と同じように，生活の糧を得るために自然と格闘している人々がたくさんいる。それらの人々が，有用物の生産で自分たちと競争しているからといって，敵とみなすべきではない。彼らの進歩が遅いこと，言い換えると，世界の富の増加に対して彼らの貢献が少ないままであることを望むべきではない。実証主義者は，利他主義が利己主義を凌駕することを目標にするのだから，国民レベルで反対の原理を支持することはできない。コントが教えるように，社会的感情が利己性を克服するためには共感が普遍的になることが不可欠である。そのためには，家族が国家の下に位置しなければならないのと同様に，国家は人類よりも下位になければならない。愛国心は，家族の愛情と人類への忠誠との中間にある感情として必要なものである。しかしそれは正しいものでなければならない。古代の愛国心が軍事的優位を求めるものであったのに対して，

現代のそれは産業上の優越を追求するものであるが，それもしばしば他国民に対する悪意と敵意を増大させるものである。真正な愛国心は，自国だけではなく，他国の進歩をも求めるものでなければならない(Ingram 1904, 55)。

チェンバレンの提案は，各方面に賄賂をばらまき，各階級の利己的動機を刺激して，その計画に賛成させようとするものである。すなわち，土地所有者は地代が増え，製造業者はより高い製品価格を獲得し，労働者は安定した雇用とよりよい賃金が得られる，と宣伝している。しかし，詳しく検討してみると，労働者の生活費が上がることが分かる。そのことはチェンバレン自身が認めている。というのは，彼は穀物と食肉の値上がりを，茶と砂糖の関税引き下げによって相殺しようとしているからである。ところが，反対論者が示しているように，これによって損失を埋め合わせることはできない。さらにもう一つ，道徳的考慮に基づく反論がある。というのは，この計画が実施されるならば，各利害関係者は自分たちに有利な関税率が設定されるように議会に働きかけるであろう。その結果，議会の腐敗が始まるのを疑うことはできない。以上の事柄を考え合わせるならば，実証主義の宗教上の原理に導かれる者がチェンバレンの提案を支持することはありえない。このように述べてイングラムは，この論文を次の言葉で締めくくるのである。

> チェンバレン氏が大いに責任を負うべき不必要かつ不道徳な戦争〔南アフリカ戦争〕を非難するさいに，われわれの集団内にはほとんど絶対的な一致があったが，今回の彼の提案に対しても，それと同じく一致して反対がなされることを，私は確信をもって期待している。(Ingram 1904, 57)

カニンガム

イングラムは自由貿易を支持し続けた。しかし，カニンガムとアシュレーは，1903年には保護貿易の支持者になっていた。両名のほかにも，歴史的方法の提唱者や経済史家の多くが，さまざまな程度でチェンバレンに同調したのであるが，それはなぜなのか。その理由について，コーツが興味深い解釈を示している。すなわち，(1)全体として「歴史主義者(historicist)」は

ドイツを支持することが多く，したがって歴史学派の経済学だけではなく，ドイツの関税や社会改良政策にも共感していた。(2)彼らは自由貿易からの退却を理論によって妨げられることがより少なかった。(3)彼らは歴史的変化の過程に敏感であり，新しい環境は伝統的政策の修正あるいは放棄を要求する，という観念を受け入れやすかった(Coats 1968, 315)。これらのうち(1)は，あまり説得力をもたない。イギリス歴史学派はドイツ歴史学派の模倣ではなく，独自の運動だったからである。賛成できるのは(2)および(3)である。(2)は「所与の事実の優先性」という観点に関係している。第4章で述べたように，歴史学派には，理論と現実とを混同してはならないという考え方があった。自由貿易がどの当事国にも利益を与えるという経済理論は，ある一定の仮定に基づくものであり，現実をそのまま表すものではないという考え方である。また(3)は，「学説の相対性」の観点にほかならない。第7章で述べたように，歴史的状況が変化するならば適切な経済政策もまた変化するという観点は，歴史学派の経済学者のほとんどが共有していた考え方であった。カニンガムおよびアシュレーが自由貿易論者から保護貿易論者へと変わったのは，理論よりも現実を重視し，歴史的状況の変化を認めたからであった[17]。

　まずカニンガムであるが，カニンガムが自由貿易論から保護貿易論へと転じた時期を，センメルは1902年頃と推定している(Semmel 1960, 191/訳210)。転換の時期を確定することは難しいが，1900年代初頭の見解をそれ以前の見解と対比するならば，たしかに一つの変化を見て取ることができる。1882年刊行の『成長』初版において，カニンガムは，イギリスで重商主義政策が放棄される経緯を，国民主義(nationalism)から世界主義(cosmopolitanism)への転換として叙述した[18]。「貿易差額説の根底にあったのは，貿易が国力に影響を及ぼすという仮定であった。海運業のような，軍事力を育み，国庫を潤す交易は，それらが国力を増加させるがゆえに，ぜひとも遂行されるべきものであった」(Cunningham 1882, 375)。しかし，他国も同様な政策をとるならば，有利な貿易差額を各国が同時に達成することができないのは明らかである。商業的競争は他国を打ち負かそうとするものであり，ほとんど戦争に等しいものである。17世紀のある著者は，これらの国民的嫉妬をなく

すことが，互いに交易するすべての国々の共通の利益であることを認めていた。そのとき以来の世界主義の普及が，重商主義体系の政治的基礎を破壊するのに大きな役割を果たした (Cunningham 1882, 375-376)。つまり，他国を打ち負かそうとするよりも，他国と協調するほうが，自国の安全と利益を確保するのに好都合だという思想が，重商主義者の議論のなかから現れてきた。さらに，アダム・スミスによって，資源を有効に活用するためには，政府の規制よりも，個人の活動に委ねるほうがよいという学説が体系的に示された。自然的自由の体系の下では，合法的に私的な利得を目指すこと，個人の活動力を自由に働かせることが認められる。創意と発明の驚くべき増加が，その力を間接的に証明している。自然的自由の体系の下ではまた，個人企業が国民的資財の用いられる方向を決定し，そうしてイギリス国民の産業を世界的な需要に対応する方向へと導いた。「私的利害の自由な働きは国民の資源を急速に開発する最も確実な手段である，という原理をこの国の政府が受け入れたことは，イギリス国民の産業および商業の歴史における最も重要な転換点の一つであった」(Cunningham 1882, 380)。

　ここで注意しなければならないのは，世界主義には二つの形態があるということである。世界全体の利益をそれ自体として追求する形態と，自国の利益のために世界の利益を尊重する形態とである。前者は真の世界主義であるが，後者は手段としての世界主義であり，偽装された国民主義というべきものである。世界主義を支持するイギリス思想のなかにも，これらの二系列があり，それが相伴ってイギリスの貿易政策を転換させることになった。自由貿易政策を支持する議論について見ても，世界全体の利益の観点から自由貿易政策を支持する者もいれば，自国の利益のために自由貿易を主張する者もいた。1882年のカニンガムの叙述にもその二系列が示唆されているが，明白に区別されているわけではない。しかし，カニンガム自身は，イギリスが自由貿易政策に転換したことを，どちらかといえば自国の利益になるという観点から評価しているように読める[19]。つまり，手段としての世界主義である。手段としての世界主義であっても，他国の利益を尊重することが自国の利益になる限り，表面上は真の世界主義と変わるところがない。問題が起こ

るのは，世界主義が自国の利益にならないと考えられる場合である。そのような状況に至るまでは，国民的利益を第一に考える者が，自由貿易によって世界全体の利益を追求するべきことを主張したとしても，なんら不思議ではない。

　1891年のイギリス科学振興協会F部会の会長講演「経済学における国民主義と世界主義」においても，真の世界主義と手段としての世界主義の対立は，まだ顕在化していない。この講演は，17・18世紀のイギリスを導いた理念は国民主義であったが，19世紀の半ばにはそれが世界主義に転換したことを述べ，経済学もその変化に対応すべきことを論じるものであった。つまり，イギリスを先頭に，一国の利益のみを追求しようとする理念から，世界全体の利益を追求しようとする理念へと，政策理念が変わったことを指摘したのである。そして，このような変化についてカニンガムは，「諸国民のなかで，われわれが最初に世界主義的な経済機構のなかに身を投じたことを，私は残念な事態であるとは考えていない」(Cunningham 1891b, 650)と述べる。というのは，世界はいま過渡期にあり，世界主義的な経済機構が拡大する傾向にある。すなわち，資本・労働・情報・商品の世界的な移動が拡大する時代にあって，それにいち早く対応することになるからだという。たしかにナショナリスティックな感情の復活が世界中で見られるけれども，産業生活に関する限りは，ますます世界主義的になりつつあるというのである(Cunningham 1891b, 653)。

　ところが，『成長』第3版第2巻(1903年)には，それまでの立場とは違う見解が現れた。経済活動がますます世界主義的になってゆくという判断に変更を迫る事態が，看過できないほどになったからである。アメリカやヨーロッパ大陸諸国が保護貿易政策をとるなかで，イギリスを取り巻く環境が大きく変わったことを，カニンガムは認識した。

　　保護主義国に対して報復的な関税を課すことが，自由貿易を採用する用
　　意がある地域との取引関係を強化し，食料および原材料の恒常的な供給
　　を確保するための唯一の手段であるところまで，われわれは追い込まれ

ているといってよい。この手段によってイギリスは，まさに自国の存在を脅かす危険を回避するだけではなく，通商の完全な自由が最も速やかにかつ容易に実現されうる進路を取ることができるのである。(Cunningham 1903, 870)

1846年にイギリスの製造業者たちが考えたのは，自由貿易政策を採用し外国産の穀物を受け入れることによって，イギリスの製造品に対する需要が大いに増加するであろう，ということだった。彼らは，イギリスの生産方法の優位性を信じ，外国人は価格の安いものを買うだろうと信じていたので，ひとたびイギリスの商品に対して開放された市場が閉ざされるときがくるとは，考えることができなかった。環境が大きく変化し，イギリスの産業上の競争相手が効率性と商業的影響力を大いに発展させたので，イギリスが自由放任政策を維持し続けることは賢明なことだろうか，という疑念が公衆の心をとらえるようになった(Cunningham 1903, 870)。このように，カニンガムが自由貿易論者から保護貿易論者へと変わったのは，イギリスを取り巻く歴史的状況の変化を認めたからであった[20]。仮定に基づく抽象理論ではなく所与の事実を研究の対象にし，適切な政策というのは歴史的状況に依存する相対的なものであると考えたことが，カニンガムの転向を促したということができる。カニンガムにおいては，このような意味で方法論と政策論が関係していたのである。

アシュレー

いまカニンガムについて述べたことは，アシュレーについても基本的に当てはまる。つまり，「所与の事実の優先性」および「学説の相対性」という歴史学派の観点が，その貿易政策論の転換の背後にあったのである。すでに述べたように，イギリス歴史学派の運動は自由貿易論を直接攻撃するものではなかった。オックスフォード時代の師トインビーが自由貿易主義者であったことを，アシュレー自身も認めていた(Ashley 1904, 273)。しかしアシュレーは，北アメリカ滞在(1888～1901年)を経て，保護貿易主義者になった。

クラッパムに語ったところによれば，アシュレーがチェンバレンの支持者になったのは，「もし何の対策もとられないならば，合衆国はカナダをまず経済的に，次いで政治的に併合する可能性がきわめて高い」ことを危惧したからであった(Clapham 1927, 681)。たしかにアシュレーは，『関税問題』第3版の序文で，自分はカナダおよび合衆国での経験によって帝国主義者になったと述べている(Ashley 1911, ix)。このような立場をとるように促したのは，まさに歴史的状況の変化であった。アシュレーは『関税問題』の冒頭で，1846年の穀物法廃止は，イギリスにおいて政治的および産業的個人主義を志向する運動が頂点に達したことを示すものであったとし，この運動の歴史的意義を次のように評価した。

> 私の目的は，この運動がかなりの程度正当なものであったということを否定することではない。われわれがそれをどのように説明するとしても，交易と産業に関する政府規制の古い体制は，たしかにその時代が緊急に必要としたものから懸け離れていた。それは人間の活力の増大を妨げていた。個々人の企業心を発揮する余地を広げることが，いたるところで求められていた。したがって，1814年のエリザベス徒弟法の廃止からその32年後の穀物法廃止に至るまで，当時の立法者たちが対処すべき問題の一面しか見ていなかったことは残念であったが，制約を排除するための一連の方策は，不可避であり健全なものであったといってよい。
> (Ashley 1903, 2)

アシュレーによれば，穀物法の廃止がイギリス農業に悪影響をもたらすようになるのは，1874年以後であった。反穀物法運動の指導者コブデンは，穀物の自由輸入がイギリス経済によい影響をもたらすと主張していた。コブデンの主張によれば，穀物の自由輸入によって食料価格が下落し，労働者の実質賃金は増大する。しかも，穀物価格が下落しても，耕作方法が改善されるので農業関係者が損失を被ることはない。「コブデンの予想は，四半世紀以上にわたって，真であることが証明された」(Ashley 1903, 50)。ところが

1874年以降，事態が大きく変化する。その後10年間は，コブデンの予想がなお当たっているかどうか議論の余地があったけれども，1880年代初頭になると，状況が変わったのを認めざるをえなくなった。つまり，陸上・海上の輸送手段が改善され，農産物の新しい供給地が開拓されたために，非常に安い外国産穀物が国内市場に流入するようになり，国内市場から国産穀物を駆逐してしまった(Ashley 1903, 51)。さらに，事態が変化したのは農業の分野だけではなかった。コブデンは，他国がずっと農業国のままで，イギリスの製造品に依存し続けると予想していた。たしかに1870年代初頭までは，これらの外国市場は確保されていて，イギリスの産業と交易は飛躍的に増大した。イギリスがこの時代に巨大な利益を得たことは疑いない。しかし最近30年間には，他の国々は，自分たちが必要とする製造品を費用がかかっても自給しようとするようになった(Ashley 1903, 52)。したがって，このような歴史的状況の変化をふまえるならば，かつては有益であった政策も改めなければならない。これがアシュレーの見解であった[21]。

　アシュレーの見解の背後に，「所与の事実の優先性」および「学説の相対性」という歴史学派の観点があることを，われわれは容易に見て取ることができる。国益追求という政策目的に照らして，自由貿易政策が不適切なものになったという判断は，抽象理論の結論ではなく，歴史的状況の把握から得られた結論であった。歴史的状況が変われば，目的が一定であったとしても，それを追求するための手段は変わらざるをえない。歴史的方法の支持者たちが政策転換の要請を受け入れやすかったのは，このような方法論的な観点をもっていたからである。しかし，われわれは歴史学派の論者たちの間に意見の相違があったことも忘れてはならない。同じく歴史的方法を用いるとしても，「国益追求」のための手段を転換すべき状況なのかどうかという判断は，論者によって異なる[22]。カニンガムとアシュレーを比べてみても，政策転換の必要性を認識した時期は同じではない。さらに，イングラムの場合には，追求すべき目的が「国益」ではなく「人類の利益」であった。イングラムは，世界全体の利益を第一に考えるべきことを主張して，自国の利益の手段としてそれを尊重するという態度を非難している。「公共的であれ私的であれ，

どの領域においても，啓発された利己心という動機に従って行為することを，実証主義は教えていない」(Ingram 1904, 54)。したがってイングラムは，カニンガムやアシュレーとは違って，そもそも政策転換が必要な状況だとは考えなかったのである。

《論争の総括　8》
　事実判断と価値判断は分離すべきなのか，それとも一体のものとみなすべきなのかということは，方法論争では争点にならなかった。方法論争の時期には，理論派であれ歴史学派であれ，方法論的な素養のある指導的な経済学者は，事実判断と価値判断は分離すべきであると考えていた。彼らにとって，「何をなすべきか」という価値判断は経済学の外部で行われるのであり，経済学の任務は，その目的を達成するための手段を教えることに止まるのであった。理論と実践との混同が問題にされたのは，政治家やジャーナリスト，あるいは過去の経済学者についてであった。もちろん，経済学者が一人の市民として価値判断を行い政策提言することは，経済学そのものの中立性と矛盾しない。方法論争を闘った経済学者たちもまた，必ずしも明示していたわけではないが，一人の市民としては価値判断を行っていた。とはいえ，われわれが重視しなければならないのは，「何をなすべきか」という価値判断よりも，その目的を実現するための手段であるといわなければならない。というのは，学派の方法論と政策論とを結びつけたのは，手段についての議論だったからである。
　1870年代以降，労働者階級の生活向上を求める社会改良主義の思想が台頭してきた。労働条件の改善や貧困の解消といった目的は，多くの経済学者に共有されたものであり，特定の学派を特徴づけるものではなかった。これらの目的の根底にある究極的な価値について人々の間に相違があったとしても，社会改良を目指すべきであるというレベルの価値については，合意が拡大していた。そうしたなかで，経済学者が問題にしたのは，その目的を実現するための手段であった。しかし，当時の経済学の状況においては，理論的方法は社会改良の主張に適合的ではなかった。労働条件の改善や貧困の解消

を実現する手段を示すという点で、理論的方法は道具立てを欠いていたからである。理論派の経済学者が社会改良のための提案を行うときには、その経済理論に依拠することなしに、あるいはその範囲を逸脱する道具を用いて、政策を論じなければならなかった。これに対して歴史的方法は、社会改良に寄与した諸要因を歴史的に探究するというかたちで、社会改良主義と結びついた。しかし、その結合はけっして必然的なものではなく、特殊な歴史的状況のなかで現れたものであった。

歴史学派と保護貿易論との結合は、それ以上に状況に依存するものであった。20世紀初頭の関税改革論争において、カニンガムとアシュレーが保護貿易を支持したために、イギリス歴史学派は保護貿易主義者の集団であるという印象を後世に残すことになった。しかし、1870年代から80年代にかけて興隆したイギリス歴史学派の運動は、そもそも貿易政策の転換を求めるものではなかった。彼らは、実践的な主張としては、自由貿易を支持しながら社会政策の拡大を主張していたのである。ところが、彼らのなかの一部が、やがて歴史的状況の変化を認めて保護貿易論に転向した。たしかに、この転向には、「所与の事実の優先性」と「学説の相対性」という歴史学派の観点が関係していた。カニンガムとアシュレーは、歴史的状況が変われば適切な経済政策も変わるという観点に後押しされて、貿易政策に関する主張を変更した。つまり、歴史学派と保護貿易論との結びつきもまた必然的なものではなく、特殊な歴史的状況のなかで起こったことだったのである。

1) シュモラーの方法の詳細については、田村(1992；1993a；1993b)を参照されたい。
2) 次の引用文は、マーシャル『経済学原理』初版の序文からのものであるが、マーシャルもまた、経済主体の動機に関わるものとして「倫理的」という言葉を使っている。これは明らかにドイツ歴史学派の用法を意識したものである。「倫理的な力(ethical forces)は、経済学者が考慮しなければならないものの一つである。なるほど"経済人"の行為に関して抽象的な科学を構成しようという試みがなされなかったわけではない。ここで"経済人"というのは、なんらの倫理的な影響も受けず、金銭上の利益を細心かつ精力的に、だが非情かつ利己的に追求しようとするものである。しかし、そのような試みは成功しなかったし、また徹底的に遂行されたことさえもなかった」(Marshall 1890, vi)。

3) 事実判断と価値判断をめぐる問題は，イギリスではすでに解決されていて，20世紀初頭のドイツ語圏で闘わされたような「価値判断論争」が起こる環境にはなかった（Schumpeter 1954, 805-806）。この問題に関する古典派時代の議論については，佐々木(2001a, 第4章)を参照されたい。後世の観点から見れば，当時の方法論的な素養のある経済学者の見解もまた，楽観的にすぎると評価することもできる。例えば，シュンペーターのいうヴィジョン（分析以前の認知活動）に関わる問題，すなわち「われわれが事物を見る方法は，われわれがこれを見ようと希望する方法とほとんど区別しがたい」（Schumpeter 1954, 42）という問題を吟味したうえで，事実判断と価値判断の分離を主張していたわけではないからである。
4) ここで経済的自由主義とは，「経済的発展と一般の厚生とを促進する最善の方法は，私企業経済から束縛を取り除き，これを独り立ちさせることであるという理論」（Schumpeter 1954, 394）を意味する。
5) 「クートにとっては，歴史学派の「重商主義」が彼らの方法論の上位にある。しかしながら，歴史学派の方法論的な立場と自由貿易への反対との間には，必然的な結合も論理的な結合もない」（Hodgson 2001, 96）。ホジソンのこの評価は適切である。
6) 「方法論争は1890年代初頭をすぎると沈静化した。しかし，1903年にジョゼフ・チェンバレンが自由貿易を否定することによって始まった保護主義論争が，かつての歴史主義者たちを新たな戦いのために再結集させることになった」（Maloney 1987b）。
7) 第一・第二の勢力の担い手が，同時に人道主義的感情を抱く場合があることを，フォックスウェルも否定しない。彼によれば，ジェヴォンズ，マーシャル，トインビーもこれに当てはまるという。
8) 1870年代から20世紀初頭にかけて，経済政策をめぐる論争の中心に位置したのは「社会問題」であったという点については，Hutchison (1953, 7-12) も参照されたい。
9) このころオックスフォードでは，個人が積極的自由を享受するためには国家がその基盤を整えなければならない，というトマス・ヒル・グリーンの思想が人々を引きつけていた（Koot 1987, 8-9, 85-86）。たしかに，「市民社会の目的は，社会の構成員が自己を完成させる一般的な自由を保障することであるが，このような自由のために，堕落的な結果を生み出しやすい労務に関する契約に対して，社会の慎重な声である法律によって制限が加えられなければならない」（Green 1881, 376/訳74）という主張などは，トインビーの議論と重なる。
10) 古典派の場合，諸制限の撤廃と自由貿易以外に，分配関係を労働者階級にとって有利なものにするために重視されたのは，人口の抑制ということであった（Toynbee 1884, 146/訳175）。ところが，人口が増加したにもかかわらず，労働者階級の地位は改善されてきた。トインビーは，人口抑制ではなく別の事情が労働者階級の地位を改善したのだと考えた。
11) アシュレーはトインビーの『英国産業革命史』について，「その主要な価値は，過去についての中立的な研究が，どのように社会進歩への熱情と結びつきうるのかを示した点にある」と述べる（Ashley 1907, 238）。

12) プライスによれば，トインビーはたしかに個人の自由に対する国家干渉の増大に加担したが，その社会主義は個人主義に反対するものではなく，むしろそれを補完するものであったという (Price 1891, 196/訳 230)。
13) トインビーの社会思想の根底には宗教があった。彼によれば，「より高潔な教会を唱道するいかなる企ても，社会改良の企てと並行して進められなければならない」(Toynbee 1884, 244/訳 346)。
14)「イギリスにおいて，当代の最も影響力のある経済学者たちが工場立法について論じるさいに，抽象的な原理に訴えなくなったのは，重要なことである。自由あるいは国家の機能のどちらについてもそうである。この態度を典型的に表すのは，ジェヴォンズの小著『労働との関係における国家』(1882 年)であろう」(Ashley 1903, 16)。ジェヴォンズは，純粋理論，とりわけ需要・供給理論の立場から，労働組合の賃金引き上げ運動やそのためのストライキなどに対して一貫して批判的であったが，しだいに，「組合についての歴史的研究や経験をとおして，彼の主張はより慎重なものになっていった」(井上 1987, 217)。
15) もっとも，チャップマン(S. J. Chapman)やメレディス(H. O. Meredith)のように反チェンバレン宣言に賛成した経済史家もいたので，経済史家のすべてが保護貿易を支持したわけではない(Coats 1968, 332)。
16) 本書では方法論という観点から関税改革論争を取り上げるが，この論争は経済学の制度化という観点から見ても興味深い。これについては，例えばコーツ(Coats 1985)を参照されたい。
17)「学説の相対性」を支持していた者がすべて，自由貿易論から保護貿易論へ転向したということではない。例えばピグーは，「学説の相対性」の観点をもちながら，自由貿易を支持し続けた(山本 2009, 62)。貿易政策を転換すべき歴史的状況ではないと考えれば，政策の変更を求める必要はない。また，政策を転換すべき歴史的状況であると認識したとしても，どのような政策手段を選択するべきかについて，唯一の解答が与えられるわけでもない。
18) ここにいう世界主義は，「すべての国々の共通の利益を追求する」という実践的態度のことであり，第 7 章第 1 節で取り上げたもの，すなわちクニースのいう「一つの理論をすべての国にあてはめようとする態度」とは意味が異なる。
19) 1892 年の『成長』第 2 版でも，自由貿易は当事国双方の利益になるという議論にすぐ続けて，とくに先進国イギリスの利益になったとする判断が示されている(Cunningham 1892e, 581-582)。
20)「自由貿易が正しい国民的政策，すなわちイギリスの国力増強のために立てられた政策であると思われたから彼は自由貿易主義者なのであった。国力をさらに増強するためには関税が必要だと信じるようになったときに，彼は自由貿易主義者たることをやめた」(Semmel 1960, 194/訳 213)。カニンガムの保護貿易論の具体的な内容については，服部(2002)を参照されたい。
21) アシュレーの保護貿易論の具体的な内容については，服部(1991, 第 7 章；1999a,

第9章；1999b), 関内(1995), 西沢(2007, 第Ⅲ部第1章)を参照されたい.
22) 「国益」の中身を詰めてゆくと，論者によってその内容に相違があることも明らかになる．イギリス本国の利益なのか，イギリス帝国の利益なのかという問題だけではない．後者は前者の偽装されたものにすぎないのではないか，あるいは特定階級や特定産業部門の利益が「国益」として主張されているのではないか，といった問題もある．イデオロギーに関わる興味深い問題であるが，本書で立ち入ることはできない．

参考文献一覧

外国語文献(アルファベット順)
＊原書と訳書の版は必ずしも同じではない。
Ashley, A. 1932, *William James Ashley: A Life*, London: P. S. King.
Ashley, W. J. 1888, *An Introduction to English Economic History and Theory*, Part I, The Middle Ages, London: Rivingtons, 野村兼太郎訳『英国経済史及学説』上巻, 岩波書店, 1922年.
Ashley, W. J. 1889a, Review of Arnold Toynbee by F. C. Montague, in Backhouse & Cain 2001.
Ashley, W. J. 1889b, James E. Thorold Rogers, in Backhouse & Cain 2001.
Ashley, W. J. 1891, The Rehabilitation of Ricardo, in *Economic Journal*, Vol. 1.
Ashley, W. J. 1893, On the Study of Economic History (An Introductory Lecture Delivered before Harvard University, 4th January 1893), in Ashley 1900.
Ashley, W. J. 1896, Historical School of Economists, in R. H. I. Palgrave ed., *Dictionary of Political Economy*, Vol. 2, London: Macmillan.
Ashley, W. J. 1899a, On the Study of Economic History After Seven Years, in Ashley 1900.
Ashley, W. J. 1899b, Rogers, James Edwin Thorold (1823-1890), in R. H. I. Palgrave ed., *Dictionary of Political Economy*, Vol. 3, London: Macmillan.
Ashley, W. J. 1900, *Surveys, Historic and Economic*, New York: Augustus M. Kelley, 1966.
Ashley, W. J. 1903, *The Tariff Problem*, 1st ed., London: P. S. King & Son.
Ashley, W. J. 1904, Political Economy and Tariff Problem, in *Economic Review*, Vol. 14.
Ashley, W. J. 1907, A Survey of the Past History and Present Position of Political Economy, in Smyth 1962.
Ashley, W. J. 1909, Introduction, in John Stuart Mill, *Principles of Political Economy*, London: Longmans, Green, and Co.
Ashley, W. J. 1911, *The Tariff Problem*, 3rd ed., London: P. S. King & Son.
Ashley, W. J. 1914, *The Economic Organization of England*, in Backhouse & Cain 2001, 矢口孝次郎訳『イギリス経済史講義』有斐閣, 1958年.
Ashley, W. J. 1924, Evolutionary Economics, Birkbeck College Centenary Lectures,

London: Birkbeck College.
Ashley, W. J. 1955, Sir William Ashley: Some Unpublished Letters, in *The Journal of Economic History*, Vol. 15, No. 1, 徳増栄太郎訳「アッシュレー教授(経済史学者の)未発表書翰(ルヨ・ブレンターノ教授宛)」(横浜国立大『エコノミア』8(1), 1958年).
Backhouse, R. E. & Cain, P. J. eds. 2001, *The English Historical School of Economics*, Vol. 1: Selected Articles, Bristol: Thoemmes Press.
Bacon, F. 1620, The New Organon, in *The Works of Francis Bacon*, Vol. 4, collected and edited by J. Spedding, R. L. Ellis & D. D. Heath, Stuttgart: Friedrich Frommann Verlag, 1962, 服部英次郎訳「ノヴム・オルガヌム」(同訳『ベーコン』世界の大思想第6巻, 河出書房, 1966年, 所収).
Bagehot, W. 1876, The Postulates of English Political Economy, in Bagehot, *Economic Studies*, ed. by R. H. Hutton, London: Longmans, Green and Co., 1880.
Black, R. D. C. 1960, *Economic Thought and the Irish Question 1817-1890*, Cambridge University Press.
Black, R. D. C. 1987, Ingram, John Kells (1823-1907), in J. Eatwell, M. Milgate & P. Newman eds., *The New Palgrave A Dictionary of Economics*, Vol. 2, London: Macmillan.
Blaug, M. 1958, *Ricardian Economics: A Historical Study*, New Haven: Yale University Press, 馬渡尚憲・島博保訳『リカァドウ派の経済学——歴史的研究』木鐸社, 1981年.
Blaug, M. 1992, *The Methodology of Economics: Or How Economists Explain*, 2nd ed., Cambridge University Press.
Boylan, T. & Foley, T. P. 1992, *Political Economy and Colonial Ireland: The propagation and ideological function of economic discourse in the nineteenth century*, London and New York: Routledge.
Cairnes, J. E. 1875, *The Character and Logical Method of Political Economy*, 2nd ed., London: Frank Cass & Co. Ltd., 1965.
Clapham, J. H. 1927, Obituary: Sir William Ashley, in *Economic Journal*, Vol. 37.
Coase, R. H. 1975, Marshall on Method, in R. H. Coase, *Essays on Economics and Economists*, University of Chicago Press, 1994.
Coats, A. W. B. 1954, The Historist Reaction in English Political Economy, 1870-90, in Coats 1992.
Coats, A. W. B. 1968, Political Economy and the Tariff Reform Campaign of 1903, in Coats 1992.
Coats, A. W. B. 1985, The Challenge to Free Trade: Fair Trade and Tariff Reform 1880-1914, in Coats 1992, 西沢保・杉山忠平訳「自由貿易への挑戦——フェア・トレードと関税改革, 1880-1914年」(杉山忠平編『自由貿易と保護主義——その歴史的展望』法政大学出版局, 1985年, 所収).

Coats, A. W. B. 1992, *On the History of Economic Thought*, London: Routledge.
Collini, S., Winch, D. & Burrow, J. 1983, *That Noble Science of Politics: A study in nineteenth-century intellectual history*, Cambridge University Press，永井義雄・坂本達哉・井上義朗訳『かの高貴なる政治の科学――19世紀知性史研究』ミネルヴァ書房，2005年．
Cunningham, W. 1882, *The Growth of English Industry and Commerce*, Cambridge University Press.
Cunningham, W. 1885, *Politics and Economics: an Essay on the Nature of the Principles of Political Economy together with a Survey of Recent Legislation*, London: Kegan Paul, Trench and Co.
Cunningham, W. 1887, *Political Economy Treated as an Empirical Science: A Syllabus of Lectures*, Cambridge: Macmillan and Bowes.
Cunningham, W. 1889, The Comtist Criticism of Economic Science, in Smyth 1962.
Cunningham, W. 1890, *The Growth of English Industry and Commerce during the Early and Middle Ages*, 2nd ed., Cambridge University Press.
Cunningham, W. 1891a, The Progress of Economic Doctrine in England in the Eighteenth Century, in *Economic Journal*, Vol. 1.
Cunningham, W. 1891b, Nationalism and Cosmopolitanism in Economics, in Backhouse & Cain 2001.
Cunningham, W. 1892a, A Plea for Pure Theory, in *Economic Review*, Vol. 2.
Cunningham, W. 1892b, The Relativity of Economic Doctrine, in *Economic Journal*, Vol. 2.
Cunningham, W. 1892c, The Perversion of Economic History, in *Economic Journal*, Vol. 2.
Cunningham, W. 1892d, The Perversion of Economic History: A Reply to Professor Marshall, in *The Academy*, No. 1065, October 1.
Cunningham, W. 1892e, *The Growth of English Industry and Commerce in Modern Times*, 2nd ed., Cambridge University Press.
Cunningham, W. 1893, Political Economy and Practical Life, in *The Methodology of Economics: Nineteenth-Century British Contributions*, Vol. 7: Alfred Marshall and William Cunningham, London: Routledge/Thoemmes Press, 1997.
Cunningham, W. 1894a, Economists as Mischief-Makers, in *Economic Review*, Vol. 4.
Cunningham, W. 1894b, Why had Roscher so Little Influence in England?, in *The Methodology of Economics: Nineteenth-Century British Contributions*, Vol. 7: Alfred Marshall and William Cunningham, London: Routledge/Thoemmes Press, 1997.
Cunningham, W. 1898, *An Essay on Western Civilization in its Economic Aspects (Ancient Times)*, Cambridge University Press，一氏義良訳『経済的文化史』アテ

ネ書院，1926年．
Cunningham, W. 1899, A Plea for the Study of Economic History, in *Economic Review*, Vol. 9.
Cunningham, W. 1900, *An Essay on Western Civilization in its Economic Aspects (Mediaeval and Modern Times)*, Cambridge University Press, 一氏義良訳『経済的文化史』アテネ書院，1926年．
Cunningham, W. 1903, *The Growth of English Industry and Commerce in Modern Times*, 3rd ed., Cambridge University Press.
Cunningham, W. 1905, Unconcious Assumptions in Economics, in *The Methodology of Economics: Nineteenth-Century British Contributions*, Vol. 7: Alfred Marshall and William Cunningham, London: Routledge/Thoemmes Press, 1997.
Cunningham, W. 1916, *The Progress of Capitalism in England*, Cambridge University Press, 塚谷晃弘訳『イギリス資本主義発達史』邦光書房，1963年．
Deane, P. 1989, *The State and the Economic System*, Oxford University Press, 中矢俊博・家本博一・橋本昭一訳『経済認識の歩み――国家と経済システム』名古屋大学出版会，1995年．
Deane, P. 2001, *The Life and Times of J. Neville Keynes: A Beacon in the Tempest*, Cheltenham: Edward Elgar.
de Marchi, N. B. 1976, On the Early Dangers of Being too Political an Economist: Thorold Rogers and the 1868 Election to the Drummond Professorship, in *Oxford Economic Papers*, New Series, Vol. 28, No. 3.
de Marchi, N. B. & Sturges, R. S. 1973, Malthus and Ricardo's Inductivist Critics: Four Letters to William Whewell, in *Economica*, Vol. 40.
De Quincey, T. 1822, *Confessions of an English Opium-eater*, Oxford: Woodstock, 1989, 田部重治訳『阿片常用者の告白』岩波文庫，1937年．
Ducasse, C. J. 1951, William Whewell's Philosophy of Scientific Discovery, in E. H. Madden ed., *Theories of Scientific Method: The Renaissance through the Nineteenth Century*, Seattle: University of Washington Press, 1960.
Eagleton, T. 1999, *Scholars & Rebels: in Nineteenth-Century Ireland*, Oxford: Blackwell, 大橋洋一・梶原克教訳『学者と反逆者――19世紀アイルランド』松柏社，2008年．
Edgeworth, F. Y. 1888, *The Economic Interpretation of History*. Lectures delivered in Worcester College Hall, Oxford, by James E. Thorold Rogers. (Fisher Unwin.), in *The Academy*, No. 868, December 22.
Edgeworth, F. Y. 1889, On the Application of Mathematics to Political Economy, in *Papers relating to Political Economy*, Vol. 2, London: Macmillan, 1925.
Edgeworth, F. Y. 1891a, *The Scope and Method of Political Economy*. By John Neville Keynes, M. A. (London: Macmillan & Co.), 1891., in *Papers relating to Political*

Economy, Vol. 3, London: Macmillan, 1925.
Edgeworth, F. Y. 1891b, The Objects and Methods of Political Economy, in *Papers relating to Political Economy*, Vol. 1, London: Macmillan, 1925.
Edgeworth, F. Y. 1894, Doctrinaire, in R. H. I. Palgrave ed., *Dictionary of Political Economy*, Vol. 1, London: Macmillan.
Edgeworth, F. Y. 1896a, Facts, in R. H. I. Palgrave ed., *Dictionary of Political Economy*, Vol. 2, London: Macmillan.
Edgeworth, F. Y. 1896b, Jones, Richard, in R. H. I. Palgrave ed., *Dictionary of Political Economy*, Vol. 2, London: Macmillan.
Edgeworth, F. Y. 1896c, Mill, John Stuart, in R. H. I. Palgrave ed., *Dictionary of Political Economy*, Vol. 2, London: Macmillan.
Ely, R. T. 1915, Introduction, in Ingram 1915.
Flux, A. W. 1899, Statistics, in R. H. I. Palgrave ed., *Dictionary of Political Economy*, Vol. 3, London: Macmillan.
Foxwell, H. S. 1887, The Economic Movement in England, in *Quarterly Journal of Economics*, Vol. 2.
Foxwell, H. S. 1919, Obituary: Archdeacon Cunningham, in *Economic Journal*, Vol. 29.
Gras, N. S. B. 1927, The Rise and Development of Economic History, in *Economic History Review*, Vol. 1.
Green, T. H. 1881, Lectures on "Liberal Legislation and Freedom of Contract", in *Works of Thomas Hill Green*, edited by R. L. Nettleship, Vol. 3, London: Longmans, Green, and Co., 山下重一訳「自由立法と契約の自由」(『国学院大学栃木短期大学紀要』第8号, 1974年1月).
Groenewegen, P. 1995, *A Soaring Eagle: Alfred Marshall 1842-1924*, Cheltenham: Edward Elgar.
Hayek, F. A. 1952, *The Counter Revolution of Science: Studies on the Abuse of Reason*, Indianapolis: Liberty Press, 1979, 佐藤茂行訳『科学による反革命』木鐸社, 1979年.
Hewins, W. A. S. 1892a, Review: *The Industrial and Commercial History of England*, by J. E. T. Rogers, in *Economic Journal*, Vol. 2.
Hewins, W. A. S. 1892b, Review: *The Growth of English Industry and Commerce*, by W. Cunningham, in *Economic Journal*, Vol. 2.
Hobsbawm, E. J. 1997, *On History*, London: W. & Nicolson, 原剛訳『歴史論』ミネルヴァ書房, 2001年.
Hodgson, G. M. 2001, *How Economics Forget History: The Problem of Historical Specificity in Social Science*, London: Routledge.
Hollander, S. 1985, *The Economics of John Stuart Mill*, Oxford: Basil Blackwell.
Hutchison, T. W. 1953, *A Review of Economic Doctrines 1870-1929*, Oxford: The

Clarendon Press, 山田雄三・武藤光朗・長守善訳『近代経済学説史』上下, 東洋経済新報社, 1957年.

Hutchison, T. W. 1978, *On Revolutions and Progress in Economic Knowledge*, Cambridge University Press, 早坂忠訳『経済学の革命と進歩』春秋社, 1987年.

Ingram, J. K. 1878, The Present Position and Prospects of Political Economy, in Smyth 1962.

Ingram, J. K. 1885, Political Economy, in *Encyclopaedia Britannica*, 9th ed., 米山勝美訳『経済学史』早稲田大学出版部, 1925年.

Ingram, J. K. 1888, *A History of Political Economy*, Edinburgh: Adam & Charles Black, 米山勝美訳『経済学史』早稲田大学出版部, 1925年.

Ingram, J. K. 1895, *A History of Slavery and Serfdom*, London: Adam & Charles Black, 青山正治訳『奴隷及農奴史』栗田書店, 1943年.

Ingram, J. K. 1896, Leslie, Thomas Edward Cliffe (1825?-1882), in R. H. I. Palgrave ed., *Dictionary of Political Economy*, Vol. 2, London: Macmillan.

Ingram, J. K. 1904, Positivists and Mr. Chamberlain's Scheme, in *The Positivist Review*, No. 135.

Ingram, J. K. 1915, *A History of Political Economy*, New & Enlarged Edition, with a Supplementary Chapter by W. A. Scott and an Introduction by R. T. Ely, New York: Augustus M. Kelley, 1967, 米山勝美訳『経済学史』早稲田大学出版部, 1925年.

Jevons, W. S. 1876, The Future of Political Economy, in W. S. Jevons, *The Principles of Economics: A Fragment of Treatise on the Industrial Mechanism of Society and Other Papers*, ed. by H. Higgs, New York: Augustus M. Kelley, 1965.

Jones, R. 1831, *An Essay on the Distribution of Wealth, and on the Sources of Taxation*, New York: Kelley & Millman, 1956, 鈴木鴻一郎・遊部久蔵訳『地代論』日本評論社, 1942年.

Jones, R. 1833, An Introductory Lecture on the Political Economy delivered at King's Colledge, London, 27th February, 1833, in Jones 1859, 大野精三郎訳「1833年2月27日にロンドンのキングス・カレッジで行った政治経済学についての序講, それに, 1833年4月にロンドンのキングス・カレッジで行われる予定であった労賃についての連続講義要綱をふす」(大野精三郎『ジョーンズの経済学』岩波書店, 1953年, 所収).

Jones, R. 1847, Primitive Political Economy in England, in Jones 1859.

Jones, R. 1852, Text-Book of Lectures on the Political Economy of Nations, Delivered at the East India Colledge, Haileybury, in Jones 1859, 大野精三郎訳『リチャード・ジョーンズ政治経済学講義』日本評論社, 1951年.

Jones, R. 1859, *Literary Remains, Consisting of Lectures and Tracts on Political Economy, of the Late Rev. Richard Jones*, edited, with a Prefatory Notice, by the

Rev. William Whewell, D. D., London: John Murray.

Kadish, A. 1982, *The Oxford Economists in the Late Nineteenth Century*, Oxford: Clarendon Press.

Kadish, A. 1989, *Historians, Economists and Economic History*, London: Routledge.

Kadish, A. & Tribe, K. eds. 1993, *The Market for Political Economy: The Advent of Economics in British University Culture, 1850-1905*, London: Routledge.

Kern, W. S. 2001, Classical Economic Man: Was He Interested in Keeping Up with the Joneses, in *Journal of the History of Economic Thought*, Vol. 23, No. 3.

Keynes, J. M. 1933, *Essays in Biography*, in *The Collected Writings of John Maynard Keynes*, Vol. 10, London: Macmillan, 1972，大野忠男訳『人物評伝』ケインズ全集第10巻，東洋経済新報社，1980年．

Keynes, J. N. 1891, *The Scope and Method of Political Economy*, 1st ed., London: Macmillan，上宮正一郎訳『経済学の領域と方法』日本経済評論社，2000年．

Keynes, J. N. 1894a, Abstract Political Economy, in R. H. I. Palgrave ed., *Dictionary of Political Economy*, Vol. 1, London: Macmillan.

Keynes, J. N. 1894b, Analytical Method, in R. H. I. Palgrave ed., *Dictionary of Political Economy*, Vol. 1, London: Macmillan.

Keynes, J. N. 1894c, A Posteriori reasoning, in R. H. I. Palgrave ed., *Dictionary of Political Economy*, Vol. 1, London: Macmillan.

Keynes, J. N. 1894d, A Priori reasoning, in R. H. I. Palgrave ed., *Dictionary of Political Economy*, Vol. 1, London: Macmillan.

Keynes, J. N. 1894e, Deductive Method, in R. H. I. Palgrave ed., *Dictionary of Political Economy*, Vol. 1, London: Macmillan.

Keynes, J. N. 1897, *The Scope and Method of Political Economy*, 2nd ed., London: Macmillan，上宮正一郎訳『経済学の領域と方法』日本経済評論社，2000年．

Keynes, J. N. 1904, *The Scope and Method of Political Economy*, 3rd ed., London: Macmillan，上宮正一郎訳『経済学の領域と方法』日本経済評論社，2000年．

Koot, G. M. 1975, T. E. Cliffe Leslie, Irish social reform, and the origins of the English historical school of economics, in *History of Political Economy*, Vol. 7. No. 3.

Koot, G. M. 1987, *English Historical Economics, 1870-1926: The Rise of Economic History and Neomercantilism*, Cambridge University Press.

Kurer, O. 1987, Cunningham, William (1849-1919), in J. Eatwell, M. Milgate & P. Newman eds., *The New Palgrave A Dictionary of Economics*, London: Macmillan.

Leslie, T. E. C. 1870a, The Political Economy of Adam Smith, in Leslie 1879a.

Leslie, T. E. C. 1870b, *Land Systems and Industrial Economy of England, Ireland and Continental Countries*, London: Longmans, Green, and Co.

Leslie, T. E. C. 1873, Economic Science and Statistics, in Leslie 1879a.

Leslie, T. E. C. 1875, The History of German Political Economy, in Leslie 1879a.

Leslie, T. E. C. 1876, On the Philosophical Method of Political Economy, in Leslie 1879a.

Leslie, T. E. C. 1879a, *Essays in Political and Moral Philosophy*, Dublin: Hodges, Foster, Figgis.

Leslie, T. E. C. 1879b, Political Economy and Sociology, in Leslie 1879a.

Leslie, T. E. C. 1879c, The Known and the Unknown in the Economic World, in *Fortnightly Review*, Vol. 25ns.

Leslie, T. E. C. 1879d, Jevons' 'Theory of Political Economy,' in Leslie 1888.

Leslie, T. E. C. 1888, *Essays in Political Economy*, Dublin: Hodges, Figgis, & Co.

Lowe, R. 1878, Recent Attacks on Political Economy, in *The Methodology of Economics: Nineteenth-Century British Contributions*, Vol. 6: Theoretical Economics, 1876-1914, London: Routledge/Thoemmes Press, 1997.

Machlup, F. 1951, Joseph Schumpeter's Economic Methodology, in F. Machlup, *Methodology of Economics and Other Social Sciences*, New York: Academic Press, 坂本二郎訳「シュムペーターの経済学方法論」(S. E. ハリス編『社会科学者シュムペーター』東洋経済新報社，1955 年，所収).

Mackenzie, J. S. 1896a, Historical Method, in R. H. I. Palgrave ed., *Dictionary of Political Economy*, Vol. 2, London: Macmillan.

Mackenzie, J. S. 1896b, Inductive Method, in R. H. I. Palgrave ed., *Dictionary of Political Economy*, Vol. 2, London: Macmillan.

Maloney, J. 1976, Marshall, Cunningham, and the Emerging Economic Profession, in *Economic History Review*, 2nd Series, Vol. 29, No. 3.

Maloney, J. 1985, *Marshall, Orthodoxy and the Professionalism of Economics*, Cambridge University Press.

Maloney, J. 1987a, Cliffe Leslie, Thomas Edward (1827-1882), in J. Eatwell, M. Milgate & P. Newman eds., *The New Palgrave A Dictionary of Economics*, Vol. 1, London: Macmillan.

Maloney, J. 1987b, English historical school, in J. Eatwell, M. Milgate & P. Newman eds., *The New Palgrave A Dictionary of Economics*, Vol. 2, London: Macmillan.

Maloney, J. 1991, *The Professionalization of Economics: Alfred Marshall and the Dominance of Orthodoxy*, New Brunswick: Transaction Publishers.

Maloney, J. 2005a, Robert Lowe, *The Times*, and Political Economy, in *Journal of the History of Economic Thought*, Vol. 27, No. 1.

Maloney, J. 2005b, *The Political Economy of Robert Lowe*, Basingstoke: Palgrave Macmillan.

Marshall, A. 1885, The Present Position of Economics, in Pigou 1925，永沢越郎訳「経済学の現状」(同訳『マーシャル経済論文集』岩波ブックサービスセンター，1991 年，所収).

Marshall, A. 1890, *Principles of Economics*, 1st ed., London: Macmillan.
Marshall, A. 1892, A Reply, in *Economic Journal*, Vol. 2.
Marshall, A. 1897, The Old Generation of Economics and the New, in Pigou 1925，永沢越郎訳「経済学者の旧世代と新世代」(同訳『マーシャル経済論文集』岩波ブックサービスセンター，1991 年，所収).
Marshall, A. 1898, Distribution and Exchange, in *Economic Journal*, Vol. 8.
Marshall, A. 1907, Social Possibilities of Economic Chivalry, in Pigou 1925，永沢越郎訳「経済騎士道の社会的可能性」(同訳『マーシャル経済論文集』岩波ブックサービスセンター，1991 年，所収).
Marshall, A. 1920, *Principles of Economics*, 8th ed., London: Macmillan，永沢越郎訳『経済学原理』全 4 分冊，岩波ブックセンター信山社，1985 年.
Marshall, A. 1961, *Principles of Economics*, 9th (variorum) edition with annotations by C. W. Guillebaud, Vol. 1 Text, London: Macmillan，永沢越郎訳『経済学原理』全 4 分冊，岩波ブックセンター信山社，1985 年.
Mason, R. 1998, *The Economics of Conspicuous Consumption*, Cheltenham: Edward Elgar，鈴木信雄・高哲男・橋本努訳『顕示的消費の経済学』名古屋大学出版会，2000 年.
Menger, C. 1883, *Untersuchungen über die Methode der sozialwissenschaften und der politischen Ökonomie insbesondere*, in C. Menger, *Gesammelte Werke*, Band 2, hrsg. von F. A. Hayek, Tübingen: J. C. B. Mohr, 1969，吉田昇三訳『経済学の方法』日本経済評論社，1986 年.
Mill, J. S. CW, *Collected Works of John Stuart Mill*, ed. by J. M. Robson et al., 33 vols., University of Toronto Press, 1963-1991.
Mill, J. S. CW4, *Essays on Economics and Society*; On the Definition of Political Economy; and on the Method of Investigation Proper to It，末永茂喜訳「経済学の定義について，およびこれに固有なる研究方法について」(同訳『経済学試論集』岩波文庫，1936 年，所収).
Mill, J. S. CW2・3, *Principles of Political Economy, with Some of Their Applications to Social Philosophy*，末永茂喜訳『経済学原理』全 5 分冊，岩波文庫，1959-1962 年.
Mill, J. S. CW7・8, *A System of Logic: Ratiocinative and Inductive*，大関将一・小林篤郎訳『論理学体系——論証と帰納』全 6 分冊，春秋社，1949-1959 年.
Moore, G. 1991, A Biographical Sketch of John Kells Ingram, in *History of Economics Review*, Vol. 15.
Moore, G. 1995, T. E. Cliffe Leslie and the English *Methodenstreit*, in *Journal of the History of Economic Thought*, Vol. 17.
Moore, G. 1996a, Robert Lowe and the Role of the Vulgar Economist in the English *Methodenstreit*, in *Journal of Economic Methodology*, Vol. 3, No. 1.
Moore, G. 1996b, The Practical Economics of Walter Bagehot, in *Journal of the*

History of Economic Thought, Vol. 18.

Moore, G. 1999, John Kells Ingram, the Comtean Movement and the English Methodenstreit, in *History of Political Economy*, Vol. 31.

Moore, G. 2000, Nicholson versus Ingram on the History of Political Economy and a Charge of Plagiarism, in *Journal of the History of Economic Thought*, Vol. 22, No. 4.

Moore, G. 2003, John Neville Keynes's Solution to the English *Methodenstreit*, in *Journal of the History of Economic Thought*, Vol. 25, No. 1.

Nicholson, J. S. 1885, A Plea for Orthodox Political Economy, in *The Methodology of Economics: Nineteenth-Century British Contributions*, Vol. 6: Theoretical Economics, 1876-1914, London: Routledge/Thoemmes Press, 1997.

Pascal, R. 1938, Property and Society: The Scottish Historical School of the Eighteenth Century, in *Modern Quarterly*, Vol. 1, 水田洋訳「財産と社会——十八世紀スコットランドの歴史学派」(同『近代思想の展開』新評論，1976 年，所収).

Pigou, A. C. ed. 1925, *Memorials of Alfred Marshall*, London: Macmillan.

Political Economy Club 1876, *Revised Report of the Proceedings at the Dinner of 31st May, 1876, Held in Celebration of the Hundredth Year of the Publication of the "Wealth of Nations"*, Tokyo: Nihon Keizai Hyoron Sha, 1980.

Popper, K. 1961, *The Poverty of Historicism*, 2nd ed. with some corrections, London: Routledge & Kegan Paul, 久野収・市井三郎訳『歴史主義の貧困』中央公論社, 1961 年.

Postan, M. M. 1946, The Historical Method in Social Science, in M. M. Postan, *Fact and Relevance: Essays on Historical Method*, Cambridge University Press, 1971, 松村平一郎訳「社会科学における歴史的方法」(小松芳喬監修『経済史の方法』弘文堂, 1969 年, 所収).

Price, L. L. 1891, *A Short History of Political Economy in England, from Adam Smith to Arnold Toynbee*, London: Methuen and Co., 石渡六三郎訳『英国経済学史』日本評論社, 1928 年.

Raffaelli, T. 2003, *Marshall's Evolutionary Economics*, London: Routledge.

Ricardo, D. Works, *The Works and Correspondence of David Ricardo*, ed. by P. Sraffa, 11 vols., London: Cambridge University Press, 1951-73, 堀経夫ほか訳『リカードウ全集』全 10 冊, 雄松堂書店, 1969-78 年.

Ricardo, D. Works 1, *On the Principles of Political Economy, and Taxation*, 堀経夫訳『経済学および課税の原理』雄松堂書店, 1972 年.

Ricardo, D. Works 8, *Letters 1819-June 1821*, 中野正監訳『書簡集』雄松堂書店, 1974 年.

Rogers, J. E. T. 1866, *A History of Agriculture and Prices in England*, Vols. I-II (1259-1400), Oxford: Clarendon Press.

Rogers, J. E. T. 1879, Review of Cliff Leslie's *Essays in Political and Moral Philosophy*, in *The Academy*, No. 370, June 7.
Rogers, J. E. T. 1884, *Six Centuries of Work and Wages*, London: Swan Sonnenschein.
Rogers, J. E. T. 1888, *The Economic Interpretation of History*, London: T. Fisher Unwin Ltd.
Rogers, J. E. T. 1892, *The Industrial and Commercial History of England*, ed. by A. G. L. Rogers, New York: Putnam.
Schönberg, G. 1882, *Handbuch der politischen Oekonomie*, 2 vols., Tübingen: H. Laupp.
Schumpeter, J. A. 1924, Epochen der Dogmen- und Methodengeschichte, in *Grundriss der Sozialökonomik*, 1. Abteilung, 1. Teil, Zweite, erweiterte Auflage, Tübingen: Verlag von J. C. B. Mohr (Paul Siebeck), 中山伊知郎・東畑精一訳『経済学史』岩波文庫, 1980年.
Schumpeter, J. A. 1952, *Capitalism, Socialism, and Democracy*, 4th edition, London: George Allen & Unwin, 中山伊知郎・東畑精一訳『資本主義・社会主義・民主主義』東洋経済新報社, 1995年.
Schumpeter, J. A. 1954, *History of Economic Analysis*, New York: Oxford University Press, 東畑精一・福岡正夫訳『経済分析の歴史』全3冊, 岩波書店, 2005-2006年.
Semmel, B. 1960, *Imperialism and Social Reform: English Social-Imperial Thought 1895-1914*, London: George & Unwin, 野口建彦・野口照子訳『社会帝国主義史』みすず書房, 1982年.
Senior, N. W. 1827, *An Introductory Lecture on Political Economy*, in Senior CW1.
Senior, N. W. 1836, *An Outline of the Science of Political Economy*, in Senior CW1, 高橋誠一郎・濱田恒一訳『シィニオア経済学』岩波書店, 1929年.
Senior, N. W. CW1, *Collected Works of Nassau William Senior*, Vol. 1, edited and introduced by D. Rutherford, Bristol: Thoemmes Press, 1998.
Shionoya, Y. 2005, *The Soul of the German Historical School: Methodological Essays on Schmoller, Weber, and Schumpeter*, New York: Springer.
Sidgwick, H. 1879, Economic Method, in *The Methodology of Economics: Nineteenth-Century British Contributions*, Vol. 6: Theoretical Economics, 1876-1914, London: Routledge/Thoemmes Press, 1997.
Sidgwick, H. 1883, *The Principles of Political Economy*, 1st ed., London: Macmillan and Co.
Sidgwick, H. 1885, The Scope and Method of Economic Science, in *Miscellaneous Essays and Addresses*, New York: Kraus Reprint, 1968.
Sidgwick, H. 1899a, Political Economy: I. Scope, in R. H. I. Palgrave ed., *Dictionary of Political Economy*, Vol. 3, London: Macmillan.
Sidgwick, H. 1899b, Political Economy: II. Method, in R. H. I. Palgrave ed., *Dictionary of Political Economy*, Vol. 3, London: Macmillan.

Sidgwick, H. 1899c, Political Economy and Ethics, in R. H. I. Palgrave ed., *Dictionary of Political Economy*, Vol. 3, London: Macmillan.

Smith, A. 1759, *The Theory of Moral Sentiments*, ed. by D. D. Raphael & A. L. Macfie, Oxford: Clarendon Press, 1976，水田洋訳『道徳感情論』筑摩書房，1973 年．

Smith, A. 1790, *An Inquiry into the Nature and Causes of the Wealth of Nations*, 2 vols., ed. by R. H. Campbell, A. S. Skinner & W. B. Todd, Oxford: Clarendon Press, 1976，水田洋・杉山忠平訳『国富論』全 4 分冊，岩波文庫，2000-2001 年．

Smyth, R. L. ed. 1962, *Essays in Economic Method: Selected Papers read to Section F of the British Association for the Advancement of Science, 1860-1913*, London: Gerald Duckworth.

Toynbee, A. 1884, *Lectures on the Industrial Revolution in England*, London: Rivingtons，川喜田孝哉・齋藤泰次郎・杉浦滋・原田檀訳『英国産業革命史』高山書院，1943 年．

Tribe, K. 2000, The Historicization of Political Economy?, in B. Stuchty & P. Wende eds., *British and German Historiography 1750-1950*, Oxford University Press，小林純訳「ポリティカル・エコノミーの歴史主義化」(住谷一彦・八木紀一郎編『歴史学派の世界』日本経済評論社，1998 年，所収)．

Tribe, K. 2003, Historical Schools of Economics: German and English, in W. J. Samuels, J. E. Biddle & J. B. Davis eds., *A Companion to The History of Economic Thought*, Oxford: Blackwell.

Wagner, A. H. G. 1886, The Present State of Political Economy, in *Quarterly Journal of Economics*, Vol. 1.

Whewell, W. 1859, Prefatory Notice, in Jones 1859.

Whitaker, J. K. 1975, John Stuart Mill's Methodology, in *Journal of Political Economy*, Vol. 83, No. 5.

Whitaker, J. K. 1990, *Centenary Essays on Alfred Marshall*, Cambridge University Press，橋本昭一監訳『マーシャル経済学の体系』ミネルヴァ書房，1997 年．

Whitaker, J. K. 1996, *The Correspondence of Alfred Marshall, Economist*, 3 vols. Cambridge University Press.

Wood, J. C. 1983, *British Economists and the Empire*, Beckenham, Kent: Croom Helm.

Young, W. & Lee, F. S. 1993, *Oxford Economics and Oxford Economists*, Basingstoke: The Macmillan Press.

Zouboulakis, M. S. 1999, Walter Bagehot on Economic Methodology: Evolutionism and Realisticness, in *Journal of Economic Methodology*, Vol. 6, No. 1.

日本語文献（五十音順）

井上琢智 1987，『ジェヴォンズの思想と経済学――科学者から経済学者へ』日本評論社．

井上義朗 1996，「イギリス歴史学派の公的観念」，千葉大学『経済研究』11(1)．

上宮正一郎 2000,「解題」(J. N. ケインズ著,同訳『経済学の領域と方法』日本経済評論社,所収).
上宮智之 2010,「エッジワースと経済学方法論争」(只腰・佐々木 2010, 第 8 章).
江里口拓 2008,『福祉国家の効率と制御──ウェッブ夫妻の経済思想』昭和堂.
門脇覚 2005,「マーシャルとカニンガムの方法論争」,中央大学『大学院研究年報. 経済学研究科篇』34.
門脇覚 2009,「フォクスウェルとカニンガム」(平井俊顕編著『市場社会論のケンブリッジ的展開──共有性と多様性』日本経済評論社,所収).
岸田理 1955,「ソロルド・ロジャーズについての一研究」,京都大学『経済論叢』76(6).
岸田理 1957,「クリフ・レスリーの経済思想」,『愛知学院大学論叢』5.
岸田理 1958,「クリフ・レスリーの経済学方法論」,愛知学院大学『商学研究』6(1).
岸田理 1962,「レスリーにおける経済学と社会学」,愛知学院大学『商学研究』9(2)・10(1).
熊谷次郎 1991,『マンチェスター派経済思想史研究』日本経済評論社.
小林純 2011,「19 世紀ドイツの経済学観──シェーンベルク版ハンドブックをめぐって」,『立教経済学研究』65(2).
小松芳喬 1960,「カニンガム」(『社会経済史体系 IX:社会経済史家評伝』弘文堂,所収).
近藤晃 1960,「ロジャーズ」(『社会経済史体系 IX:社会経済史家評伝』弘文堂,所収).
櫻井毅 1988,『イギリス古典経済学の方法と課題』ミネルヴァ書房.
佐々木憲介 2000,「クリフ・レスリーの歴史的方法」,北海道大学『経済学研究』50(3).
佐々木憲介 2001a,『経済学方法論の形成──理論と現実との相剋 1776-1875』北海道大学図書刊行会.
佐々木憲介 2001b,「J. K. イングラムと歴史学派運動」,北海道大学『経済学研究』51(3).
佐々木憲介 2002,「古典派の経済人概念」,『経済学史学会年報』41.
佐々木憲介 2003,「A. トインビーの歴史的方法と社会改良主義」,北海道大学『経済学研究』52(4).
佐々木憲介 2004,「リチャード・ジョーンズと歴史学派」,東北大学・研究年報『経済学』65(3).
佐々木憲介 2006,「W. カニンガムにおける理論と歴史」,北海道大学『経済学研究』55(4).
佐々木憲介 2010a,「イギリス経済学における演繹法と帰納法」(只腰・佐々木 2010, 序章).
佐々木憲介 2010b,「歴史学派における帰納法の意味」(只腰・佐々木 2010, 第 6 章).
佐々木憲介 2010c,「J. S. ミルと歴史学派」,北海道大学『経済学研究』60(3).
佐々木憲介 2011,「J. E. T. ロジャーズによる歴史の経済的解釈」,北海道大学『経済学研究』61(1・2).
清水幾太郎 1978,『オーギュスト・コント──社会学とは何か』岩波新書.
住谷一彦・八木紀一郎編 1998,『歴史学派の世界』日本経済評論社.

関内隆 1995,「イギリス歴史学派経済学の思想と関税改革論」,『岩手大学文化論叢』3.
千賀重義 2010,「ジェヴォンズにおける帰納と演繹」(只腰・佐々木 2010, 第 5 章).
髙島進 1998,『アーノルド・トインビー』大空社.
髙橋純一 1997,『アイルランド土地政策史』社会評論社.
只腰親和 2007,「ウェイトリ経済学と演繹的方法」,『横浜市立大学叢書社会科学系列』58(1・2・3).
只腰親和 2010,「ウェイトリ経済学と演繹法」(只腰・佐々木 2010, 第 1 章).
只腰親和・佐々木憲介編著 2010,『イギリス経済学における方法論の展開——演繹法と帰納法』昭和堂.
田村信一 1992,「グスタフ・シュモラーとドイツ歴史学派」(経済学史学会編『経済学史——課題と展望』九州大学出版会, 所収).
田村信一 1993a,「グスタフ・シュモラーと歴史的方法」(稲村勲編『経済学の射程・歴史的接近』ミネルヴァ書房, 所収).
田村信一 1993b,『グスタフ・シュモラー研究』御茶の水書房.
成田泰子 2004,「J. N. ケインズにおける経済学の領域問題」, 北海道大学『経済学研究』53(4).
成田泰子 2006,「J. N. ケインズにおける理論と歴史」, 北海道大学『経済学研究』56(2).
西沢保 1988,「アシュリー, ヒュインズ,「イギリス歴史学派」をめぐって」, 大阪市立大学『経済学雑誌』89(3・4).
西沢保 1990,「古典派経済学の衰退と「イギリス歴史学派」」(田中敏弘編『古典派経済学の生成と展開』日本経済評論社, 所収).
西沢保 1991,「反徒, アウトサイダー, 経済史家たち——十九世紀末葉のイギリス歴史学派」, リブロポート『歴史と社会』11.
西沢保 2007,『マーシャルと歴史学派の経済思想』岩波書店.
野村兼太郎 1960,「アシュリィ」(『社会経済史体系 IX:社会経済史家評伝』弘文堂, 所収).
服部正治 1991,『穀物法論争』昭和堂.
服部正治 1999a,『自由と保護——イギリス通商政策史』ナカニシヤ出版.
服部正治 1999b,「自由貿易と関税改革」(服部正治・西沢保編著『イギリス 100 年の政治経済学』ミネルヴァ書房, 所収).
服部正治 2002,「イギリス歴史派経済学における重商主義の復活」(竹本洋・大森郁夫編『重商主義再考』日本経済評論社, 所収).
原田明信 2010,「ケインズの帰納志向」(只腰・佐々木 2010, 第 10 章).
堀経夫 1927,「歴史学派の先駆者としてのリチャアド・ジョーンズ」, 京都大学『経済論叢』24(4).
馬渡尚憲 1990,『経済学のメソドロジー——スミスからフリードマンまで』日本評論社.
三上隆三 1987,『経済の博物誌』日本評論社.
山本堅一 2011,「A. マーシャルの有機的成長論における経済騎士道と生活基準の役割」

北海道大学『経済学研究』61(3).
山本崇史 2009,「初期ピグーの保護関税批判と厚生経済学の三命題」,『経済学史研究』
　　50(2).

お わ り に

　前著『経済学方法論の形成——理論と現実との相剋 1776-1875』(北海道大学図書刊行会，2001年)を準備しているときに，イギリスの方法論争を次の研究課題にしようと考えるようになった。前著で取り上げた対象とこの方法論争は連続しているのであるが，関連が明らかではなかったからである。方法論争について，当初は漠然とした印象があるだけで，その全体像を把握しているとはいえなかった。そこでまず，論争の口火を切ったといわれるクリフ・レズリーを手始めに，イギリス歴史学派とされる人物を個別に取り上げて，その方法論的な見解を理解しようとした。手探りで研究を進めるうちに，徐々に論争の経緯と論点が明確になっていったが，全体像の整理ができるようになったのは，取り組み始めてから何年も経過した後であった。本書のもとになっているのは，こうして書き溜めた人物別の諸論文(参考文献一覧参照)である。ただし，本書ではそれをテーマ別に再編成するとともに，大幅に書き改めたので，もとの論文との対応関係を示すことは容易ではない。

　研究を進める過程で手掛かりを与えてくれたのは，シュンペーターの著作であった。イギリス歴史学派については，たしかに断片的な記述しかないが，そのどれもが貴重な手掛かりとなった。シュンペーターは，ドイツ・イギリス両方の歴史学派に通じている稀有な研究者であるという印象を，あらためて強くした。理論派の議論を理解するうえで最も有益だったのは，J. S. ミルの方法論である。ミルの「定義と方法」や『論理学体系』が方法論争に与えた影響はきわめて大きく，それをふまえることなしに方法論争を理解することはできないといわなければならない。先行する議論をふまえて自らの主張を展開するという態度が，経済学方法論の分野でも確立しつつあったことが分かるのである。

本書を執筆しながら痛感したことは、経済現象という複雑な対象に切り込むための適切な方法は、一つではないということであった。理論的方法の最大の特徴は理想化であり、夾雑物を排除することによって、鋭い分析が可能になる。しかし、それによって失われるものもある。歴史学派の方法の長所は、歴史的発展の大きな流れを把握しようとするところ、また、具体的な事実を説明しようとするところにある。その議論は、しばしば厳密さを欠くこともあったが、止むことのない知的要請に応えようとするものであった。こうした接近法の違いは、その後の経済学方法論のなかにも繰り返し現れる。その意味で、現代のわれわれもまた、方法論争から学ぶことがあるといってよいのである。

　本書の完成までに、多くの方々からご支援をいただいた。なかでも、「経済学方法論フォーラム」のメンバーには記して感謝の意を表したい。科学研究費のプロジェクトや共著の出版を通して、大きな刺激を受け、多くのことを学んだ。只腰親和・佐々木憲介編『イギリス経済学における方法論の展開——演繹法と帰納法』(昭和堂、2010年)は、フォーラムの共同研究の成果の一つであるが、これを準備する過程で、演繹法・帰納法の多面的な展開を知ることができた。本書のなかにも、フォーラムにおける議論のなかで得られた知見が生かされていることはいうまでもない。フォーラム以外の研究会でも、多くの方々からご教示をいただいた。本書の最終稿を準備しているときにも、いくつかの研究会で原稿の一部を発表し、貴重なご意見・ご助言をいただいた。経済学史学会北海道部会、北海道大学社会経済学研究会、仙台経済学研究会がそれであるが、これらの研究会に出席されていた方々に御礼を申し上げたい。

　勤務先である北海道大学大学院経済学研究科には、とくに二つの点で感謝している。第一に、著者は平成23(2011)年度にサバティカル研修の機会を与えられ、これによって研究に専念することができ、著書の執筆に打ち込むことができた。このような機会を与えてくれた研究科の同僚諸氏に心から御礼を申し上げたい。また、研修により迷惑をかけた学生諸君には、お詫びと御

礼をいわなければならない。各位のご高配がなければ，著書の完成にはなお数年を要していたであろう。そして第二に，本書の出版にさいして出版助成を与えてくれた。この出版助成は，本研究科の研究成果を広く一般に公開することを目的とするものであるが，本書がその一環をなすものとして恥ずかしくない内容になっていることを切に願うものである。

　本書には，日本学術振興会から科学研究費補助金が支給されていた期間に行われた研究の成果も含まれている。著者が一人で受けた補助金として，(1)平成18(2006)年度〜平成19(2007)年度，基盤研究(C)，研究課題「イギリス歴史学派と方法論争」，(2)平成20(2008)年度〜平成22(2010)年度，基盤研究(C)，研究課題「イギリス19世紀末の経済学方法論争」がある。また，プロジェクトに参加したときの補助金として，(3)平成17(2005)年度〜平成19(2007)年度，基盤研究(B)，研究課題「日・独・英における歴史学派の役割とその現代的意義に関する研究」，研究代表者：岡部洋實教授(北海道大学大学院経済学研究科)，(4)平成21(2009)年度〜平成23(2011)年度，基盤研究(B)，研究課題「イギリス経験論の展開と経済学方法論――歴史的・理論的展開」，研究代表者：松井名津教授(松山大学経済学部)がある。これらの補助金にも助けられた。

　最後に，北海道大学出版会の今中智佳子氏に御礼を申し上げたい。今中氏には，本書の計画段階から完成に至るまで，非常にお世話になった。そのご助言により，記述が正確になるとともに，読みやすいものになったことは疑いない。

　多くの方々からのご支援やご教示を受けながら，本書にはなお欠点が残っているであろう。その責任は，いうまでもなく著者一人が負うべきものである。

事項索引

あ行

アイルランド問題　11, 12, 42, 218
イギリス歴史学派　iii-v, vii, 11, 15, 18, 19, 22, 33, 40-42, 58, 64, 67, 70, 80, 86, 88, 89, 105, 113, 132, 137, 147, 157, 181, 221, 224, 225, 237-239, 244, 248, 251, 254, 258
因果関係　2, 6, 7, 29, 71, 97-100, 102, 120-122, 124, 129-133, 150, 171, 173, 176, 178, 180, 218
永久主義　186, 191
演繹　23, 93, 135
演繹の結論　6-8, 92, 95, 96, 105, 108, 112
演繹の前提　2, 92, 95, 96, 101, 105, 108, 109, 133
演繹法　ii, 2, 3, 6, 7, 14, 16, 22, 23, 28, 29, 37, 41, 91-93, 96, 97, 101, 102, 107, 113, 114, 116-118, 120, 132-135, 157, 164, 174, 240, 241, 244
穏健な歴史学派　112, 113

か行

過激な歴史学派　38, 39, 112, 117
価値判断論争　259
慣習　55, 58, 59, 61-65, 85, 176, 193, 204, 206-208, 210, 214, 216, 218, 224
慣習と競争　126, 209
完全な知識　55-57, 65
記述的経済学　122, 123
帰納　3-6, 12, 13, 23, 93, 119, 135
帰納法　ii, 3, 6, 9, 14, 17, 22-24, 28, 29, 37, 92-99, 101, 105, 108, 117, 118, 120, 132-135, 139, 174, 189
逆の演繹法　143, 144, 157
具体的経済学　19, 113, 207, 208, 210, 216
経済騎士道　53, 54, 79
経済史　14, 25-27, 32, 33, 35, 37, 40, 42, 43, 62, 80, 82, 83, 85-89, 92, 93, 106, 114, 117, 127, 133, 146, 149, 164, 168, 172, 175, 182, 183, 192-195, 212, 213, 217, 248, 250, 260
経済社会学　58, 66
経済人　45-48, 52-55, 58, 64-66, 191, 202, 211, 258
経済的自由主義　11, 30, 236, 238, 239, 243, 259
経済発展の動力　148, 151
契約の自由　148, 218, 239, 242
限界主義者　vii, 66
顕著な場合　2, 7
公正価格　181
国民主義　251-253

さ行

思考習慣　63
事実の説明　87, 159-162, 180
自然を審問する　98, 99, 225
資本主義　11, 135, 138, 154, 185, 191
社会改良主義　11, 28, 236, 239, 244, 257, 258
社会学　20, 21, 31, 66, 70, 72, 76-80, 82, 86, 88, 89, 141, 144, 145, 156, 235, 249
社会政策　11, 33, 221, 236, 238, 258
自由競争　13, 104, 128, 156, 157, 164, 197, 212, 223, 239, 240
諸国民の経済構造　81
進化　14, 49, 51, 60, 64, 65, 72, 78, 82, 83, 119, 140-142, 145, 146, 155, 157, 187, 217
新重商主義　237
スミス主義　15, 223
制度　29, 51, 58-61, 65, 81, 82, 84, 85, 106, 140, 155, 164, 182, 186, 187, 189, 190, 194, 203, 207, 208, 216, 218, 224-226, 239, 240, 242, 245
制度化　43, 260
世界主義　186, 191, 251-253, 260
説明　48, 80, 87, 88, 150, 159-163, 166, 171, 172, 176-181, 183

説明の個別性　　25, 31, 85, 164, 165, 169, 171, 173, 175
前後即因果の虚偽　　121
相互依存関係　　131
総合社会学　　20, 80, 82, 87-89, 147, 203

た　行

他の事情が同じならば　　30, 91, 110, 118, 122, 161, 214, 216
抽象的経済学　　vii, 19, 113, 115, 120, 203, 204, 207, 208, 210, 216
賃金基金説　　107, 134
典型　　118, 151, 155
ドイツ歴史学派　　i, iii, iv, vii, 14, 15, 30, 33, 123, 124, 142, 223, 224, 246, 251
特殊経験法　　134

は　行

法則の説明　　159, 160, 162
方法論的個人主義　　58, 59, 64, 66

ま　行

目的論的説明　　179

や　行

唯物史観　　83, 84

唯名論　　50, 66, 136
有機的成長　　79, 89, 90
予測　　21, 22, 55, 74, 75, 94, 95, 138, 139, 145, 149, 157, 249
予断　　5, 16, 95, 107, 134, 225

ら　行

理想化　　2, 7, 93, 99, 101, 113, 115, 132-134, 162, 238, 264
理論的方法　　2, 14, 28, 93, 122, 174, 236, 257, 258, 264
理論派経済学者　　i, iv
歴史学派　　1, 7-10, 17, 24-26, 28-31, 35, 41, 43, 45, 58, 61, 62, 65, 69, 76, 80, 85, 88, 89, 92, 93, 96, 108, 120, 132, 133, 135, 137, 147, 149, 155, 156, 159, 163, 171-174, 180, 185, 216, 217, 221, 247, 248
歴史主義　　41, 157, 250
歴史的方法　　13-15, 19, 20, 28, 30, 32, 38, 87, 90, 92, 93, 112, 113, 117, 128, 133, 141-149, 157, 164, 174, 203-205, 225, 236, 238, 240, 241, 243, 244, 248, 250, 256, 258
歴史法則　　92, 137-139, 141, 142, 146, 147, 149, 151-153

人名索引

あ 行

アシュレー（William James Ashley, 1860-1927）　iii, iv, 1, 26, 27, 32, 33, 37, 39-43, 66, 82-85, 105, 106, 119, 137, 153, 154, 157, 169-171, 180-182, 187, 188, 194, 217, 237, 248, 250, 254-256, 258-260

アンウィン（George Unwin, 1870-1925）　43

イーリー（Richard Theodore Ely, 1854-1943）　42

イングラム（John Kells Ingram, 1823-1907）　iii, iv, 19-22, 28, 30, 31, 38, 41, 70-73, 79, 80, 88, 89, 110, 111-113, 137, 141-145, 148, 157, 191, 202, 203, 234, 235, 237, 245-250, 256

ウェイトリ（Richard Whately, 1787-1863）　41

ウェッブ，シドニー（Sydney Webb, 1859-1947）　iv

ウェッブ，ベアトリス（Beatrice Webb, 1858-1943）　iv

エッジワース（Francis Ysidro Edeworth, 1845-1926）　iv, 41, 172, 182, 248

オーウェン（Robert Owen, 1771-1858）　241

か 行

カニンガム（William Cunningham, 1849-1919）　iii, iv, 26, 27, 34-38, 40, 64, 85, 86, 90, 118, 119, 123-133, 135, 137, 149-152, 154, 155, 173-182, 194, 211-213, 215, 231, 232, 237, 248, 250-254, 256, 258, 260

カント（Immanuel Kant, 1724-1804）　131, 186, 190

キングズリー（Charles Kingsley, 1819-75）　238

クニース（Karl Gustav Adolf Knies, 1821-98）　42, 142, 186, 222, 260

グラッドストン（William Ewart Gladstone, 1809-98）　8, 16, 42

クラッパム（John Harold Clapham, 1873-1946）　43, 255

グリーン（Thomas Hill Green, 1836-82）　259

クルノー（Antoine Augustin Cournot, 1801-1877）　131

ケアンズ（John Elliott Cairnes, 1823-1875）　ii, 7, 12, 29, 43, 75, 108-110, 150, 221, 222, 226, 227

ケインズ（John Neville Keynes, 1852-1949）　iv, 34-36, 41, 43, 66, 87, 101-104, 111, 112, 118, 122-124, 130, 134, 146, 147, 163, 183, 185, 207-210, 218, 222

コブデン（Richard Cobden, 1804-1865）　8, 237, 255

コント（Auguste Comte, 1798-1857）　19, 20, 30, 41, 70, 72, 77, 89, 141, 143, 234, 249

さ 行

ザヴィニー（Friedrich Karl von Savigny, 1779-1861）　14, 41

ジェヴォンズ（William Stanley Jevons, 1835-1882）　iv, 18, 19, 29, 113, 134, 206, 207, 216, 259, 260

シジウィック（Henry Sidgwick, 1838-1900）　iv, 22, 23, 28, 31, 43, 76-78, 117, 135, 145

シーニア（Nassau William Senior, 1790-1864）　6, 41, 46, 47, 54, 186, 221, 222, 232, 233

シーボーム（Frederic Seebohm, 1833-1912）　194, 217

シュモラー（Gustav von Schmoller, 1838-1917）　i, iii, 33, 38, 42, 43, 223-225, 258

シュンペーター（Joseph Alois Schumpeter, 1883-1950）　iii, v, vii, 33, 66, 92, 135, 181, 191, 223-225, 236, 238, 259

ジョージ（Henry George, 1839-97）　238

ジョーンズ(Richard Jones, 1790-1855)　　iv,
　1, 3-5, 30, 41, 46, 47, 58, 59, 81, 82, 100, 101,
　107, 134, 138, 139, 160-162, 188-192, 217
スミス(Adam Smith, 1723-90)　　ii, 1, 14-17,
　22, 41, 51, 54, 56, 76, 90, 95, 139, 140, 151,
　222, 225-229, 252
セー(Jean Baptiste Say, 1767-1832)　　1

た　行

チェンバレン(Joseph Chamberlain, 1836-
　1914)　　237, 248-250, 255
ド・クィンシー(Thomas De Quincey,
　1785-1859)　　186
トインビー(Arnold Toynbee, 1852-1883)
　iii, iv, 27, 32, 33, 42, 113-117, 128, 137,
　147-149, 164, 204, 205, 226-228, 230, 231,
　237, 239-244, 248, 254, 259, 260

な　行

ニコルソン(Joseph Shield Nicholson,
　1850-1927)　　42, 248

は　行

ハイエク(Friedrich August von Hayek,
　1899-1992)　　41
ハーシェル(John Frederick William
　Herschel, 1792-1871)　　4, 98
バジョット(Walter Bagehot, 1826-1877)
　iv, 15, 16, 199-203, 222
バベッジ(Charles Babbage, 1792-1871)　　4
ピグー(Arthur Cecil Pigou, 1877-1959)
　248, 260
ヒュインズ(William Albert Samuel Hewins,
　1865-1931)　　iii, 248
ヒューウェル(William Whewell, 1794-1866)
　4, 161, 189, 190
ヒルデブラント(Bruno Hildebrand, 1812-78)
　42, 222
ファーガスン(Adam Ferguson, 1723-1816)
　41
フォックスウェル(Herbert Somerton
　Foxwell, 1849-1936)　　iii, iv, 42, 43, 238,
　248, 259
ベーコン(Francis Bacon, 1561-1626)　　4,
　98, 134

ポパー(Karl Raimund Popper, 1902-94)
　157

ま　行

マイネッケ(Friedrich Meinecke, 1862-1954)
　41
マーシャル(Alfred Marshall, 1842-1924)
　i, iv, vii, 27, 29, 34-36, 38-40, 43, 52-54, 56,
　57, 61, 62, 64, 65, 78, 79, 89, 90, 120, 121,
　124, 130-132, 173, 174, 176, 210-216, 233,
　234, 248, 258, 259
マルクス(Karl Marx, 1818-83)　　83, 84, 181,
　238
マルサス(Thomas Robert Malthus,
　1766-1834)　　3, 96, 107, 161, 162, 222
ミュラー(Adam Heinrich Müller, 1779-1829)
　66
ミル(John Stuart Mill, 1806-1873)　　ii, 5-7,
　15, 29, 37, 41, 47, 54, 71, 72, 75, 89, 96-98,
　100-102, 107-110, 121, 126, 134, 143, 146,
　147, 156, 157, 160, 177, 190, 210, 221, 222,
　226, 227, 231
メーン(Henry Maine, 1822-1888)　　14, 33,
　41, 63, 139, 140, 144, 148, 149
メンガー(Carl Menger, 1840-1921)　　i, 38
モーリス(John Frederick Denison Maurice,
　1805-72)　　238
モリス(William Morris, 1834-96)　　181, 238

ら　行

ラヴレー(Emile de Laveleye, 1822-92)
　12, 17, 144, 148, 149
ラサール(Ferdinand Lassalle, 1825-1864)
　115
ラスキン(John Ruskin, 1819-1900)　　238
リカードウ(David Ricardo, 1772-1823)　　i,
　vii, 1, 2, 15, 18, 41, 56, 91, 96, 100, 106, 114,
　116, 127, 128, 160-162, 171, 186, 188, 189,
　191, 213-216, 222, 227, 230
レズリー(Thomas Edward Cliffe Leslie,
　1827-1882)　　iii, iv, 10-14, 18, 19, 21-23,
　26, 28, 29, 33, 37, 38, 41, 42, 48-57, 59, 60,
　64-66, 74-76, 80, 89, 94-96, 98, 99, 101,
　110-112, 114, 123, 134, 137, 139, 148, 151,
　163, 198, 199, 201, 202, 218, 224-226, 237,

人名索引　287

248
ロー（Robert Lowe, 1811-1892）　iv, 16, 20-22, 42, 73-76, 78, 89, 94, 95, 198, 218
ロジャーズ（James Edwin Thorold Rogers, 1823-1890）　iii, iv, 8, 9, 17, 24, 25, 31, 32, 42, 105-108, 134, 165-172, 182, 192-197, 218, 237, 248
ロッシャー（Wilhelm Georg Friedrich Roscher, 1817-95）　13, 14, 30, 42, 222, 226

佐々木 憲介（ささき けんすけ）
  1955 年　岩手県に生まれる
  1985 年　東北大学大学院経済学研究科博士課程単位取得退学
　　　　　東北大学経済学部助手，北海道大学経済学部助教授，
　　　　　同教授を経て
  現　在　北海道大学大学院経済学研究科教授
  専　門　経済学史・経済思想・経済学方法論
  主な業績　『経済学方法論の形成——理論と現実との相剋 1776-
　　　　　1875』(北海道大学図書刊行会，2001 年)
　　　　　『イギリス経済学における方法論の展開——演繹法と
　　　　　帰納法』(共編著，昭和堂，2010 年)
　　　　　スティーヴ・フリートウッド『ハイエクのポリティカ
　　　　　ル・エコノミー——秩序の社会経済学』(共訳，法政大
　　　　　学出版局，2006 年)，など

イギリス歴史学派と経済学方法論争
2013 年 3 月 29 日　第 1 刷発行

　　　　著　者　　佐々木憲介
　　　　発行者　　櫻 井 義 秀

発行所　北海道大学出版会
札幌市北区北 9 条西 8 丁目　北海道大学構内(〒060-0809)
Tel. 011(747)2308・Fax. 011(736)8605・http://www.hup.gr.jp/

アイワード/石田製本　　　　　　　　　　　© 2013　佐々木憲介
ISBN978-4-8329-6781-6

書名	著者	仕様・価格
経済学方法論の形成 ―理論と現実との相剋1776-1875―	佐々木憲介 著	A5・362頁 定価6200円
一般利潤率の傾向的低下の法則	平石　修 著	A5・298頁 定価7000円
経済のサービス化と産業政策	松本源太郎 著	A5・216頁 定価3500円
西欧近代と農村工業	メンデルス ブラウン 外著 篠塚・石坂・安元 編訳	A5・426頁 定価7000円
地域工業化の比較史的研究	篠塚信義 石坂昭雄 編著 高橋秀行	A5・434頁 定価7000円
もう一つの経済システム ―東ドイツ計画経済下の企業と労働者―	石井　聡 著	A5・312頁 定価5600円
フィリピン社会経済史 ―都市と農村の織り成す生活世界―	千葉芳広 著	A5・322頁 定価5200円
アジア日系企業と労働格差	宮本謙介 著	A5・196頁 定価2800円
アメリカ銀行恐慌と預金者保護政策 ―1930年代における商業銀行の再編―	小林真之 著	A5・408頁 定価5600円
ドイツ・ユニバーサル バンキングの展開	大矢繁夫 著	A5・270頁 定価4700円
ドイツ証券市場史 ―取引所の地域特性と統合過程―	山口博教 著	A5・328頁 定価6300円
政府系中小企業金融機関の創成 ―日・英・米・独の比較研究―	三好　元 著	A5・246頁 定価3800円
北樺太石油コンセッション 1925-1944	村上　隆 著	A5・458頁 定価8500円
石油・ガスとロシア経済	田畑伸一郎 編著	A5・308頁 定価2800円

〈価格は消費税を含まず〉

―― 北海道大学出版会 ――